Opere di Ti

Tiziano Terzani nasce a Firenze nel 1938. Compiuti gli studi a Pisa, mette piede per la prima volta in Asia nel 1965, quando viene inviato in Giappone dall'Olivetti per tenere alcuni corsi aziendali. La decisione di esplorare, in tutte le sue dimensioni, il continente asiatico si realizza nel 1971, quando, ormai giornalista, si stabilisce a Singapore con la moglie (la scrittrice tedesca Angela Staude) e i due figli piccoli e comincia a collaborare con il settimanale tedesco «Der Spiegel» come corrispondente dall'Asia (una collaborazione trentennale, durante la quale Terzani scriverà anche per «la Repubblica», prima, e per il «Corriere della Sera», poi).

Nel 1973 pubblica il suo primo volume: *Pelle di leopardo*, dedicato alla guerra in Vietnam. Nel 1975, rimasto a Saigon insieme con pochi altri giornalisti, assiste alla presa del potere da parte dei comunisti, e da questa esperienza straordinaria ricava *Giai Phong! La liberazione di Saigon*, che viene tradotto in varie lingue e selezionato in America come «Book of the Month». Nel 1979, dopo quattro anni passati a Hong Kong, si trasferisce, sempre con la famiglia, a Pechino. Nel 1981 pubblica *Holocaust in Kambodscha*, frutto del viaggio a Phnom Penh compiuto subito dopo l'intervento vietnamita in Cambogia (i testi pubblicati in questo libro saranno tradotti per la prima volta in italiano nel volume postumo *Fantasmi. Dispacci dalla Cambogia*, a cura della moglie, apparso nel 2008). Il lungo soggiorno in Cina si conclude nel 1984, quando Terzani viene arrestato per «attività controrivoluzionaria» e successivamente espulso. L'intensa esperienza cinese, e il suo drammatico epilogo, dà origine a *La porta proibita* (1985), pubblicato contemporaneamente in Italia, negli Stati Uniti e in Gran Bretagna.

Le tappe successive del vagabondaggio sono di nuovo Hong Kong, fino al 1985; Tokyo, fino al 1990 e poi Bangkok. Nell'agosto del 1991, mentre si trova in Siberia con una spedizione sovietico-cinese, apprende la notizia del golpe anti-Gorbacëv e decide di raggiungere Mosca. Il lungo viaggio diventerà poi *Buonanotte, signor Lenin* (1992), che rappresenta una fondamentale testimonianza in presa diretta del crollo dell'impero sovietico. Un posto particolare nella sua produzione occupa il libro successivo: *Un indovino mi disse*, che racconta di un anno (il 1993) vissuto svolgendo la «normale» attività di corrispondente dall'Asia senza mai prendere aerei.

Dal 1994 è a Nuova Delhi e nel 1998 pubblica *In Asia*, un libro a metà tra reportage e racconto autobiografico, che traccia un vasto profilo degli eventi che hanno segnato la storia asiatica degli ultimi trent'anni. Nel marzo 2002 interviene nel dibattito seguito all'attentato terroristico di New York dell'11 settembre, pubblicando le *Lettere contro la guerra*, e rientra in Italia per un intenso periodo di incontri, conferenze e dibattiti dedicati alla pace, prima di tornare nella località ai piedi dell'Himalaya dove da qualche anno passa la maggior parte del suo tempo. Due anni dopo pubblica *Un altro giro di giostra*, per raccontare il suo ultimo «viaggio»: quello attraverso la malattia e il mondo che la circonda.

Terzani muore a Orsigna, in provincia di Pistoia, nel luglio 2004.

Nel 2006 esce da Longanesi *La fine è il mio inizio*, il suo ultimo libro in cui «racconta» al figlio Folco di tutta una vita trascorsa a viaggiare per il mondo alla ricerca della verità; e nel 2014 *Un'idea di destino*, una raccolta dei suoi scritti più intimi.

Tiziano Terzani

Fantasmi

Dispacci dalla Cambogia

Con un testo di Angela Terzani Staude

Dello stesso autore in edizione TEA:

Pelle di leopardo (insieme con *Giai Phong! La liberazione di Saigon*)
La porta proibita
Buonanotte, signor Lenin
Un indovino mi disse
In Asia
Lettere contro la guerra
Un altro giro di giostra
Fantasmi. Dispacci dalla Cambogia
Un'idea di destino

Per informazioni sulle novità
del Gruppo editoriale Mauri Spagnol visita:
www.illibraio.it

TEA – Tascabili degli Editori Associati S.r.l., Milano
Gruppo editoriale Mauri Spagnol

www.tealibri.it

Le traduzioni degli articoli di Tiziano Terzani usciti su «Der Spiegel»
sono di Angela Terzani Staude
Foto di Tiziano Terzani/archivio Terzani, tranne: p.41 © Vincenzo Cottinelli, 2004;
p. 108 © AFP/Grazia Neri; p. 143 © Camerapress/Grazia Neri; p. 262 © «Der Spiegel»;
p. 353 © Elizabeth Becker/Woodfin Camp/Grazia Neri; p. 7 e 357 © Angela Terzani Staude

© 2008 Longanesi & C., Milano
Edizione su licenza della Longanesi & C.

Prima edizione Saggistica TEA gennaio 2009
Quarta ristampa Saggistica TEA gennaio 2013
Prima edizione Opere di Tiziano Terzani aprile 2014
Terza ristampa Opere di Tiziano Terzani gennaio 2017

FANTASMI

A Novi, Nicolino e Dado,
questo loro Nonno

TIZIANO IN CAMBOGIA

di Angela Terzani Staude

La Cambogia è stata un grande amore di Tiziano e come ogni amore lo ha fatto anche soffrire. Gli anni in cui la frequenta sono quelli centrali della sua vita e le vicende che la travolgono diventano per lui emblematiche del male che la politica può fare all'uomo. Scopre in Cambogia una civiltà armoniosa, piena di belle tradizioni nel momento stesso in cui sta per scomparire. Vede nelle rovine dei templi di Angkor la grandezza dell'uomo e vede la sua barbarie durante la guerra civile. Con i khmer rossi il sogno socialista con cui era partito per l'Asia si trasforma in incubo. Siccome con la Cambogia si apre e venticinque anni dopo si chiude la sua vita di corrispondente dall'Asia, sembra quasi che la sua storia personale e quella recente cambogiana siano andate di pari passo, che l'una abbia inseguito i meandri dell'altra.

I nostri erano ancora i tempi della guerra fredda che nel dopoguerra divideva il mondo in due blocchi: quello del Mondo libero guidato dagli Stati Uniti; e quello socialista dietro la Cortina di ferro, sotto l'egida dell'Unione Sovietica. Erano anche i tempi della decolonizzazione, delle guerre che i paesi dell'Africa e dell'Asia combattevano per liberarsi dalle nazioni occidentali.

Nel 1954, Vietnam, Laos e Cambogia, i tre paesi dell'Indocina, ottennero l'indipendenza dopo una lunga guerra combattuta contro i francesi. Gli Accordi di Ginevra mettevano fine a quella prima guerra d'Indocina, ma lasciavano il Vietnam diviso tra Nord comunista, con capitale Hanoi e presidente Ho Chi Minh, e Sud pro-americano con capitale Saigon. La guerra fra le due parti, entrambe decise a riunificare il paese sotto la propria guida, cominciò già alla fine degli anni Cinquanta e divenne una guerra americana quando nel 1965 il presidente Johnson mandò i primi *marines* nel Sud Vietnam «per arrestare l'avanzata del comunismo nel mondo».

Questa seconda guerra d'Indocina, di solito chiamata la guerra in Vietnam, ma che dal 1970 coinvolgeva anche i due Stati confinanti, il Laos e la Cambogia, ha infiammato la nostra generazione. Come tanti studenti, operai e intellettuali nell'Europa e America di allora, anche noi eravamo di sinistra e come tutti quelli che credevano nel diritto all'indipendenza dei popoli, anche noi abbiamo marciato e protestato contro la guerra in Vietnam. Fu così che alla fine del suo praticantato al quotidiano di Milano *Il Giorno* Tiziano decise che era il conflitto in Indocina che voleva coprire. E quando nessun giornale si disse disposto a mandarlo in Asia, decidemmo di andarci per conto nostro.

Arrivammo a Singapore all'inizio del 1972 con due bambini piccolissimi e quattro valige. Trovammo casa in un parco che era stato degli ufficiali inglesi e la arredammo con i mobili che si erano lasciati dietro. Le vecchie ville coloniali erano bianche, molto distanti l'una dall'altra; il caldo era pesante, equatoriale, il cielo plumbeo era pieno di pioggia. Rane, grilli e cicale concertavano durante il giorno, ma le notti erano buie e silenziose. Non una macchina correva lungo le vie nel parco, non un cane abbaiava. Il nostro Doggy, così chiamato perché i bambini imparassero una prima parola d'inglese, non ci avrebbe saputo difendere contro un malvivente quando Tiziano era in viaggio. Per fortuna, non ne esistevano a Singapore.

La casa era spartana, senza aria condizionata, ma le grandi pale dei ventilatori giravano lente e gli scrosci di pioggia quotidiani entravano nella veranda senza vetri. Tiziano cominciò a farsi una piccola biblioteca sulla regione e comprò a me un vecchio pianoforte. Fra le siepi di bambù o di ibisco si intravedevano le bianche canottiere dei *kabun* indiani che spazzavano le foglie. Il raschìo regolare, il movimento sempre uguale delle braccia e delle spalle e l'inclinazione assorta dei loro profili neri sulle scope scandivano la quiete del primo mattino. Nei pomeriggi, nel giardino che degradava nel parco si prendeva il tè sotto un albero fiammeggiante di fiori rossi.

Con la sua decisione di trasferirsi in Oriente, Tiziano era diventato, o almeno così dicevano gli spiritosi inglesi, il primo giornalista italiano *East of Aden*, a est di Aden. Non c'era giornale però che gli avesse garantito una corrispondenza fissa. Aveva sì qualche promessa di collaborazione da parte di alcune testate italiane e straniere alle cui porte era andato a bussare, ma soltanto il settimanale tedesco *Der Spiegel* si era impegnato con un piccolo contratto di collaborazione: lui scriveva e loro, se pubblicavano, gli pagavano il pezzo. In più gli davano un piccolo fisso. A trentatré anni doveva ancora farsi le ossa, farsi un mestiere, conquistarsi la stima di giornali e lettori. Tutti lo aspettavano al varco.

Ma la guerra in Vietnam quasi subito si inasprì, la sua presenza nella regione si dimostrò provvidenziale e ancor prima della fine dell'anno *Der Spiegel* lo nominò suo corrispondente dal Sudest asiatico. Il modesto ufficio di Tiziano a Singapore divenne così la prima sede del grande settimanale tedesco in Asia. Cominciò più o meno allora anche la sua collaborazione a *Il Giorno* e *l'Espresso*.

Poter scrivere in italiano era una gioia per Tiziano. Per i tedeschi, articoli e reportage si costruivano con fatti su fatti, informazioni, cifre e interviste delle fonti; erano reportage, appunto, mai analisi o commenti – quelli li scriveva il direttore o l'editorialista – tanto che spesso non erano neppure firmati. Anche lo stile era imposto: la frase doveva essere breve, asciutta, «piccante». Ci voleva occhio, orecchio e un senso per il taglio giornalistico da dare a una storia che a detta dei colleghi Tiziano aveva forte. Col tempo gli venne anche quel «fermo» del cane da caccia che sente la preda. Fiutava l'aria ed entro poco arrivava sul luogo del delitto: il pozzo pieno di scheletri dietro la pagoda; il direttore della fabbrica che aveva ordinato l'eccidio. Aspettava giorni a volte che qualcuno gli dicesse la frase che riassumesse il tutto, come quella che chiude il suo reportage del 1980 sull'olocausto in Cambogia.

Per gli italiani invece poteva far scorrere la penna e scrivere anche i commenti politici che gli stavano sempre più a cuore. Ma anche lì la precisione dei fatti, l'originalità delle notizie e il controllo di ogni pur piccola informazione, come il prezzo delle verdure, del pesce o del riso al mercato, non passavano per lui mai in secondo piano.

In quei giorni lontani, quando fax, computer o cellulari non erano ancora stati inventati e l'operatore poteva metterci ore, a volte giorni prima di dare la linea per una telefonata internazionale, il corrispondente comunicava col suo giornale per telegramma o nel laconico linguaggio del telex operato da un'agenzia stampa. A Singapore era la Reuters a chiamare Tiziano – «Messaggio da Amburgo per te!» – e a leggerglielo al telefono: «Parti subito per Phnom Penh. Manda 150 righe entro giovedì sera». Lui faceva salti di gioia e preparava la borsa. Regolarmente vestito di bianco per distinguersi dai militari americani nelle loro uniformi color cachi, con la sua vecchia Olivetti Lettera 22, i fogli di carta bianca e la macchina fotografica nel bagaglio, si fermava a Bangkok per farsi il visto. Da lì, con un traballante Caravelle della Air France volava verso la Cambogia.

«Nel 1970 la Cambogia era un paese piccolo e insignificante con sei milioni di abitanti. Era un paese che viveva in pace, governato da un estroso e astuto principe, Sihanouk, un signore feudale che considerava la Cambogia come sua proprietà e i cambogiani come i suoi 'figli'», è così che quasi vent'anni dopo Tiziano riassume le origini della guerra come fosse una favola. «Per anni Sihanouk era riuscito a tenere la Cambogia neutrale e fuori dalla guerra che imperversava nei paesi vicini, il Laos e il Vietnam. La sua formula era semplice: Sihanouk permetteva segretamente ai nordvietnamiti e ai vietcong di passare col loro Sentiero di Ho Chi Minh attraverso le zone remote del suo paese; e allo stesso tempo permetteva, altrettanto segretamente, agli americani di bombardarli con i loro B-52. L'accordo durò per un po'. Poi, nel marzo del 1970, mentre Sihanouk era in visita ufficiale a Mosca e a Pechino, il Primo ministro Lon Nol prese il potere, denunciò la neutralità e mise la Cambogia dalla parte degli americani e dei sudvietnamiti nella loro crociata contro il comunismo indocinese. Il putsch era ovviamente avvenuto con l'approvazione di Washington e Sihanouk reagì mettendosi sotto la protezione della Cina e alleandosi con i khmer rossi, allora un gruppo di guerriglieri proto-comunisti che non contava più di duemila uomini. »*

Fu nel 1970, col permesso del loro nuovo alleato, il maresciallo Lon Nol, ora a capo del governo di Phnom Penh, che gli americani cominciarono a bombardare, anche nel lungo tratto in cui passava dalla Cambogia, il Sentiero di Ho Chi Minh: quella pista segreta lungo la quale Hanoi faceva arrivare dal Nord i materiali di guerra per i partigiani del Sud, i cosiddetti vietcong che combattevano contro il regime di Saigon. Per sfuggire ai bombardamenti, e certo anche per punire Phnom Penh dell'improvviso voltafaccia, i soldati vietnamiti si addentrarono sempre più profondamente in Cambogia fino ad arrivare quasi alle porte della capitale e occupare vaste zone del paese, incluso l'antico complesso dei templi di Angkor, simbolo stesso della nazione khmer. Accanto a loro combattevano i khmer rossi e i monarchici fedeli a Sihanouk che dopo il putsch contro il principe si erano dati alla macchia e avevano creato un Fronte comune insieme ai repubblicani di Son Sann.

Gli americani, per difendere il regime del loro nuovo alleato, li inseguivano dovunque bombardandoli ferocemente. La guerra in Cambogia cominciò così, con queste illecite incursioni.

Dei khmer rossi all'epoca si sapeva poco o nulla. Negli anni Sessanta erano sgattaiolati via da Phnom Penh per evitare le persecuzioni di Sihanouk e s'erano costruiti le loro basi nelle remote zone montagnose del paese. Intorno a loro s'era fatto il silenzio e il governo li aveva dichiarati estinti. Tiziano però nel 1972, durante uno dei suoi primissimi viaggi in Cambogia, già ne parla.

« Recentemente delle strane fotografie sono state fatte circolare in Cambogia e all'estero, rappresentanti Khieu Samphan, Hou Youn e Hu Nim, tre popolarissimi e rispettati leader del primo movimento comunista che combatté contro Sihanouk. I tre, dopo essere scomparsi misteriosamente nel 1967 ed essere stati dati per uccisi su ordine di Sihanouk stesso, sarebbero ora a capo di formazioni partigiane del Fronte nazionale in qualche parte della Cambogia. Le tre fotografie sembrano essere false, ma il semplice sospetto che i tre possano essere vivi ha dato il via a una serie di supposizioni e posto una serie di domande. La considerazione principale in tutto questo affare ri-

* *Corriere della Sera*, 28 aprile 1991.

mane che un movimento partigiano, in rapida espansione come quello attuale, può essere mantenuto sotto il controllo di Sihanouk soltanto se non c'è una leadership politica alternativa, come potrebbe essere quella dei 'tre fantasmi'. »*

Altroché fantasmi! Anni dopo venne fuori che non solo i tre erano vivi e vegeti allora, checché ne dicessero Lon Nol e gli americani; ma che avevano già notevolmente rafforzato le loro file con le migliaia e migliaia di contadini adirati col regime di Lon Nol per i bombardamenti americani che distruggevano i loro villaggi.

Washington non aveva mai dichiarato guerra alla Cambogia e non era nel suo interesse, né tanto meno in quello di Phnom Penh, ammettere l'esistenza nel paese di un movimento comunista in rapida espansione. Per gli americani il nemico, anche in Cambogia, erano i vietnamiti e i vietcong che si annidavano nei cosiddetti « santuari » cambogiani, e la censura di Phnom Penh vegliava perché i corrispondenti non parlassero mai di « khmer rossi ». Visto che nessun giornalista era riuscito a contattare questi fantomatici combattenti, a parlarci e a tornare a casa vivo, la stampa continuò per un po', proprio in mancanza di informazioni precise, a parlare dei corpi armati del Fronte in termini vaghi, come di sihanoukisti, partigiani o guerriglieri comunisti.

Le cose dopo il colpo di Stato erano andate male per la Cambogia e l'inetto, corrotto e impopolare governo di Lon Nol sarebbe già caduto in mano ai partigiani non fosse stato per Washington che continuava a pagare quasi al completo il bilancio dello Stato.

Solo le città erano ancora in mano ai governativi ma arrivarci per le Strade nazionali, che partono a raggio dalla capitale, era diventato impossibile. All'interno di un perimetro di 30, 40 km da Phnom Penh i giornalisti andavano ancora in macchina al fronte, ma solo a bordo di scalcinati piccoli aerei guidati da ex militari potevano raggiungere le altre cittadine cambogiane come Battambang, Siem Reap o Takeo.

Era una guerra da cui gli Stati Uniti cercavano da tempo di uscire. Finalmente, nel gennaio 1973, dopo mesi di trattative, Kissinger e Le Duc Tho, l'uno per Washington, l'altro per Hanoi, firmano gli Accordi di Parigi che impegnano gli americani a mettere fine ai

* *Il Giorno*, 21 ottobre 1972.

bombardamenti dell'Indocina e i nordvietnamiti a ritirarsi dal Laos e dalla Cambogia. Gli Stati Uniti spostano il loro comando militare in Thailandia e continueranno da lì a dirigere e finanziare le operazioni militari dei governi di Saigon, Vientiane e Phnom Penh che proteggono, così come Hanoi continuerà ad aiutare i partigiani negli stessi paesi. La guerra in altre parole continua, ma sarà combattuta direttamente sul terreno fra soldati governativi e partigiani comunisti.

Quando all'inizio del 1973 Tiziano comincia a coprire la Cambogia anche per i giornali italiani, Phnom Penh è protetta da un anello di fuoco formato dai bombardamenti americani. I khmer rossi infatti, incuranti degli Accordi di Parigi nei quali del resto non erano mai stati coinvolti, continuavano a montare le loro offensive contro il regime di Phnom Penh, e gli americani avevano già ricominciato a bombardarli in tutto il paese. Dalla fortezza dell'ambasciata degli Stati Uniti, Tom Enders, incaricato d'affari o «Proconsole», come lo chiamavano, dirigeva per radio i caccia F-111 e i voli dei bombardieri B-52 là dove secondo i suoi piccoli aerei spia si annidava la guerriglia. Interi villaggi venivano rasi al suolo e i contadini in fuga si riversavano a centinaia di migliaia nella capitale. Nella primavera del 1973 ne erano arrivati già oltre 700.000 a raddoppiare il numero degli abitanti, ma nonostante la loro disperata, allarmante presenza, Phnom Penh si sentiva protetta dalla presenza americana e continuava a vivere la sua vita.

Tiziano s'innamora di Phnom Penh, la più bella delle tre capitali costruite dai francesi in Indocina, che si adagia in una vasta ed acquitrinosa pianura alla confluenza di tre fiumi: il Mekong, immenso e luminoso, che viene da lontano, sempre solcato da piccoli traghetti che fanno la spola con la lontanissima sua altra sponda; il Bassac, che qui mescola le sue acque melmose a quelle del Mekong con correnti dai magici colori; e il Tonle Sap dalle rive piene di mercati e di vita. Grandi viali, ombreggiati da alberi di giacaranda o tamarindo, traversano la capitale. Al Palazzo Chamkamun il semiparalizzato Primo ministro Lon Nol si circonda di astrologi e indovini per farsi consigliare sulla politica, ma è ancora il disabitato Palazzo reale di Sihanouk, dai tetti colorati che finiscono in tante fiammelle dorate, a essere al centro della vita della capitale. Nel vicino Museo archeologico, che raccoglie le più belle statue di Angkor, la gente va a mettere una sciarpa color zafferano intorno all'immenso torace del Buddha o ad appoggiargli fra le mani un involtino di riso: nutre le statue del Buddha come nutre ogni mattina i trentamila bonzi che si dedicano a lui.

Se il Vietnam era duro, tenace e battagliero, la Cambogia era persa nel sogno. Seguiva un'altra logica, la non-logica del mitico « sorriso khmer ». « I soldati che partono per la zona d'operazione con fra i denti un'immagine di Buddha, o con la testa fasciata da uno straccio colorato per difendersi dalle pallottole, non meravigliano qui nessuno... » scrive Tiziano.* Anche lui in Cambogia si fa fare una bella catenina d'oro a cui attacca un dente di tigre, una piccola medaglia di rame che gli avevo dato io e un minuscolo Buddha in avorio. La fa benedire contro le pallottole dal bonzo del Wat Phnom, la pagoda più antica sulla collina al centro di Phnom Penh, e la terrà al collo per tutta la vita. Capisce in Cambogia che tanta parte della vita d'Oriente ci sfugge se non teniamo conto del suo rapporto con quel mondo che per noi non fa parte della realtà.

Durante i viaggi di Tiziano, io restavo a Singapore con i bambini. Ma già alla fine del febbraio 1973 mi arrivò un telegramma: « Ti Aspetto Parti Subito », con le istruzioni. Andai a Bangkok, passai un giorno all'Oriental Hotel aspettando il visto e da lì volai in Cambogia. Con me, qualche piantatore francese che dirigeva un'ultima piantagione di caucciù, una signora sola – *les Asiates*, come i francesi chiamano quelli che si perdono in Asia e vi fanno la loro vita – e in più i nuovi arrivati: un imprenditore americano, qualche giornalista, qualche diplomatico, « la Cia ». Eravamo pochissimi e mi era difficile immaginare che quell'armoniosa geometria di risaie, palme e pagode di cui Tiziano mi aveva tanto parlato e che ora vedevo dall'oblò, era già infiltrata dai guerriglieri comunisti, che quei piccoli villaggi al sole potevano volatilizzarsi da un momento all'altro sotto una improvvisa pioggia di bombe, che il paese era mortalmente ferito.

Di quel viaggio, come era mia abitudine, ho tenuto un diario.

« 3 marzo 1973. Arrivo a Phnom Penh nell'ora rovente intorno a mezzogiorno. Tiziano è ancora fuori e il vecchio Hôtel Royal, ora Le Phnom, mi si presenta con la maestà dei grandi alberghi del colonia-

---

* *Il Giorno*, 3 gennaio 1975. Uscito con il titolo: « La paura del cavallo bianco », in *in Asia*, Longanesi, Milano, 1998.

lismo francese che sonnecchiano nel sole a occhi socchiusi. L'ibiscus fiammeggia, il frangipani mi tende le sue stelle bianche su rami grigi, geometrici, senza una foglia, l'erba muore nella calura. Nell'albergo, le persiane chiuse smorzano la luce. Salgo al terzo piano per una larga scalinata. In fondo ai corridoi a grandi scacchi bianchi e neri sono accovacciati i servitori. Uno mi porge la chiave.

La camera di Tiziano ha due lettini, un semplice armadio con un grande specchio, un soffitto altissimo su cui passano i riflessi delle macchine in strada. Li si guarda finché non si cade in un sonno caldo pensando a quanti amanti si sono incontrati in questo luogo, riposati in questa penombra, visitati in quest'atmosfera da villa di campagna così lontana dal mondo da parere un'oasi e il mondo un deserto. In verità, il mondo è tutt'altra cosa.

Aspetto Tiziano accanto alla famosa piscina, nell'ombra chiara di una palma. Tutto si distende qui, come gli ombrelli dei grandi alberi tropicali. Tutto è basso, sornione, lento come i lenti cambogiani nei sarong fioriti che traversano la strada a uno, a due. Mi parla di tanto in tanto un americano. Costruisce un ospedale a Phnom Penh, ma è arrivato dall'Alabama per bloccare il progetto. 'La gente rivuole Sihanouk e Sihanouk odiava gli americani. Li chiamava "porci". Se ritorna lui, certo non so se tornerò anch'io.' Intanto governa Lon Nol, le casse dello Stato sono vuote e ci si spoglia al lume di candela.

Tiziano arriva in mezzo a uno stuolo di giornalisti, Henry Kamm e Sydney Schanberg del *New York Times*, Elizabeth Becker del *Washington Post*, Jean-Claude Pomonti di *Le Monde*, e ripartiamo subito insieme.

Le vie di Phnom Penh sono larghe, calde, poco verdi. Qualche pagoda o *wat* con attorno delle palme di cocco. I pochi alberi sono molto più alti delle case che si rannicchiano sotto i loro ombrelli. Concerti di grilli e cicale, il sole picchia e rimbalza dall'asfalto, dalla sabbia bianca fra la vegetazione. Anche il cielo è bianco, di un azzurro quasi bianco. È la prima volta che sento il ritmo lento, caldo, quieto in cui si dondola la vita ai tropici, molto diversa dalla nostra all'Equatore.

La cantilena della lingua khmer si estende al francese, il 'francese d'Indocina', come lo chiama Tiziano che ne è incantato. '*Madame jolie beaucoup, moi très pauvre, mais moi toujours gentille. Moi donner cadeau pour vous*', dice la venditrice di quelle piccole scatole d'argento a forma di elefante, gallo, coniglio, tigre, gli animali dello zodiaco cinese, in cui le vecchie signore khmer tengono la radice del betel che masticano poi tutto il giorno. Tiziano ha cominciato a collezionarle. La delicatezza dei modi, la lentezza sono parte di tutti gli incontri umani, come le mani giunte all'altezza del viso nel salutare.

La notte taglia il giorno con un colpo reciso. Ripartiamo ancora. Nella luce dei fari di una rara macchina che passa, i nostri due *cyclopousse* pedalano contro la brezza sul buio, lunghissimo viale Monivong. Tiziano ed io, ognuno appoggiato alla sua poltrona viaggiante, ci riposiamo del caldo e della luce. Siamo invitati a cena dall'ambasciatore tedesco, Walter von Marschall-Biederstein. Sulla buia stradina sterrata che porta alla sua casa, un servitore in livrea bianca ci corre incontro, poi, al lume di una candela, ci conduce sulla terrazza del diplomatico. Respiro la densa aria di gelsomino, ascolto il violento concerto delle cicale, mi guardo attorno. Walter v. M-B. è rotondo, sensibile, romanticamente rispettoso della civiltà altrui. Gli altri due invitati sono Tom Enders, il 'Proconsole' americano, e la sua moglie italiana.

Gaetana Enders è vestita di giallo acceso, piccoletta, con metalliche collane al collo, vivacissima, di grassottella piacenza mediterranea. Piantandomi in faccia due occhi compassionevoli e agitando le sue mani, appoggiandosele al petto, mi parla della cura che si prende dei rifugiati. 'Insegniamo loro che la cultura è una cosa buona, che è bello lavarsi, tenersi puliti. Diamo loro le vitamine ogni giorno e se un giorno ce ne dimentichiamo vengono a dirci: "*Madame, médicine*" e quando gliele diamo dicono: "*Madame, merci*". Hanno imparato. Diamo loro il latte in scatola e insegniamo loro a fare il bagno ai bambini in una bacinella. Insegniamo loro il progresso, perché è nostro dovere far partecipi anche i popoli primitivi della nostra cultura.'

Gaetana Enders non si ricorda forse che quelle donne vivrebbero oggi non nei putridi slum di Phnom Penh, ma nelle loro belle palafitte nelle campagne, che nutrirebbero i loro bambini col proprio latte se il dolore per il marito soldato, morto o ferito o scomparso, non gliel'avesse fatto andar via. Farebbero fare ai bambini il bagno nell'acqua corrente dei fiumi, che è la sola pulita, se gli americani non fossero arrivati in Cambogia a portarci la guerra. 'Dobbiamo bombardare il paese per salvarlo', come disse quel colonnello americano in Vietnam, sembra essere diventato il motto anche suo.

Il marito, un gigante di oltre due metri, vestito di bianco fino ai calzini e le scarpe, come vuole *Vogue* nel suo ultimo numero, è l'americano della East Coast dai capelli lisci e biondi e l'arroganza dei ragazzi ricchi, educati a una buona università. Sembra a disagio davanti all'eccessiva ipocrisia della moglie. Forse anche a lui, se ha un po' di senso dell'umorismo, balena l'idea che il rimedio più sicuro contro la triste condizione dei profughi sarebbe che Gaetana combattesse contro i propositi del suo stesso marito o lo piantasse sui due piedi per punirlo d'aver rovinato la vita alle donne che lei protegge.

Il nostro padrone di casa ci conduce alla sua bella tavola apparecchiata con bianca porcellana di Nymphenburg, illuminata da candele, e ci fa servire una cena khmer con un Chianti della sua famosa cantina. Enders con Tiziano parla di bombardieri, di B-52, di guerra, di khmer rossi, dell'opposizione nelle campagne, dell'esercito governativo corrotto. Tardi, ci riaccompagnano in albergo nella loro limousine nera e blindata che già una volta ha resistito a un attentato alla vita di Enders, l'uomo più odiato dai guerriglieri. Il soldato col mitra che siede accanto all'autista è rimasto rimbecillito, dice Enders, 'ma sa ancora sparare'. Altre vetture ci seguono con gente armata.

4 marzo. Dovunque ci si rechi, dovunque ci si fermi, arrivano i *cyclopousse*. Come uccelli dai grandi occhi neri, appollaiati su un ramo, i pedalatori di questi sedili a tre ruote aspettano coi loro occhiali da sole di poter portare la loro preda a destinazione.

Partiamo verso sud, verso Neak Luong, Tiziano e io, in macchina con l'interprete. La campagna è fertilissima, intensamente coltivata come la Toscana e come la Toscana d'estate appare lisa, scolorita da un velo di polvere, antica e raffinata. Le palafitte si intessono come bozzoli fra le frange dei banani. Stanno su gambe altissime che nella stagione delle piogge scompaiono nelle acque straripanti del Mekong. Bufali magri pascolano sulla terra rossa in cerca d'un filo d'erba. Fiori di loto negli stagni, pagode, una fabbrichetta tutta circondata di filo spinato. La nostra strada corre lungo una diga da cui si dipartono altre dighette che si inoltrano a destra e sinistra nella campagna verso gli ingressi fioriti di piantagioni o pagode.

Un po' più in là, questo paesaggio è distrutto. Carbonizzati i banani, bruciate le palafitte, bucherellate dalle mitragliatrici le pagode. È un paesaggio identico a quello che abbiamo appena traversato, colorato di acacie, fiori arancioni o gialli, ibiscus rossi, alberi fiammeggianti, palme, risaie e stagni coperti di fiori di loto: questo però è nero. A sole due miglia dalla strada ci sono i guerriglieri. Quando avanzano verso la strada, interviene l'aviazione americana e li bombarda. I contadini, se fanno in tempo, fuggono verso Phnom Penh con i *cyclopousse* pronti ad aspettare.

Mentre ancora ci affacciamo a quella finestra nera, una mitragliatrice si mette a sparare. Sul Mekong, dietro la vegetazione della riva, si vede sfilare l'albero di una grossa nave che da Saigon ha risalito il fiume con gli approvvigionamenti per Phnom Penh. Attaccata dai guerriglieri appostati sulla riva opposta, si difende e viene difesa a colpi di mitragliatrice dai soldati governativi nei posti di comando lungo la riva su cui ci troviamo noi.

Proseguiamo lungo la strada fino al posto di comando successivo. Soldati sdruciti, mezzo svestiti, spesso con un fucile in due o col fucile portato dalla moglie, girellano lungo il fiume. Le famiglie stanno accovacciate intorno a dei piccoli fuochi, bambini piagati dormono all'ombra di uno straccio teso come una vela nel recinto di una pagoda-monastero. I bonzi sono fuggiti e gli edifici di legno sono stati requisiti dal comandante della regione, un giovinastro ben pasciuto in tuta mimetica che balza giù dalla sua jeep e ci invita a prendere il tè con lui. 'Tutto calmo. Io sono il comandante. Io sono il colonnello. Io sono il responsabile di questa zona: è sicura. Ho appena chiamato l'aviazione.'

E l'aviazione arriva e bombarda la quieta campagna di là dal Mekong. Fra le bombe che cadono, vedo le donne sull'altra riva che stavano lavorando nelle risaie, afferrare la mano dei loro bambini e senza nemmeno voltarsi indietro verso le loro capanne, camminare via in fila indiana coi fagotti sulla testa, attraversare il ponte e nella loro grande paura correre verso i *cyclopousse* appostati. Vedo come da contadine si diventa profughe e s'impara a dire: '*Madame, merci*' a Gaetana Enders.

La strada continua e andiamo avanti. Troviamo donne-soldato e donne che accompagnano i soldati, famiglie che bivaccano insieme ai loro uomini al fronte in zingareschi accampamenti, soldati ubriachi che ci fermano con il fucile spianato e ci spaventano con la loro follia anziché rassicurarci con la loro presenza. 'Sihanouk dov'è?' chiedono minacciosi quelli con cui mi metto a parlare. 'Con Sihanouk, la pace; Sihanouk partito, la guerra!' Tiziano mi porta via allarmatissimo. Dice che i cambogiani sono capaci di terribile ferocia. Non fanno mai prigionieri, li ammazzano. Nei primi anni della guerra i giornali pubblicavano le foto di soldati governativi che mostravano ai giornalisti sacchi di plastica pieni delle teste che avevano tagliato ai khmer rossi, di crani spaccati, di ventri sbudellati. Quello dell'improvvisa ferocia è uno dei lati oscuri della razza khmer.

La campagna è tornata calma, ronzante di grilli, bella come il paradiso. Solo gli innumerevoli camion che ci vengono incontro, stracarichi di gente d'ogni tipo che fugge, rivelano quanto è infida la situazione nelle campagne. Camion carichi di bonzi buddhisti dai panni color zafferano e le teste rapate; camion con la bella mobilia che un ricco possidente porta con sé fuggendo dalla sua tenuta in campagna; camion pieni di contadini con ceste e gabbie piene di polli.

Un po' più avanti comincia la macchia. La strada è deserta, il silenzio completo. In quella macchia sono scomparsi quasi tutti i 31 giornalisti dati per dispersi nei tre anni di guerra passati.

Finalmente raggiungiamo il gomito del Mekong, larghissimo. Di là c'è la cittadina di Neak Luong. Qui, in tempi di pace, le macchine si facevano traghettare sul Mekong e ripartivano dall'altra parte per Saigon. Due giorni dopo la nostra visita tutto questo era già stato ricatturato dai khmer rossi e non saremmo potuti arrivare nemmeno fino a lì.

Torniamo a Phnom Penh stanchi, coperti di polvere, accaldati. La nave è arrivata in porto danneggiata, ma ce l'ha fatta. Tiziano va a scrivere un dispaccio notturno. Quando torna beviamo un *citron pressé* alla piscina. Dopo il nostro viaggio lungo il Mekong, mi sembra così irreale la buona cena francese, le curatissime, eleganti signore in abito da sera che arrivano nel giardino riservato dell'albergo, i camerierini che ci servono al lume di candela. La sola alternativa a queste giornate mi sembrano le notti, non la mondanità. E subito dopo il caffè Tiziano mormora una scusa agli amici e ci alziamo.

C'è il coprifuoco ma ripartiamo lo stesso con un taxi illuminato dall'interno per far vedere che dentro ci sono dei bianchi. Doverci fermare a ogni posto di blocco, farci ispezionare da soldati sempre alticci e sovreccitati ci tiene col fiato sospeso. Ma le notti tropicali sono calde, fragranti e quella corsa, un po' inquietante attraverso i viali bui di Phnom Penh con le villette francesi che dormono nei loro giardini tropicali, ha un fascino indimenticabile. »

Qui finisce il mio diario cambogiano.

Andavamo al vecchio ristorante La Taverne, « sulla silenziosissima piazza *de la Poste*, rimasta intatta dal 1890 come fossero le quinte di un vecchio teatro», scrive Tiziano che sentiva così forte la presenza del passato.* Subito dietro c'era l'Hôtel Manolis dove scendeva Malraux con la moglie Clara durante le loro avventurose esplorazioni di Angkor di cui lui racconta in un libro che ci affascinava tutti, *La Voie Royale*. Da Angkor, Malraux s'era portato via un grosso pezzo di fregio, un furto per il quale in Francia andò in prigione ma di cui il principe Sihanouk un giorno ebbe a dire a Tiziano che quello non era stato un furto, ma un «ratto d'amore».

I corrispondenti erano fuori tutto il giorno. Dopo la colazione del mattino intorno alla piscina dell'albergo partivano con l'interprete per cercar di capire la guerra i cui sviluppi rimanevano offuscati dai sentito dire, dalle continue e contraddittorie «informazioni segrete» di cui era difficilissimo stabilire la validità.

C'era una bella libertà di stampa nell'America di allora. Al giornalista o fotografo accreditato in Cambogia, di qualsiasi nazionalità, uomo o donna che fosse, il comando Usa assegnava il grado di maggiore. Questo gli consentiva fra le altre cose di salire sugli aerei militari con la precedenza accordata al suo rango. Nessun funzionario e nessun militare americano osava intralciare apertamente il lavoro d'un corrispondente, anche se le conseguenze potevano essere imbarazzanti per Washington. Non va dimenticato dopotutto che furono i giornalisti della stampa e della televisione americana a incitare il loro pubblico contro la guerra in Vietnam e a costringere il presidente Lyndon B. Johnson («LBJ») a dimettersi nel 1969 («*Hey, hey, LBJ, how many kids did you kill today?*»** scandivamo anche noi marciando coi giovani a New York) e Nixon, il suo successore, a mettere fine ai bombardamenti in Indocina nel 1973.

Ospiti ricercati alle cene diplomatiche, i giornalisti venivano anche attaccati per le loro posizioni, di solito molto più pessimiste sull'esito della guerra di quelle delle Cancellerie. Non si facevano però intimidire. Ricordo una serata nell'ariosa residenza dell'ambasciatore tedesco a Saigon in cui l'ambasciatore, alla cui destra io sedevo, annunciò indispettito che avrebbe smesso di comprare *Der Spiegel* e Ti-

* *Ibidem.*
** Ehi, ehi, LBJ, quanti ragazzi hai ucciso oggi?

ziano dall'altro capo della tavola gli rispose: «*Der Spiegel* non ha bisogno del Suo marco e cinquanta, Ambasciatore».

Nella primavera di quell'anno, il 1973, Kissinger e Le Duc Tho tornano a negoziare a Parigi. La guerra in Cambogia, che il Congresso non aveva mai autorizzato, stava mettendo in difficoltà il presidente americano, era costosa e non dava segno d'essere vinta dagli Stati Uniti. Nei primi otto mesi di quell'anno gli americani scaricano più di 250.000 tonnellate di bombe sulla Cambogia, una volta e mezzo quelle che avevano buttato sul Giappone nella Seconda guerra mondiale, tutte quelle che non potevano più buttare sul Laos e il Vietnam. Eppure i guerriglieri continuavano ad attaccare la capitale, anzi, davano battaglia proprio alle sue porte.

Quando i negoziati si inceppano di nuovo, il Congresso americano perde la pazienza e ordina che i bombardamenti cessino il 15 agosto. Decine di giornalisti e fotografi accorrono a Phnom Penh per esserci quando la capitale cadrà in mano ai guerriglieri. Ma il 15 agosto arriva, il ronzio dei bombardieri cessa, i razzi dei khmer rossi continuano a cadere sulla città e non succede nient'altro. «Aspetteranno che la capitale crolli da sola», dice un diplomatico a Tiziano. «L'arrivo di un'altra ondata di rifugiati accelererà questo processo.»

Per un po' i giornalisti continuano ad aspettare. All'Hôtel Le Phnom, Bernardo Valli, esperto in guerre, sta a letto a leggere *I tre moschettieri* mentre Tiziano, nuovo nel mestiere, corre avanti e indietro per riferirgli fin dove arriva la gittata delle cannonate: all'aeroporto, allo stadio, al mercato, a soli 150 metri dall'albergo... Avevano trovato anche il modo di aggirare la censura mandando i loro pezzi col volo quotidiano della Air France direttamente a Bangkok dove una ragazza thai li veniva a prendere per portarli al telex. «Ci siamo divertiti da pazzi», racconta Valli.

L'incertezza c'era, ma non avevano paura. Non aveva paura neanche la gente di Phnom Penh, anzi, aspettava i khmer rossi con una certa simpatia. Il governo di Lon Nol era a tal punto malvisto da far nascere nella popolazione, e anche in molti giornalisti, un senso di solidarietà con i khmer rossi che combattevano così validamente nelle risaie armati soprattutto delle loro fanatiche convinzioni. «Arrivano...» dicevano i cambogiani quando i politici li facevano arrabbiare, ripromettendosi da quell'arrivo non molto di più che un governo un po' più onesto e, soprattutto, la pace.

« Eravamo tutti per i khmer rossi », ricorda Bernardo Valli. « C'era il mito del guerrigliero. »

Cosa avessero in mente i guerriglieri khmer rossi non lo sapeva nessuno. Non si cimentavano, loro, in quell'abile campagna di pubbliche relazioni nella quale erano invece maestri i vietcong. Combattevano in silenzio. Disertori e contadini raccontavano a volte di metodi di inaudita crudeltà con cui i khmer rossi si imponevano ai villaggi. Il governo si appropriava delle loro storie e le diffondeva subito. Proprio per questo la gente non ci credeva, né ci credeva la stampa. Sembravano inventate apposta per fare il gioco di Lon Nol.

A settembre, con l'inizio delle grandi piogge i guerriglieri si ritirarono dalle risaie e se ne andarono anche i giornalisti.

Alla fine di una « storia » Tiziano tornava a Singapore, finiva di scriverla e ne preparava altre. Passavano da noi corrispondenti venuti a riposarsi, personaggi a volte di grande spessore che avevano visto già tante guerre – la guerra in Corea, la prima guerra d'Indocina, guerre in Africa e Medio Oriente – e sentirli parlare era sempre affascinante. Parlavano di politica, di paesi ancora da scoprire, di voci, di speranze e scommesse sull'esito dei grandi conflitti. Del Giappone non parlavano mai. Si sapeva che i giapponesi avevano cominciato a inondare i nostri paesi con i loro gadget a basso prezzo, ma era una storia ingloriosa di cui i corrispondenti non si occupavano ancora. Che da lì a pochi anni tutto sarebbe finito in una questione di mercati e investimenti, di vendere e comprare, era impensabile per Tiziano allora, come per tanti altri.

Erano gli anni felici di Tiziano, uomo di calorosa, trascinante compagnia, quelli della sua *caméraderie* con i migliori corrispondenti del suo tempo dai quali imparava il mestiere. Altri svaghi non c'erano a Singapore. A volte, quando calava un'altra delle sempre uguali notti equatoriali e il caldo si faceva scuro e profumatissimo, andavamo con Bernardo Valli, diventato il grande amico da quando anche lui faceva base nell'isola come corrispondente del *Corriere della Sera*, a cenare al Goodwood Hotel, il solo dove si potesse mangiare uno steak australiano al lume di candela, o li guardavo fare una partita a stecca al vecchio Raffles. Raccontavano storie sempre colorate e divertenti così che non mi rendessi conto dei tanti pericoli sempre presenti fra i fronti mal definiti delle guerre civili.

Arrivavano altri telegrammi e ripartivano per le loro diverse nazioni.

La guerra in Cambogia era una guerra semplice all'apparenza, combattuta al ritmo dei monsoni. Con le grandi piogge, che cominciano tra luglio e settembre e inondano le pianure, i guerriglieri si ritiravano nelle montagne; con la stagione secca, che da gennaio dura fino all'estate, si spingevano di nuovo verso le città a montare nuove offensive. Allo stesso ritmo andavano e venivano i giornalisti.

Passò così anche il 1974 e verso la fine dell'anno, dopo mesi di noia e assenza di grandi eventi, i giornali persero interesse per l'Indocina e ritirarono inviati e corrispondenti. Il mondo, come sempre succede dopo l'intenso coinvolgimento con una vicenda la cui conclusione si fa aspettare, si era stancato della Cambogia e rivolgeva la sua attenzione altrove. Bernardo Valli viene richiamato in Europa; l'amico Pomonti di *Le Monde* parte per l'Africa. Tiziano resta ma comincia a interessarsi ad altri paesi nel Sudest asiatico.

Alla fine dell'anno torna a Phnom Penh. La guerra in Cambogia era rimasta a tutti gli effetti una guerra americana. «Ogni fucile, cannone, aereo che l'esercito repubblicano usa, ogni bomba, proiettile, cartuccia che spara è pagata dagli Stati Uniti, così come la benzina che l'esercito impiega, il riso che la gente mangia. Aerei a reazione americani di stanza in Thailandia sorvolano il territorio controllato dai partigiani ed indicano gli obbiettivi all'aviazione di Lon Nol. Aerei da trasporto Usa portano truppe governative e rifornimenti sui campi di battaglia e nelle guarnigioni assediate. Un gruppo di ottanta alti ufficiali americani funzionano da 'consiglieri' sul terreno, nonostante ufficialmente siano in Cambogia solo per accertarsi sul buon uso del materiale bellico; lo stesso ambasciatore Usa dirige dal suo ufficio le più importanti azioni militari.»[*]

Eppure i guerriglieri continuano ad avanzare.

Gennaio 1975. I guerriglieri ora accerchiano Phnom Penh; sono a un chilometro di distanza; si sono infiltrati in città. Le due sponde del Mekong sono in mano a loro, non arriva più uno dei grossi barconi con i rifornimenti di riso e verdure che fino a poco prima riuscivano ancora ad arrivare in porto, pilotati da avventurieri coreani o

[*] *Il Giorno*, 13 dicembre 1974.

na dell'Oriental Hotel fa di corsa i 300 chilometri da Bangkok a Poipet, la prima cittadina cambogiana subito di là dalla frontiera thailandese, per esserci all'arrivo dei khmer rossi, per vederli finalmente in faccia. Ci riesce, ma per un pelo non si fa fucilare.

Il pezzo sulla liberazione di Poipet che il 19 aprile scrive per *l'Espresso* viene ripreso da giornali e radio. Tiziano è il solo in quel momento a poter raccontare l'ingresso dei khmer rossi in una città cambogiana. Sydney Schanberg e gli altri giornalisti rimasti a Phnom Penh ad aspettarli si sono dovuti rifugiare nell'ambasciata francese e proprio in quei giorni stanno passando ore drammatiche cercando di negoziare con i khmer rossi la loro uscita incolume dalla Cambogia. Eppure, quando Tiziano rientra a Singapore è tutt'altro che contento. «La nostra casa brillava come una visione bianca nella notte. Tutte le lampade accese illuminavano le stoffe, le stuoie, le piccole figure che Tiziano aveva raccolto in Cambogia. Sembrava una reggia piena di fiori e di ornamenti, pronta a festeggiarlo. Ma Tiziano non era in uno stato d'animo festoso. Non aveva visto la caduta di Phnom Penh e ora Saigon stava per cadere senza che lui avesse il permesso di tornarci.»

Gira per casa come un leone malato, un leone che ha perso l'orientamento. Provare a entrare in Vietnam senza un visto? Il rischio è grosso: possono arrestarlo i sudvietnamiti o le nuove forze prenderlo per una spia. Il 27 aprile lo incoraggio a partire comunque – non c'è altro che io possa fare – e lo accompagno all'aeroporto. È fortunato. Il suo aereo è l'ultimo ad atterrare a Saigon, il personale di controllo ha già disertato e l'aeroporto chiude dopo l'arrivo del volo.

Tiziano entra a Saigon sapendo che per un po' non ne potrà uscire. Mi fa sapere che in caso di pericolo cercherà rifugio alla Croce Rossa. Invece, il 30 aprile 1975 è per le strade con migliaia di sudvietnamiti a osservare il tranquillo ingresso dei vietcong nella capitale del Sud. Il momento è storico e decide di restare in Vietnam.

«È un momento bellissimo, quello in cui si assiste a una guerra *giusta* che trionfa», annoto quel giorno. È stata l'ultima guerra nella quale ci siamo riconosciuti.

«La festa fu spontanea, popolare. Nessuno dette ordini. Il 1° maggio fu celebrato senza programmi ufficiali, da centinaia di migliaia di persone che da ogni parte della città, in macchina, in Honda, a piedi si riversarono in centro 'a vedere la Rivoluzione'. » Così Tiziano descriverà nel suo libro *Giai Phong!* le celebrazioni per la liberazione di Saigon.

Negli stessi giorni, una inquietante « cortina di silenzio » calava sulla Cambogia.

Cosa avviene dietro a quelle frontiere chiuse? Chi sono i nuovi leader? Quale è il loro progetto? Sono queste le domande che occuperanno analisti e corrispondenti nei successivi tre o quattro anni. Li si chiamavano gli *Indochina watchers*, gli osservatori dell'Indocina, ed erano quelli che come i *China watchers* di Hong Kong, dai quali prendevano il nome, cercavano di capire cosa stesse succedendo nei regimi comunisti che si erano barricati nei propri paesi.

Con la fine della guerra anche Bangkok usciva dalla luce dei riflettori. La città non era ancora diventata la popolare meta turistica che è oggi e i pochi alberghi si svuotarono rapidamente. Le truppe americane partirono dalle loro basi in Thailandia, dai bar e alberghetti dove erano andate in R&R, riposo e ricreazione. Partirono i corrispondenti con le loro famiglie e partimmo anche noi da Singapore per aspettare a Hong Kong che la Cina, il più grande e misterioso dei paesi comunisti, ci facesse entrare.

A Bangkok gli americani mantennero però accanto alla loro ambasciata, di cui un intero piano era comunque riservato alla Cia, un sofisticatissimo sistema elettronico di ascolto « formato da navi spia, satelliti, computer e gigantesche antenne disseminate nella regione » con cui avrebbero captato le voci che uscivano dai nuovi paesi socialisti. Per capire cosa succedeva in Indocina era quindi là che bisognava tornare e Tiziano ci sarebbe tornato spesso. L'aperitivo del tramonto su uno dei grandi fiumi dell'Asia calda era diventato uno dei suoi modi preferiti di guardare al passare della vita e quando ci rifermammo a Bangkok prima di lasciare definitivamente la regione, ci sedemmo sulla terrazza deserta dell'Oriental Hotel a guardare il Chao Phiya scorrere via, giallo e limaccioso. Era finita un'epoca.

Quell'estate, dopo tre mesi passati nel Vietnam riunificato, Tiziano finisce di scrivere *Giai Phong!* e nell'ottobre 1975 andiamo ad abitare con i nostri due figli sulla vetta più alta dell'isola di Hong Kong. Il mare scintillante, punteggiato di piccole isole, si perdeva verso le coste della Cina meridionale, ma non si entrava neppure nella Repubblica popolare dove la Rivoluzione culturale cominciava solo allora a spegnersi. Dovunque la stampa si trovava davanti a paesi avvolti in grandi misteri dietro ai quali, un po' più a distanza, aleggiava anche quello dell'Unione Sovietica, impenetrabile ma sempre pesantemente presente nei grandi giochi internazionali del potere.

A Hong Kong era tutto uno stare in ascolto, un origliare e cucire assieme i brandelli di notizie che trapelavano qua e là dalle emittenti che si riuscivano a captare. Tiziano cominciò a frequentare certi uomini di fiducia di Pechino per far sapere che desideravamo andare a vivere in Cina, e andava da Padre Ladanyi, un coltissimo vecchio gesuita ungherese che analizzava le trasmissioni radio nei diversi dialetti cinesi e riferiva al Vaticano, per capire da lui come guardare al futuro.

Ma già nel gennaio 1976 Tiziano è di nuovo ad Aranyaprathet, l'ultima cittadina thailandese prima della frontiera cambogiana. Ad Aranya, come la chiamavano, i giornalisti facevano base in una stamberga di legno squallidissima, la sola però in cui potessero stare. Era gestita da una donna thai bassa bassa e grassa grassa, e la chiamavano «L'Albergo della nana incinta».

Da Aranya la strada attraversava una terra gialla, completamente disboscata e arrivava a un enorme albero di banyan. Dietro c'era il ponte di ferro che attraversava la frontiera e portava alla cittadina cambogiana di Poipet, quella in cui nove mesi prima Tiziano era stato messo contro il muro. Tiziano si trovava spesso a contemplare quella cittadina di là dal ponte, ora tutto un groviglio di filo spinato, come per accertarsi che esisteva davvero il luogo che avrebbe potuto diventare quello della sua fucilazione.

E dietro Poipet c'era la giungla.

Da quella giungla uscivano alla spicciolata i primi cambogiani, quelli che ce l'avevano fatta a scappare ancor prima che i khmer rossi occupassero l'intero paese. Non era facile scovarli perché si accampavano negli spiazzi attorno alle pagode di campagna, nei campi dei contadini lungo le centinaia di chilometri di frontiera. Alla fine dell'anno però, poco prima che i khmer rossi avessero finito di minare le frontiere, ne arrivò una improvvisa ondata. La Cia, che lungo il confine aveva i suoi interpreti e agenti, raccoglieva le loro storie: storie raccapriccianti di città evacuate, di esecuzioni in massa, di collettivizzazioni forzate... Nessuno dei rifugiati sapeva chi fosse al potere, nessuno aveva sentito i nomi dei nuovi leader. Non c'era indottrinamento politico nella nuova Cambogia, né quel culto del Grande Presidente che è quasi di rigore in un sistema socialista. La popolazione era tenuta nell'ignoranza più completa. Quel che tutti sapevano era che bisognava ubbidire ad *Angkar*, la misteriosa «Organizzazione», o ad *Angkar Loeu*, l'«Organizzazione superiore» – o scomparire. Qualcuno aveva sentito fare un nome nuovo: Pol Pot. Ma sarà soltanto nel settembre 1977 che Pol Pot stesso rivelerà la propria identità: era lui Saloth Sar, il mitico capo guerrigliero di cui non si era saputo più nulla; era lui il capo del governo di Phnom Penh, e «Angkar» era il Partito comunista khmer.

I racconti dei rifugiati erano terribili, drammatici. I giornalisti dapprima non vollero crederci, perché con quei racconti i rifugiati giustificavano la loro fuga e perché era nell'interesse degli americani divulgarli. Tiziano reagì con ancor più diffidenza degli altri. Ne andava delle sue convinzioni politiche, dell'ideologia di cui fin da giovanissimo si era fidato. L'ipotesi che gli americani, appena sconfitti dai comunisti, cercassero con queste «testimonianze» di dimostrare che avevano avuto tutte le ragioni di voler «arrestare l'avanzata del comunismo nel mondo» gli sembrava la più plausibile.

Ricordo un'infinità di incontri all'Fcc di Hong Kong, il club dei corrispondenti stranieri, di serate nelle case di diplomatici o giornalisti dove non si parlava d'altro che di quel che stava avvenendo in Cambogia. Tiziano, sempre al centro di quelle accese discussioni, era uno dei più scettici e Anthony Paul, un giornalista australiano molto conservatore che lavorava per il *Reader's Digest* e preparava un libro sulla situazione cambogiana basato sulle fonti della Cia, si prese da lui il soprannome «Bagno di sangue» (da *Bloodbath*, il titolo provvisorio del libro che Paul stava scrivendo), tanto le sue tesi gli sembravano improbabili e azzardate. A casa però lo vedevo leggere tutto quel che veniva pubblicato e tormentarsi nel dubbio: le storie raccontate dai rifugiati, da qualsiasi parte della Cambogia venissero, cominciavano a essere sempre le stesse. Riflettevano evidentemente un metodo, un sistema; non potevano essere tutte false.

Nel maggio '76, a un anno dalla liberazione, Hanoi lo invita a ritornare in Vietnam. Con grandi aspettative Tiziano si mette in viaggio per il paese di cui aveva ammirato le lotte per vedere come ora «costruiva il socialismo». Quello che scopre lo sconcerta: campi di lavoro, campi di rieducazione, paura, nessuna libertà. E la promessa politica della riconciliazione, dov'era rimasta? Per tutta risposta ai suoi critici reportage, il governo di Hanoi lo accusa di avere tradito la loro amicizia e lo mette sulla lista nera.

Il dubbio ormai lo rode. Cerca chiarezza, anche sulla Cambogia. Nel 1977 sente dire che Ieng Sary, il leader khmer rosso incaricato dei rapporti con l'estero, si trova eccezionalmente a Singapore e sta per volare in Malesia. «Andai a Singapore e riuscii a comprarmi un biglietto di prima classe e a farmi sedere accanto a lui», racconterà nel 1985 in un'intervista alla Rai-tv.* «Fu un breve viaggio, da Singapore a Kuala Lumpur dove lui andava per una conferenza. Io, poco dopo che c'eravamo seduti, gli incominciai a parlare chiedendogli cosa succedeva in Cambogia. Lui era molto sorpreso di trovarsi con un giornalista ed io ero molto confuso di stare accanto ad un uomo che era come Adolf Hitler – oppure un grande rivoluzionario. E questa confusione di sentimenti mi si chiarì in questo breve, ma per me importante viaggio...» Aveva raggiunto la certezza che qualcosa di terribile stava avvenendo in Cambogia.

Pochi mesi dopo la liberazione, la Cambogia aveva aggredito il Vietnam per il problema delle frontiere. L'ambizione vietnamita di dominare l'Indocina va indietro negli anni e Pol Pot, un nazionalista acceso, cerca di riprendere ai suoi vecchi fratelli d'armi pezzi di terra da tempo perduti. Gli scontri finiscono per diventare una guerra, la prima guerra che ci sia mai stata fra due Stati socialisti, una guerra che rovina i loro rapporti, causa altre decine di migliaia di morti e scatena una nuova ondata di sanguinosissime epurazioni in Cambogia quando i militari khmer della Zona orientale, confinante col Vietnam, mettono in dubbio il senso di un conflitto armato. Sette milioni di cambogiani non possono vincere contro cinquanta milioni di vietnamiti, ma Pol Pot si sente minacciato nel potere e si rivolta contro i suoi vecchi compagni d'armi. Le urla degli «scomparsi» accoppati nei boschi fanno raggelare il sangue nelle vene e interi villaggi cambogiani scappano in Vietnam. I vietnamiti inquadrano gli uomini nel loro esercito e si preparano al contrattacco.

Non era facile capire dall'esterno come stavano le cose. Chiedendo specificamente di poter visitare la frontiera con la Cambogia, Ti-

* Intervista Rai-tv registrata in occasione del decimo anniversario della presa del potere dei khmer rossi in Cambogia, 1985.

ziano nella primavera 1978 riesce a tornare in Vietnam. Questa volta il paese lo commuove. In macchina percorre la frontiera che dal Golfo della Thailandia si estende fino alla Piana dei Giunchi e il Becco d'Anitra e vede le devastazioni e i morti che i khmer rossi si sono lasciati dietro. La terza guerra d'Indocina si annuncia inevitabile.

Quell'autunno la situazione si fa allarmante. I vietnamiti, si dice, «circondano la Cambogia con un nodo scorsoio». Per altre settimane non succede niente e i giornalisti, accampati nella solita stamberga di Aranya, aspettando che arrivino cantano la loro ultima composizione: «*We cover the hangman's noose war – from the pregnant dwarf's hotel...*»; oppure in italiano, nella traduzione di Giuliano Zincone del *Corriere della Sera* che là s'incontrava con Tiziano, sempre sul solito motivo musicale: «Copriamo la guerra del boia col nodo scorsoio – dall'Albergo della nana incinta...» Per Tiziano quella desolazione al confine del mondo rappresentava l'avventura, la vita stessa, ed era convinto che il nome alla stamberga glielo avesse trovato lui. Ma su questo ci sono dei dubbi.

Alla fine dell'anno i vietnamiti agiscono rapidamente. In un'operazione lampo varcano la frontiera con le loro divisioni e il 7 gennaio 1979 entrano a Phnom Penh. Pol Pot, con una buona parte dei suoi fedeli, riesce a rifugiarsi nelle zone dei Monti Cardamomi lungo la frontiera thailandese e là, nei pressi della cittadina di Pailin, costruirà la sua inespugnabile sede.

Finisce così, per mano dei vietnamiti e grazie a loro, uno dei più terribili regimi nella storia dell'umanità, «la più radicale rivoluzione che sia probabilmente mai avvenuta», come Tiziano una volta l'aveva definita. Ma le grandi potenze condannano l'invasione vietnamita come ingerenza negli affari di un altro Stato e violazione della sua sovranità, e per i prossimi undici anni continueranno a riconoscere Pol Pot nella giungla come il solo rappresentante legittimo della Cambogia.

Una vecchia imbarcazione, carica di 2700 rifugiati vietnamiti, dondolava negli stessi giorni di fine anno appena fuori dalle acque territoriali di Hong Kong.

«In coperta, una folla indicibile di gente che alla vista della [nostra] giunca urla e getta a mare biglietti che non possiamo raccogliere. Su dei lenzuoli bianchi, stesi fra gli alberi di ferro, in tinta nera, in inglese ed in cinese c'è scritto: 'Chiediamo comprensione'. 'Siamo in pericolo di morte. Dov'è l'umanità?' 'Chiediamo al governo di Hong Kong solo asilo temporaneo' », racconta Tiziano il 1° gennaio 1979 per *la Repubblica*. Ma il governo coloniale tiene duro e rifiuta loro lo sbarco. E così « ogni sera il tradizionale, spettacolare accendersi delle luci su Hong Kong si ripete, ancor più impressionante in questi giorni, con tutte le decorazioni multicolori al neon con cui le varie banche e gli snelli grattacieli ci augurano 'buone feste'. La piccola luce della *Huey Fong* che ondeggia nel nero inchiostro del mare appare ancora più patetica e desolante ».

La *Huey Fong* segnala al mondo che è cominciato il grande esodo dai tre paesi socialisti dell'Indocina. Scappano da anni, ma mai come ora, nel 1979, quando anche la fame s'è messa a bussare alle porte dei loro paesi. Sfidando ogni pericolo, i *boat people* vietnamiti si mettono in mare con vecchie imbarcazioni di fortuna; i laotiani partono a nuoto attraverso il Mekong; i cambogiani, appena liberati dai khmer rossi, approfittano della confusione durante il cambio di regime per partire a piedi attraverso le frontiere minate. Fuggono gli stessi khmer rossi, a migliaia, preoccupati d'essere a loro volta perseguitati.

Si calcola che almeno la metà di tutti quelli che dall'Indocina si erano messi in cammino non siano mai arrivati. Pirati malesi assaltavano le loro barche, quando queste non venivano travolte dai tifoni, buttavano agli squali uomini e bambini e violentavano le donne; i cambogiani esplodevano sulle mine lungo le frontiere o venivano ricacciati nella giungla. Nessuno li voleva, si parlava di un'« invasione ». Ma loro, storditi, malati o morenti, continuavano a barcollare fuori dall'immensa prigione che i loro paesi erano diventati, a centinaia di migliaia.

« I relitti del nostro naufragio in Indocina », disse un cinico diplomatico americano a Tiziano.

Anche in Cina qualcosa era cambiato dopo la morte di Mao, qualcosa cominciava a muoversi dopo i quasi trent'anni di regime del velleitario Grande Timoniere. Uno spiraglio si apre nelle sue frontiere e Tiziano riesce a infilarsi in una delegazione commerciale italiana e a trovarsi a Shanghai proprio nei giorni in cui la Banda dei quattro, capeggiata dalla vedova di Mao, viene abbattuta. Segue la Primavera di Pechino, il Muro della democrazia, Deng Xiaoping comincia a risalire la china. Quando Hua Guofeng diventa presidente succedendo a Mao e concede la sua prima intervista a *Der Spiegel*, quello è l'atteso segnale: già nel febbraio 1980 Tiziano può finalmente partire per Pechino e aprire il primo ufficio del settimanale tedesco in Cina.

A marzo, con noi ancora a Hong Kong e lui già a Pechino che cerca di far entrare la vita di quattro persone e un cane, più quella dell'ufficio con interprete e autista, in una suite di due camere e mezzo all'Hotel Qianmen, gli arriva anche il visto per tornare in Cambogia. Parte insieme a Nayan Chanda della *Far Eastern Economic Review*, suo frequente compagno di viaggi in Indocina, e sono tra i primissimi giornalisti nel mondo a poter rivedere la Cambogia dopo l'olocausto.

Da questa esperienza derivano per Tiziano le conclusioni che determineranno i prossimi anni della sua vita.

«E una cosa più di ogni altra mi impressionò. Una cosa che varie persone mi ripeterono. Durante il regno dei khmer rossi la gente aveva paura dei bambini. E questa idea che si fosse messo in piedi un regime in cui i bambini sono i temuti, i bambini diventano i più odiati, era una cosa, dico... Veramente superava la fantasia dell'orrore. Non ci si può immaginare una cosa più orribile di questa. E questa era la Cambogia dei khmer rossi.»*

Con nella mente anche quest'ultima scoperta, nel 1980 Tiziano comincia il suo lavoro di corrispondente dalla Cina.

Se fino ad allora non aveva creduto alle informazioni degli americani a meno che non le avesse personalmente verificate e si era invece fidato della sinistra, ora non si fida più di nessuno. Anzi, proprio quando si trova a vivere sotto un sistema totalitario – e non uno dei meno sofisticati – ce la mette tutta per smantellare le menzogne di cui, ormai ne è convinto, anche questo regime socialista si circonda. In Cina scappa di mano ai suoi guardiani e accompagnatori, si veste da cinese, va fra la gente, ci parla direttamente, sente quelli che tornano dai campi di lavoro e di rieducazione, quelli che hanno creduto in Mao ma sono stati respinti perché appartenevano alle famiglie «sbagliate». Da tutti questi, che da lui si vedono ascoltati, presi sul serio, Tiziano si fa rispettare; mentre ricordo il disagio, la grande preoccupazione con cui assistevo alle sue battute beffarde, agli interrogatori spietati, da detective, con cui reagiva a

* *Ibidem.*

qualsiasi cosa gli raccontassero i funzionari del Partito. Vedevo anch'io che non gli stavano certo dicendo la verità; ma sapevo anche quanto era pericoloso opporsi a un regime di polizia, quanto imprevedibile quel che ti poteva succedere. A Tiziano invece veniva un coraggio quasi baldanzoso davanti ai poliziotti, di qualsiasi nazionalità fossero, e i funzionari della Pubblica sicurezza cinese, non abituati a tali atteggiamenti di sfida, dopo cinque anni di viaggi attraverso il paese e una serie di fortissimi reportage, nel febbraio 1984 lo arrestano e lo mettono alla porta.

La Cina è stata il solo paese che con la sua grandezza e la sua crudeltà abbia sfidato Tiziano a una prova di forza che era disposto anche a perdere. Ma aver perso la Cina è stato per lui un dolore che solo col tempo si smorzerà.

Un anno dopo – eravamo di nuovo a Hong Kong – Tiziano vede *The Killing Fields* (*Urla del silenzio*), il film americano che tratta delle vicende di un cambogiano, Dith Pran, sotto il regime dei khmer rossi. Pran era stato l'interprete di Sydney Schanberg, l'amico di Tiziano, corrispondente del *New York Times* a Phnom Penh. Aveva lavorato anche per Tiziano che accolse sua moglie e i suoi figli a Bangkok quando all'ultimo momento Pran decise di farli partire, mentre lui rimaneva a Phnom Penh con Schanberg ad aspettare l'arrivo dei khmer rossi.

A vedere quel film, Tiziano decide di tirare le somme delle sue esperienze col comunismo e di farlo pubblicamente. Sbagliavano gli americani nel ripetere dovunque nel mondo sempre gli stessi mortali errori di politica estera, come Tiziano aveva scritto a proposito di Tom Enders, l'incaricato d'affari americano a Phnom Penh, a rivederlo all'opera in Nicaragua nel 1982; ma sbagliava anche lui se non ammetteva le proprie responsabilità ideologiche quando le dittature del proletariato si facevano a loro volta mortali.

Il 29 marzo 1985 esce su *Repubblica* un suo lungo articolo intitolato dal giornale « Pol Pot, tu non mi piaci più », ma più spesso ricordato come « C'eravamo sbagliati ».* Con la sua ammissione Tiziano sperava di dare il via a un dibattito anche all'interno della sinistra italiana. Ma non ci fu dibattito, al contrario. Quando quell'estate an-

* Ora in *in Asia*, cit.

dammo a Napoli per la festa dell'Unità, vari dirigenti del Pci, che lui conosceva e ai quali andava amichevolmente incontro, gli voltarono le spalle e si rifiutarono di stringergli la mano.

« Lei ha ragione a dire che abbiamo distrutto Pechino », gli aveva detto pochi giorni prima del suo arresto in Cina un viceministro, contemplando dall'alto della sua finestra nel ministero dell'Informazione il desolante panorama della capitale. « Ma non doveva scriverlo. »

Così pensavano allora i comunisti, anche in Italia.

Negli anni Ottanta nel mondo si fa evidente una svolta. Finiscono le grandi guerre ideologiche, le grandi uccisioni del XX secolo, e comincia la distruzione della terra per mano dell'uomo economico. Esiliato a Hong Kong, bandito dalla Cina, Tiziano vuole andare a vedere cosa fa il Giappone. Con tutti i mobili, i libri accumulati negli anni e i figli ormai grandi che lì finiranno le scuole, nell'autunno 1985 partiamo per Tokyo dove restiamo fino al 1990.

Il Giappone aveva lanciato la gara per chi aveva l'economia più forte e Tiziano vede come la sfida viene globalmente accolta. Vede il mondo allontanarsi sempre di più da quella diversità delle culture che per lui aveva un immenso valore, vede finire anche quel bel vivere orientale di cui arrivando in Asia nei primi anni Settanta avevamo ancora intravisto gli ultimi, affascinanti bagliori. Il Giappone classico non esisteva già più. Una risposta sola, quella del mercato, per tutti i paesi del mondo?

Comincia in Giappone la sua disperazione, la sua vera e propria depressione. Doversi occupare dei passatempi notturni degli impiegati, delle cifre di produzione della Toyota quando sentiva così forte che c'era da affrontare il problema del futuro del nostro pianeta, lo rattristava profondamente. Sentiva che bisognava pensare in grande, pensare a dove si sarebbe trovato l'uomo nella compagine senza confini che la Terra stava diventando e in cui ognuno – Tiziano se ne accorgeva bene vivendo a Tokyo e viaggiando nelle metropolitane piene di gente come lui – si sentiva solo e perso. Senza più gli stendardi politici e spirituali ai quali ci eravamo attenuti in passato, la vita era tutta da ri-inventare. Cercare le risposte unicamente nell'economia del mercato gli pareva banale, riduttivo, sbagliato – e comunque non era da lui.

Si alzava ancora nelle conferenze stampa sull'Imperatore morente a fare le domande che più scavavano nelle responsabilità di Hirohito, che più mettevano in questione la moralità di questo ultimo grande responsabile della Seconda guerra mondiale, ben sapendo che non era questo il problema più bruciante del momento. Alla fine, ricordandosi dell'Asia «calda» dove s'era trovato tanto più a suo agio, chiede il trasferimento a Bangkok. Là nel settembre 1990 apre una nuova sede di *Der Spiegel*.

La Cambogia intanto languiva, le sue ferite erano enormi, aperte, inguaribili. Il mondo occidentale continuava a condannare il Vietnam per l'invasione del 1979 – anche se con quella invasione aveva messo fine a uno dei regimi più sanguinari della storia – e quindi a non riconoscere il governo filovietnamita di Phnom Penh. Gli Stati Uniti non solo non avevano pagato al Vietnam e alla Cambogia le riparazioni promesse dopo la guerra persa; avevano al contrario imposto ai due paesi un embargo economico che per tutti gli anni Ottanta impedì loro di riprendersi. Sihanouk da Pechino riusciva ancora a far parlare del suo popolo con numeri da circo incredibili, con balli, conferenze stampa, telefonate; ma anche lui, come poteva rompere la sua alleanza con i khmer rossi, che pure gli avevano portato via quattordici famigliari, se non la rompevano i membri dell'Onu?

Nel 1991 tramonta anche l'Urss. Tiziano viaggia attraverso le Repubbliche Sovietiche, dall'Oriente estremo fino a Mosca, e dedica il suo *Buonanotte, Signor Lenin* «alla memoria di mio padre, che sognava». Quel sogno era stato anche il suo, era finito, ma era stato di grande ispirazione.

Poco prima, nel 1985, Gorbaciov, di fronte alla bancarotta dell'Urss, aveva troncato gli aiuti economici e militari ai paesi nell'orbita sovietica e il Vietnam, senza più i mezzi per mantenere le sue truppe in Cambogia, nel 1989 le aveva ritirate. Con questo la situazione si sbloccò. Le grandi potenze decisero che continuare a sostenere i khmer rossi, di cui nel frattempo era venuta fuori tutta l'immensità dei crimini, poteva diventare imbarazzante e incaricarono l'Onu di portare in Cambogia una «missione di pace». Le consegne erano: sia il governo, sia le tre fazioni guerrigliere (i khmer rossi, i sihanoukisti e i repubblicani di Son Sann) consegnino le armi e si siedano assieme al tavolo delle trattative; il governo si dimetta in favore di un'amministrazione transitoria delle Nazioni Unite per la Cambogia (Untac) che governerà il paese fino alle elezioni «libere e democratiche» che decideranno del governo nuovo. Nello spirito della riconciliazione nazionale, i khmer rossi non saranno portati a giudizio per i crimini che hanno commesso contro il loro popolo.

Quest'ultima clausola lascia Tiziano senza parole. Per lui, era proprio da un tribunale che facesse un po' di giustizia, che ristabilisse un po' di «decenza», come diceva, che bisognava ricominciare. «Boutros Ghali parla della riconciliazione nazionale ed io penso ai morti. Quei milioni di morti non li vogliono riconciliare?» annota non più nel quadernino color carta da zucchero che teneva sempre nel taschino della camicia, ma nel suo nuovo computer.

Quando nel 1991 Tiziano ritorna a Phnom Penh, l'arrivo dell'Untac, guidato dal giapponese Akashi, «il Samurai della pace», è imminente. L'imponente, costosissimo apparato di 22.000 persone, tra funzionari e militari, ha diciotto mesi per rimettere in piedi il paese devastato da più di vent'anni di guerre e barbarie e avviarlo alle elezioni. La pragmaticità con cui, nell'interesse di un liscio funzionamento della burocrazia internazionale, vengono risolte questioni che toccano il più profondo bisogno di giustizia di milioni di persone, lascia Tiziano completamente indignato.

«I funzionari dell'Untac hanno questo senso 'nordamericano' di essere qui in missione civilizzatrice», scrive nelle sue note. «Vogliono insegnare ai khmer ad organizzarsi, ad essere efficienti, a essere democratici, a rispettare i diritti umani. Questi pensieri mi fanno sempre più riflettere sulla spaventosa tendenza dell'Occidente – che si trascina [dietro] in questo la maggioranza del Terzo mondo non più ideologizzato – a voler imporre al mondo, così appiattendolo, un nuovo ordine, la sua logica, la sua moralità. Che ne sarebbe stato [di noi] se dopo la guerra in Europa fossero venuti i marziani a imporre le loro idee, i loro metodi organizzativi, la loro etica?»

In un paese in cui «nessuno è più abituato a una vita normale, tutti hanno visto la morte e la guerra», che ha perduto il suo re, i suoi monaci, i suoi colti, un terzo della sua popolazione, veniva ora catapultato, come un corpo totalmente estraneo, il levigato, luccicante apparato di funzionari e militari strapagati, di esperti in tante cose, di volontari in cerca di avventura, tutti con le tasche piene di soldi, tutti con macchine, elicotteri e computer a loro disposizione: come poteva andare a finir bene?

«Tutti questi umanitari che fanno un mestiere dei drammi altrui e ne parlano senza compassione, ma con grande efficienza... Penso a tutte le case, le ville, gli uffici che sono stati rifatti per alloggiare questa gente e mi chiedo di tutti i soldi dell'Onu: quando vanno davvero nelle tasche di quei neri, poveri, mocciosi cambogiani che si vedono lungo le strade nelle loro capanne di paglia ed un lumino a olio?»

Viaggiando in elicottero con Akashi – «un altro quarto d'ora di volo e siamo su un nuovo palcoscenico» – ; in una colonna di jeep con il comandante Sanderson delle Forze dell'Onu; con i Medici senza frontiere o in macchina con altri giornalisti, si fa un'idea degli immensi problemi che non sta solo all'Untac affrontare.

«Lungo la strada sento solo storie di banditi, di macchine rubate, di case svuotate. Tutta questa gente coi fucili, questi bambini abituati alla violenza: come curare un paese così? con le Ong? Sulla via del ritorno con Jean-Claude Pomonti sfuggiamo all'imboscata. Io vedo l'uomo khmer rosso sulla destra della strada, solitario, poi un altro. Lo guardo fisso, i nostri occhi si incontrano e lui non dà l'ordine di tirarci addosso. Ma blocca la macchina di Philippe e Hira Chaplai che ci seguono. A mani in aria si fanno far cenno di ripartire, 'svelti, svelti'. Sparano sulla macchina dopo, che ci sorpassa coi feriti e il vetro dietro tutto in frantumi. La vita sulla strada è una roulette continua. Il gioco è la vita o i soldi.»

Nella nostra casa thai, di legno, con la grossa tartaruga nel laghetto, si fermavano i corrispondenti che ritornavano in Cambogia. Quando la sera ci sedevamo a tavola sotto gli alberi in giardino, sapevo già che con le prime cucchiaiate di zuppa thai Tiziano si sarebbe lanciato in invettive e provocazioni la cui veemenza nasceva da un'infelicità profonda per la futilità del proprio mestiere. «Un romanzo dovrei venire a scrivere e nient'altro. Non resta che sublimare tutta questa roba in qualcosa che non sia l'articoletto. Non troverò il tempo?»

Solo nel paesaggio riusciva ancora a ritrovare quell'armonia cambogiana che fin dai suoi primi viaggi aveva toccato corde profonde nella sua anima.

«Il sole è appena apparso all'orizzonte, i colori sono pastello e le eleganti sagome degli stupa si riflettono nell'acqua delle risaie allagate. Un'immagine di grande pace.» «Un suono indimenticabile: una bacchetta che batte contro un bambù...» «Bella scena del treno che passa sulla risaia con lo sfondo di un cielo di tempesta e la gente ammassata sul tetto dei vagoni.» «Beviamo una birra sulla vecchia piazza del mercato. Battambang è ancora una bella città, le case basse, gialle, lungo il fiume, con le chiome delle palme nere che svettano come fuochi d'artificio sopra i tetti nel cielo pulitissimo del tramonto.»

Il «processo di pace» si arena del tutto quando i khmer rossi negano ad Akashi l'accesso alla loro enclave, si rifiutano di consegnare le armi all'Untac e dichiarano che non parteciperanno alle elezioni. L'Onu non ha la facoltà di emettere sanzioni e, pur di non far fallire l'intera missione, nuovi compromessi vengono escogitati.

Vado con Tiziano a Pattaya, un luogo balneare sulla costa della Thailandia dove lui assiste alla conferenza internazionale che cerca di riavviare le trattative. Fra gli ambasciatori e i rappresentanti delle grandi potenze, scorge la faccia di Khieu Samphan, il complice di Pol Pot, responsabile della morte di centinaia di migliaia di cambogiani, e sente che i diplomatici lo chiamano «Eccellenza».

«Mi sento addosso la paura dei vecchi fantasmi della depressione, sempre pronti a riprendermi alla gola», annota. «Capisco che all'origine avevano le loro ragioni anche nella politica.»

Nel novembre 1991 torna in Cambogia anche il principe Sihanouk, commosso e raggiante dopo il lungo esilio cinese, protetto da un nugolo di guardie del corpo nordcoreane. A rivederlo in carne e ossa la gente di Phnom Penh esulta, comincia a credere davvero che il passato è finito, che sta per incominciare una nuova vita, quella vecchia. E per un momento ci crede anche Tiziano.

Si arriva così alle elezioni «libere e democratiche». È il 1993, l'anno in cui, dando retta alla profezia di un indovino, Tiziano ha deciso di non volare. Arriva in Cambogia in nave, attraverso il Golfo della Thailandia. Il popolo ha imparato dall'Untac che deve andare a votare e va. Ma sarà Sihanouk, ancor prima che i risultati siano proclamati, a salvare con un colpo di mano una situazione di stallo che rischiava di mandare all'aria l'intera operazione di pace. Estorcendo la vittoria elettorale al figlio Ranariddh, spartisce i voti equamente fra lui e Hun Sen, l'uomo forte che da anni era a capo del governo di Phnom Penh e che mai avrebbe fatto posto a un altro. Poi rientra nel suo palazzo da re, ma da re senza poteri, da re «addetto all'inaugurazione delle mostre di crisantemi», come diceva. E dopo la partenza dell'Untac il paese cade definitivamente in mano ai trafficanti internazionali.

«Mi ritorna sempre in mente la mia soluzione», scrive Tiziano, «quella di mettere una campana di vetro sulla Cambogia e farla stare in pace per forza per una generazione, senza chiederle nulla, solo di vivere, di ritrovarsi, di far crescere una nuova generazione.»

Erano più di vent'anni che Tiziano spaziava per l'Asia e di lui si raccontavano tante storie piene di belle invenzioni, come la rosa rossa all'occhiello o il cappello a larghe tese in testa.

Un suo compagno di scuola, Gaetano Manzoni, durante un viaggio in aereo si trovò seduto accanto a un giornalista italiano. «Al nome di Tiziano Terzani il giornalista si illuminò letteralmente e mi disse: 'Dall'India verso Est, *tutti* conoscono Tiziano Terzani!'» e raccontò al Manzoni di una conferenza stampa a Phnom Penh col principe Sihanouk. «Eravamo una ventina di giornalisti occidentali riuniti in un grandissimo salone. Ma il principe rispondeva di malavoglia, era come distratto, non si riusciva a dare una forma dignitosa alle nostre domande. Improvvisamente si aprì la porta in fondo al salone e apparve un uomo alto, tutto vestito di bianco, sorridente, mi pare con un cappello bianco a larghe tese. Una grande presenza, un personaggio. Fu come un'entrata a teatro. Sihanouk lo riconobbe subito, si illuminò in volto, si alzò e gli andò incontro. Quando furono vicini, entrambi felici e sorridenti, si scambiarono il saluto a mani giunte, si presero sottobraccio alla faccia delle formalità e si avviarono verso il tronetto di Sihanouk. Soltanto allora iniziò la vera conferenza stampa. Quell'uomo, inutile dirlo, era Tiziano Terzani.»

Sihanouk. Col tempo Tiziano lo conobbe abbastanza bene. Lo divertiva questo re-playboy che si faceva chiamare Principe o *Monseigneur* e che, defenestrato dal suo vecchio regno, era andato ospite a Pechino e Pyongyang, le capitali di due paesi comunisti. Per ragioni di Stato, di sopravvivenza, di antiamericanismo, da esule s'era messo a capo dei guerriglieri khmer rossi che lui stesso a suo tempo aveva perseguitato e di cui ben sapeva che un giorno lo avrebbero «sputato come un nocciolo di ciliegia». E così fu. Intanto però riusciva a far parlare della Cambogia e di sé anche quando c'era poco da dire. E Sihanouk vedeva forse in Tiziano un complice del vecchio mondo che aveva a cuore il suo paese perché gli accordava ogni tanto una «*audience privée*» e quando era tornato ad abitare nel Palazzo reale di Phnom Penh lo invitò perfino a un pranzo «*en famille*».

Ma alla fine, durante la concitazione delle elezioni, quando Tiziano cerca un po' di saggezza da qualche parte, lo delude anche Sihanouk. «È un uomo senza grandezza. Non l'ho mai sentito fare una riflessione umana intelligente sulla storia di questi anni, sui khmer rossi, sul ruolo degli uomini nella tragedia», scrive nelle sue note del 1993. «C'è in quest'uomo una piccolezza spaventosa, una mancanza di grandezza umana. È un re, un despota.»

Ritornato sul trono nel 1993 come capo di Stato puramente simbolico, Sihanouk si perde negli intrighi di palazzo, passa lunghi periodi a Pechino a curarsi – o forse a mettersi al sicuro? – e stranamente non fa più parlare di sé. Alcuni anni fa ha lasciato il trono al figlio Sihamony, che aveva fatto il ballerino a Parigi e che del padre purtroppo non aveva preso nemmeno il meraviglioso *savoir faire*.

Il paese non si è mai ripreso, c'è chi dice che non esiste più. Interamente colonizzato da interessi economici internazionali, è ancora in mano a Hun Sen, ex khmer rosso passato sotto la protezione dei vietnamiti e ora di nuovo legato ai primi, un dittatore spietato e corrotto che lo sta svendendo, pezzo per pezzo, al migliore offerente sul mercato.

A quasi trent'anni dalla caduta del loro regime, i responsabili del genocidio cambogiano non sono ancora stati messi sotto processo. Troppe sono state le connivenze, dentro e fuori del paese, perché il mondo possa davvero volere che giustizia sia fatta. I più sono morti nel loro letto. Il Tribunale internazionale che sta vistosamente organizzandosi a Phnom Penh, ha recentemente annunciato che i capi storici ancora viventi saranno processati nel 2008 per crimini contro l'umanità.

La Cambogia, «questo struggente paese», mostra a Tiziano come gira il mondo. Dopo tanti morti, tanta, tanta distruzione, tanti ideali delusi, non resta che il consumismo. Così è andata in Cina, nell'Unione Sovietica, in Vietnam; così va in Cambogia. E in Iraq? È la stessa, identica storia, diceva Tiziano, so già come va a finire, non m'interessa più.

La sua visione di Angkor, con cui si conclude questo libro, indica la direzione in cui andavano i suoi pensieri. Fu allora, negli anni Novanta, che dentro di sé voltò le spalle al giornalismo: non si era dimostrato l'arma con cui da giovane aveva sperato di poter agire sui politici per cambiare le sorti del mondo. Presto partì per nuove mete, per quel viaggio che dalla Thailandia lo portò in India, da lì all'Himalaya e infine a Orsigna, dove si conclude il suo «viaggiare per il mondo alla ricerca della verità».

Della Cambogia ci resta un Buddha in bronzo seduto nella biblioteca di Tiziano con le palpebre abbassate. Un soldato repubblicano lo aveva trovato a Udong, fra le macerie di un tempio bombardato dal suo reggimento, e glielo aveva venduto. Davanti al mistero del suo sorriso – il mitico sorriso khmer – anche l'animo di Tiziano si era alla fine rasserenato.

Firenze e Orsigna, 2007

AL LETTORE

Accanto al suo lavoro di corrispondente di *Der Spiegel* dall'Asia, Tiziano Terzani ha sempre collaborato anche a giornali italiani – in ordine di successione: *Il Giorno, l'Espresso, Il Messaggero, la Repubblica,* il *Corriere della Sera* – per potersi rivolgere nella lingua che era la sua a un pubblico che gli stava a cuore. Con poche eccezioni, è da questi giornali che provengono le corrispondenze qui per la prima volta raccolte. I tre articoli della serie « Sento ancora le urla nella notte », scritti per *Der Spiegel,* sono gli unici già apparsi nel volume *Holocaust in Kambodscha* (Rowohlt, 1980).

Ritornando in Cambogia dopo assenze di mesi, a volte di anni, Tiziano ricapitolava per il lettore nuovo i precedenti della storia. Quei paragrafi sono stati omessi, senza che i tagli siano segnalati nel testo. Sono invece stati inclusi alcuni inediti e tre corrispondenze già pubblicate nel volume *in Asia* (Longanesi, 1998).

Si è scelto di riprodurre i messaggi telex al direttore o caporedattore del rispettivo giornale quando è stato possibile ritrovarli nelle veline originali. Le frasi in corsivo all'inizio di ogni capitolo sono tratte da articoli e da scritti inediti. La traslitterazione dei nomi khmer – « khmer » è come dire « cambogiano » – incerta nei primi anni, è stata uniformata per non confondere il lettore.

I testi sono per il resto rimasti invariati.

a.t.s.

BOMBE AMERICANE

Il Giorno, 18 marzo 1973

PHNOM PENH – In Cambogia negli ultimi tempi i segni di
cattivo augurio non sono stati pochi. Un giorno un fulmine
ha colpito, nel mezzo della capitale, la pagoda che è il simbolo
della nazione khmer ed ha distrutto il suo più alto pinnacolo.
Poco dopo, tutti i pipistrelli che vivevano sotto il tetto del Museo nazionale sono misteriosamente scomparsi ed il semisacro
elefante che pascolava da tempo immemorabile nel giardino
dell'ex Palazzo reale è improvvisamente morto.

La gente di qui ha interpretato senza eccezioni questi episodi
come segni ultraterreni dei difficili tempi che la Cambogia ed il
suo attuale regime devono affrontare. Il maresciallo Lon Nol,
che celebra in questi giorni il terzo anniversario del colpo di
Stato che lo portò al potere dopo aver rovesciato il principe Sihanouk, è ancora parzialmente paralizzato per un embolo che
lo colpì nel febbraio scorso e c'è anche chi dice che abbia per

giunta un cancro incurabile al cervello. Certo è che persone che lo hanno visto recentemente hanno avuto l'impressione di un uomo che vive ormai fuori dalla realtà e che ha perso parte delle sue capacità mentali.

Dovendo passare molte ore della sua giornata a fare esercizi di fisioterapia e a consultarsi con astrologhi e bonzi-chiromanti, il presidente cambogiano ha delegato molti dei suoi poteri al fratello più giovane, Lon Non, che fino a tre anni fa era semplicemente capitano della polizia militare, ma che ora è generale, ministro degli Interni e presidente di potenti e lucrativi comitati.

Malvisto e odiato da tutti quelli che aspirano ad una fetta del potere e della ricchezza che Lon Non monopolizza (dicono di lui che abbia già trasferito su un conto svizzero alcuni milioni di dollari), il giovane fratello del presidente è diventato l'eminenza grigia di questo regime che ogni giorno di più dimostra la sua incapacità a risolvere gli immensi problemi in cui naufraga il paese.

«Fra quelli nel governo, i più pensano solo a mettere da parte i soldi fintanto che è possibile, gli altri non sanno neppure da che parte rifarsi per rimettere le cose a posto», mi ha detto un diplomatico asiatico a Phnom Penh. «Quando vado a trovare un ministro è lui che chiede a me che cosa dovrebbe fare. L'altro giorno un alto funzionario mi ha domandato come si fa a organizzare un archivio.»

La guerra, che nel marzo del 1970 in seguito al colpo di Stato dilagò qui dal Vietnam e dal Laos e che almeno sulla carta in quei due paesi è finita, continua in Cambogia senza che sia possibile indovinarne una fine. Le condizioni del paese sono disperate ed i cinque milioni di dollari che settimanalmente gli Stati Uniti pompano in Cambogia, assieme alle centinaia di tonnellate di riso che gli aerei americani scaricano all'aeroporto di Pochentong, bastano appena a tenere in vita questo paese, un tempo autosufficiente.

«Quando c'era Sihanouk non c'erano né mendicanti né miliardari. Oggi, a causa della guerra abbiamo questi e quelli», mi ha detto uno studente della facoltà di lettere che da un mese è in sciopero come tutte le scuole del paese. Il confronto con il tempo di Sihanouk è naturale per la gente e l'ex principe «playboy», non certo amato quando era qui dalla classe colta della capitale, è diventato anche per l'«intellighenzia» il simbolo di un passato a cui tutti sognano di ritornare.

Dal tempo del colpo di Stato contro Sihanouk, il 18 marzo 1970, il prezzo dei generi alimentari è aumentato sette volte. Un sacco di riso di cento chili, che basta a nutrire una famiglia di quattro persone per un mese, costa oggi 4000 riel (circa 11.000 lire) mentre la paga mensile di un soldato o di un funzionario del governo è di 3500 riel. Questo non sarebbe nulla se i soldati venissero pagati. La scorsa settimana un intero battaglione di fanteria si rifiutò di andare al fronte e circa 200 uomini disertarono perché non erano stati pagati da quattro mesi.

La corruzione è un fenomeno diffuso ed accettato fino nei più alti gradi dell'esercito e molti degli ufficiali, una volta ricevuti i soldi con cui dovrebbero pagare i loro uomini, fanno semplicemente accreditare il tutto sui loro conti correnti in banca. Quando non arrivano a questi estremi, si rifanno con i soldati «fantasma», vale a dire tutti quelli che sono stati uccisi, che hanno disertato, o che non sono mai esistiti, se non come nomi in una lista a cui corrisponde un salario mensile che gli ufficiali intascano. È così che l'esercito khmer, fatto a malapena di 150.000 uomini, di cui solo 60.000 sono combattenti, ha sulla carta 250.000 soldati.

Le condizioni di vita a Phnom Penh sono diventate sempre più difficili e l'atmosfera è tesa. Centinaia di migliaia di rifugiati, approdati qui da ogni parte del paese bombardato dagli aerei americani e governativi, hanno trasformato questa riuscita imitazione d'una cittadina francese di provincia in una disperata bidonville asiatica in cui solo il centro ha ancora qualcosa del vecchio fascino.

La capitale è da tempo praticamente isolata. Tutte le strade che conducono fuori sono tagliate dalle forze partigiane in un perimetro che va dai 20 ai 40 chilometri. Solo alcuni convogli militari riescono ad andare più lontano. I treni non sono più un mezzo di locomozione; l'unica linea ferroviaria è stata tagliata ad appena pochi chilometri da Phnom Penh. La stazione è stata chiusa ed è diventata uno scarico di rifiuti. Manca l'elettricità e la sera Phnom Penh sembra una città medievale, con gente che cammina per le strade con lampade a mano o cena al lume di candela.

«Solo quelli che stanno vicino alla residenza di un ministro non hanno problemi», dice un residente europeo.

«Quanto alla situazione militare, è disastrosa, ma non senza speranza», secondo i più ottimisti fra gli osservatori. Le forze del Funk, il Fronte unito nazionale della Kampuchea,* che contano oggi circa 45.000 guerriglieri e si dichiarano più o meno fedeli al governo in esilio di Sihanouk, controllano circa l'80 per cento del paese ed il 45 per cento della popolazione. Le forze del governo, che ormai presidiano solo la capitale e alcune città di provincia, sono sulla difensiva e se non fosse per la continua copertura aerea dei B-52 americani, probabilmente avrebbero già capitolato. Persino gli americani considerano la situazione grave ed hanno recentemente esercitato grosse pressioni su Lon Nol perché faccia qualcosa per cambiarla.

* Kampuchea: Cambogia in lingua khmer.

PLEASE ONPASS URGENTLY
YY ROM
:PROESPRESSO:
PER GREGORETTI
CARISSIMO CARLO,
SPERO QUESTO PEZZETTO TI ARRIVI IN TEMPO. LO MANDO A BANGKOK
ATTRAVERSO UN COLLEGA. SPEDIRE VIA TELEX DA QUI SIGNIFICA SCRI-
VERE IN INGLESE O IN FRANCESE E PASSARE ATTRAVERSO LA CENSURA.
FATEMI SAPERE SUBITO SE AVETE RICEVUTO E SE PUBBLICATE. FATE UN
TELEGRAMMA URGENTE ALL'HÔTEL LE PHNOM PER TERZANI IN INGLE-
SE O FRANCESE ALTRIMENTI NON VIENE CONSEGNATO. ANGELA È A FI-
RENZE. PADRE MORENTE. SALUTI A TUTTI. GRAZIE. TIZIANO.

L'Espresso, 6 maggio 1973

PHNOM PENH – «Il resto della Cambogia è già in mano ai partigiani, ma Phnom Penh non lo sarà mai perché gli americani, pur di impedirlo, son disposti a raderla al suolo», dice uno studente.

Le bombe cadono ormai vicinissime. Oggi, a solo due chilometri da qui. Sulla riva destra del Mekong, davanti all'ex Palazzo reale, migliaia di persone stanno a guardare i Phantom che si tuffano in picchiata a sganciare il loro carico di napalm dall'altra parte del fiume. Alcuni ridono; altri, come fosse un gioco, gesticolano seguendo col dito puntato nel cielo il volo degli aerei, mentre spaventose colonne nere di fumo ribollono lente dinanzi a noi. I cambogiani non sono abituati alla guerra e molti non sembrano rendersi conto di che cosa una bomba significa.

Lo spettacolo è quasi quotidiano. Fra le dieci di mattina e

mezzogiorno la città si blocca con il naso in aria. Poi tutto torna normale, il traffico riprende e nel migliore ristorante di Phnom Penh, dove un tavolo d'angolo è sempre riservato, arriva un gruppetto di americani in abito civile, con i capelli a spazzola e delle valigette grigie da cui penzolano dei fili e delle cuffie d'ascolto. Sono gli ufficiali che da terra hanno diretto i bombardamenti. L'ambasciata americana nega che siano qui, dicono che tutto viene fatto dalla Thailandia, dove si è recentemente spostato il comando che prima era in Vietnam; dicono che qui non ci sono più di 200 funzionari americani, comprese le segretarie, come vuole una risoluzione del Senato americano. Ma basta vivere a Phnom Penh, basta avere una radio ad onde corte per sentire questi ufficiali « civili » che da terra dirigono i piloti durante i bombardamenti.

Gran parte della guerra è ormai fra aviazione e partigiani e se non fosse per i B-52, per i Phantom, per gli F-111, per tutta la flotta aerea americana che prima era impiegata in Indocina e che ora è concentrata ventiquattro ore su ventiquattro nel cielo cambogiano, sarebbero già cadute Takeo, Kompong Cham, Battambang e le altre poche città che ancora sono in mano al governo di Lon Nol. La guerra in Cambogia sarebbe finita. Sihanouk rientrerebbe a Phnom Penh, accolto a gloria dalla gente che più che rimpiangere lui personalmente, rimpiange il tempo in cui lui era al potere ed il riso costava dieci volte meno di ora. La Cambogia avrebbe un governo formalmente neutralista, ma di fatto pro-Pechino e pro-Hanoi. È questo quel che Nixon non può accettare ed è per questo che, in maniera più o meno diretta e coperta, gli Stati Uniti stanno lentamente rientrando in Indocina dalla finestra cambogiana dopo essere usciti con tanto di fanfare dalla porta vietnamita.

Americano è l'intero budget dello Stato; americano tutto ciò che tiene ancora in piedi l'esercito, tranne i soldati; americana è la politica con la quale Lon Nol, ormai con le spalle al muro, tenta di salvare il salvabile, ma è estremamente dubbio che serva ancora a qualcosa. A giudizio di molti osservatori non c'è riforma che possa restituire efficacia e credibilità al regime, non c'è controffensiva che possa rovesciare la situazione militare, nettamente sfavorevole alle forze di Phnom Penh.

«I B-52 hanno fermato i comunisti, ma non possono ricacciarli indietro», dice l'addetto militare di una ambasciata europea. «L'unica via d'uscita», si sente ripetere da varie fonti diplomatiche, «è l'apertura dei negoziati con i dirigenti comunisti.»

Qui è dove comincia il problema. Le autorità di Phnom Penh sostengono che Sihanouk non rappresenta tutte le forze che si battono contro Lon Nol e che non c'è per questo un interlocutore valido. Sihanouk dal canto suo dice di essere quell'uomo (ed il suo recente viaggio nelle zone liberate era innanzitutto inteso a far chiaro questo punto), ma di non essere disposto a trattare con la cricca di Phnom Penh. Secondo lui sono gli americani che contano e solo con gli americani è disposto a trattare. Per il momento quindi la situazione è bloccata e le voci di contatti segreti fra Sihanouk e Washington non sono confermate.

Lon Nol, ancora sofferente della vecchia paralisi e circondato da consiglieri che sembrano tenerlo all'oscuro di ciò che accade nel paese, rimane formalmente a capo dello Stato e qualsiasi accordo politico trovato con «l'altra parte» dovrà tener di conto della sua presenza. Recentemente, per bilanciare il colpo pubblicitario di Sihanouk che ha detto di essere stato con i guerriglieri nella vecchia capitale di Angkor, si è fatto immediatamente portare in elicottero nella città ancora in mano ai governativi, ma non sembra che sia tornato con una analisi corretta di ciò che sta accadendo. La cosa che più d'ogni altra sta ripetendo ai suoi generali è di stare attenti ai conigli perché uno dei chiromanti con cui si consulta gli ha detto che nell'attacco finale i comunisti manderanno avanti migliaia e migliaia di questi roditori con cariche di dinamite sotto la pancia.

La propaganda del governo continua a parlare dei nemici come degli «aggressori nordvietnamiti e vietcong» e gli impiegati delle Poste, addetti a censurare tutte le lettere che partono ed arrivano qui, e in specie i telegrammi mandati dai corrispondenti stranieri, ora numerosi a Phnom Penh, fanno una lotta continua perché così venga descritto «il nemico». Ad un collega a cui era sfuggito di scrivere «i partigiani cambogiani», il censore giorni fa ha detto: «Lo so che lei ha ragione, ma io non voglio perdere il mio posto».

L'avvicinarsi del fronte fino alle porte della capitale, il continuo flusso di rifugiati che le bombe americane cacciano dalle campagne verso la città, senza contare l'esistenza in Phnom Penh stessa di tutta una rete sihanoukista, hanno diffuso fra la popolazione una immagine abbastanza verosimile di quella che è la vita nelle zone liberate e di chi, al di là della propaganda, sono «i nemici». «Sono khmer come me», diceva, allargando le braccia come chi ha scoperto una realtà imbarazzante, un tenente governativo in una postazione militare sulla lingua di terra che divide il Mekong dal suo affluente, il Bassac, prima che i due fiumi si uniscano proprio dinanzi a Phnom Penh.

La Cambogia è ormai al 90 per cento occupata dalle forze partigiane, ma i vari fronti sono indefiniti e i confini fra le due amministrazioni sono permeabilissimi. Non solo i contadini, cui le autorità sihanoukiste rilasciano appositi lasciapassare, vanno e vengono da una parte all'altra; ma interi convogli, anche militari, passano le linee.

«Se i partigiani non lasciassero passare i rifornimenti per Phnom Penh, come farebbero a procurarsi ciò di cui hanno bisogno?» spiega un francese, residente qui dal tempo della prima guerra d'Indocina. La relativa dipendenza della guerriglia dai rifornimenti destinati ai governativi spiega perché alcune delle arterie di comunicazione, che i partigiani potrebbero chiudere, come infatti spesso fanno, con azioni dimostrative, rimangono aperte e spiega come quello che alcuni hanno descritto come l'assedio di Phnom Penh non è mai stato un assedio nel senso classico della parola. «Vogliono semplicemente far veder che ci sono», mi diceva un diplomatico.

Se è un assedio, è fatto da gente che non sembra aver fretta. A volte, dopo essersi così avvicinati alle linee governative da rendere impossibile l'intervento dell'aviazione (per quasi due giorni non si sono sentiti bombardamenti a Phnom Penh), i guerriglieri si ritirano e quella stessa unità viene poi segnalata da una parte diversa.

Il giorno di un confronto finale alle porte della capitale, se mai questo giorno verrà, sembra ancora lontano. I bombardamenti americani stanno già facendo dei macelli spaventosi fra la popolazione civile delle regioni attorno a Phnom Penh e creando sempre più rifugiati in un paese di sette milioni di abitanti, la metà dei quali già è rifugiata. I partigiani sanno che se la battaglia fosse per Phnom Penh, le perdite sarebbero altissime ed inaccettabili. Sihanouk ha detto che non darà l'ordine di attaccare Phnom Penh per evitare che venga distrutta dalle bombe americane.

Forse è per questo che la popolazione della capitale non sembra disperarsi e guarda come ad uno spettacolo che non la riguarda le bombe che cascano per ora a due chilometri da qui.

Alcuni si rendono però conto di ciò che anche questo significa. Ieri, quando gli ho chiesto un tè al limone, il cameriere dell'albergo mi ha risposto: « Non c'è limone. Tre anni di guerra e non ci sono più limoni ». Poi, facendo con la mano in aria il gesto degli aerei che si tuffano a bombardare ha detto: « Ancora tre anni di guerra e non ci sono più cambogiani, signore ».

YY ROM

:PROILGIORNO:

EX TERZANI

PER MURIALDI O CAPOREDATTORE

MANDO QUESTE NOTE PER UN COLLEGA CHE VA A SINGAPORE. HO FAT-
TO UN GIRO NEL NORDEST DEL PAESE E DOMANI O DOPO MANDO UN
PEZZO DI TRE CARTELLE SUI MONUMENTI DI ANGKOR IN MANO AI
« ROSSI » E CHE HO INTRAVISTO DALLE PRIME LINEE DEI GOVERNATIVI.
SALUTI. TIZIANO.

Il Giorno, 13 giugno 1973

PHNOM PENH – Finestre e porte che sbattono spaventosamen-
te, la terra che sussulta al ritmo di boati lontani fanno ormai
parte di ogni notte cambogiana, come il ronzio dei B-52 americani che, scaricate le loro bombe sulle posizioni partigiane attorno alla capitale, tornano verso le basi sicure in territorio
thailandese.

Da due notti vi si sono aggiunti, puntuali verso l'una, i botti
secchi dei razzi di fabbricazione sovietica che le truppe di Sihanouk sparano sull'aeroporto internazionale di Phnom Penh, a
soli 8 chilometri dal centro. Contemporaneamente, anche l'aeroporto della seconda città cambogiana ancora in mano al governo, Battambang, è stato colpito dai razzi da 122 millimetri. Per
un paese in cui tutte le strade possono essere bloccate dai guerriglieri, così come le vie fluviali, gli attacchi agli aeroporti – rimasti
per le città isolate l'unico canale di comunicazione e rifornimento – rappresentano un'enorme minaccia.

Questi attacchi, insieme alla crescente pressione sulle difese occidentali della capitale, in coincidenza con i negoziati di Parigi fra Kissinger e Le Duc Tho, sono sferrati dai partigiani per togliere al presente regime ogni illusione di poter trattare con loro da una rafforzata posizione militare.

« In tre mesi avremo riconquistato parte del territorio perduto ai comunisti e solo allora potremo discutere », aveva detto In Tam il giorno in cui accettò da Lon Nol l'incarico di formare un nuovo governo. È già passato un mese e le truppe governative non hanno da allora riconquistato un solo metro di terra. Paralizzato dalle lotte intestine che hanno caratterizzato la vita politica cambogiana fin dal colpo di Stato contro Sihanouk nel 1970, il governo In Tam starebbe, secondo fonti vicine al Primo ministro, per dare le dimissioni.

Soldati e soldatesse dell'esercito governativo.

La soluzione del fronte unito di tutte le forze anticomuniste e anti-sihanoukiste, caldeggiata dagli americani, non sembra funzionare: Lon Nol, reso inabile dalla vecchia paralisi, ha accettato di esiliare il potente fratello Lon Non e ha diviso il suo potere con gli altri tre membri dell'Alto consiglio politico che dovrebbero dirigere gli affari del paese (In Tam, Sirik Matak e Cheng Heng), ma la lotta fra questi ultimi, « uniti solo nel voler completamente esautorare Lon Nol », come si dice a Phnom Penh, non ha tregua.

Diversa è la situazione nel campo delle forze partigiane. Nonostante le differenze fondamentali che ci sono fra le varie componenti – che vanno dai vecchi guerriglieri comunisti e anti-sihanoukisti ai realisti andati alla macchia solo con l'intento di reinstaurare il regime antecedente al colpo di Stato – c'è fra i vari gruppi un accordo di fondo, che per ora funziona, nell'accettare Sihanouk come il capo formale della lotta contro il regime di Phnom Penh. Con questa investitura, sanzionata dal viaggio fatto nelle zone liberate della Cambogia due mesi fa, il deposto principe sta ora raccogliendo appoggi per il suo governo in esilio fra i paesi non allineati.

Da un lato c'è dunque una forza politica divisa e in crisi senza altro appoggio che quello, per ora significativo, dell'aviazione americana; dall'altro un movimento che cresce e si rafforza mese per mese guadagnando appoggio nella popolazione che, più che scegliere fra Lon Nol e Sihanouk, vuole la pace e che i prezzi del pesce e del riso tornino a essere quelli di prima della guerra. Da un lato c'è un governo al potere, quello di Phnom Penh, che sotto la pressione di Nixon che, temendo di non aver presto più fondi per continuare le guerra dei B-52, si dice disposto a trattare e anche, pur negandolo ufficialmente, ad accettare una sorta di divisione in due del Paese; dall'altro un governo in esilio che dichiara di non voler avere nulla a che fare con i « traditori » di Phnom Penh e di voler continuare la lotta fino alla fine.

« Ci vorrà fino all'anno prossimo », ha detto recentemente Sihanouk.

Il Giorno, 20 giugno 1973

S<small>IEM</small> R<small>EAP</small> – La torre centrale di Angkor Wat svetta sopra le creste degli alberi di cocco e le palme da zucchero: possente, elegante silhouette di pietra nel cielo tersissimo, simbolo della passata grandezza della Cambogia e della sua attuale tragedia.

Angkor è oggi irraggiungibile e questa torre è tutto ciò che si riesce a vedere, da lontano, delle migliaia di statue, di bassorilievi, delle colline di pietra con gigantesche facce di mitici dèi scavate nelle quattro direzioni, e degli altari che compongono questo straordinario monumento costruito quasi un millennio fa dai re dell'impero khmer e scoperto per caso, mezzo divorato dalla giungla, nel secolo scorso da un naturalista francese.

Angkor è dal giugno 1970, poco dopo l'inizio della guerra, parte del territorio controllato dai partigiani comunisti. I sei chilometri di strada che legano la città di Siem Reap al complesso dei templi sono interrotti al quarto ceppo chilometrico: una larga trincea è scavata nell'asfalto e dietro fortificazioni d'acciaio e sacchetti di sabbia i soldati governativi fanno la guardia alla loro prima linea di difesa.

Appena cinquanta metri più avanti, in casematte di cemento nascoste dalla fittissima vegetazione, stanno i guerriglieri sihanoukisti.

«Ci possiamo parlare», dice un giovane sergente governativo. «Fu così che al tempo del cessate il fuoco in Vietnam ci mettemmo d'accordo per incontrarci a metà strada. Fumammo e chiacchierammo insieme varie volte. Poi ricevemmo l'ordine di non fraternizzare con i comunisti ed ora ci si spara di nuovo addosso.»

«Non rispondiamo mai con l'artiglieria per paura di colpire i templi; e gli aerei sono tenuti lontani dal perimetro di Angkor», mi dice il generale En Sam nel salone del barbiere che è diventato il suo ufficio in quello che era il Grand Hôtel de Siem Reap, trasformato ora nel Comando militare della regione.

Non c'è più un solo turista che venga a Siem Reap di questi tempi e l'unico altro albergo della città resta aperto solo perché i soldati lo usano come bordello da due soldi. I soli clienti «seri» sono tre esattori delle tasse di Phnom Penh bloccati qui da una settimana.

Nessun aereo può atterrare. La pista è ancora in mano ai governativi, ma è anche sotto il tiro dei mortai nemici e se anche un pilota volesse provarci, non riuscirebbe a partire da Phnom Penh perché non c'è più carburante.

Il temerario visitatore deve venire qui, sfidando i cecchini e le mine partigiane lungo i 180 chilometri di strada che uniscono Battambang a Siem Reap, a bordo di un taxi i cui prezzi sono recentemente aumentati con i rischi della corsa. Per chilometri e chilometri, evitando le buche dei proiettili, le trincee scavate di traverso dai guerriglieri e riempite alla meno peggio, varcando fiumiciattoli su due semplici travi perché i ponti sono stati fatti saltare da tempo, si corre con il fiato sospeso in un paesaggio desolato senza incontrare un'anima viva.

Poi finalmente una pattuglia governativa e Siem Reap, la città semiabbandonata, con molti negozi vuoti e le botteghe sprangate dei famosi artigiani che ritagliavano da pelli di bufalo i profili dei protagonisti del mitologico epos «Ramayana» per il tradizionale teatro delle ombre.

«Eravamo in più di cinquantamila persone, ora non siamo nemmeno la metà. Nell'ultimo anno prima della guerra arrivavano qui almeno 150 turisti stranieri al giorno», dice il direttore dell'ufficio del Turismo.

Alla fine degli anni Sessanta i turisti che venivano a Siem Reap erano in continuo aumento e Sihanouk, allora capo dello Stato, incoraggiò la costruzione di due nuovi alberghi per un totale di mille letti: l'Auberge Royale des Temples e l'Hôtel Air France. Sono stati tutti e due distrutti quando, l'anno scorso, Phnom Penh ordinò ai suoi soldati di riconquistare Angkor. Non ce la fecero, ma nella battaglia, durata una settimana, alcune cannonate governative caddero sui templi danneggiando un portale ed un bassorilievo.

Il pericolo che i tesori di Angkor corsero fu enorme e non solo a causa della guerra. In tutto il mondo cominciarono a circolare storie secondo le quali i comunisti, che occupavano le rovine dell'antica capitale khmer, stavano saccheggiando Angkor, segando i bassorilievi, decapitando statue e contrabbandandone i pezzi in Thailandia per finanziare la loro guerra e comprare armi.

Non tutti gli operai che lavoravano ad Angkor hanno lasciato i templi con la guerra. Molti sono rimasti e secondo i racconti di alcuni contadini venuti qui di recente dalle zone comuniste, sono stati organizzati in quattro gruppi e continuano a fare, sotto la direzione dei khmer rossi, quel che facevano sotto i francesi.

Il problema della conservazione di Angkor è che le rovine debbono venire regolarmente ripulite dalla vegetazione tropicale che lentamente sconquassa le pietre e sgretola l'arenaria. «Se questo lavoro è fatto regolarmente, i monumenti possono durare in eterno», dicono gli esperti.

Gli dèi-re di Angkor con le loro facce di pietra sono già sopravvissuti per dieci secoli nel verde della foresta. Il tempo non ha distrutto il loro misterioso, impenetrabile sorriso khmer. La guerra nemmeno, pare. Per ora.

YYROM

:PROILGIORNO:

EX TERZANI IN PHNOM PENH

PER MURIALDI

CARISSIMO,

ARRIVATO SABATO, IMPOSSIBILE SPEDIRE PRIMA CAUSA INUTILIZZABILI-
TÀ DEL TELEX. OGNI ARTICOLO DEVE ESSERE AFFIDATO A MESSAGGERI
CHE VANNO A BANGKOK O SINGAPORE, DA LÌ ALLA REUTERS. MOLTA
ROBA VA PERSA. TI SAREI GRATO DI UN TELEGRAMMA DI CONFERMA
OGNI VOLTA CHE RICEVI. ANCHE GRATO SE TU FACESSI PUBBLICARE I
MIEI PEZZI COME SONO AGGIUNGENDO LE NOTIZIE DELLA GIORNATA
A PARTE. ATTENTI ALLE AGENZIE CHE DRAMMATIZZANO O INVENTA-
NO. SALUTI ANCHE DA BERNARDO. TIZIANO.

Il Giorno, 14 agosto 1973

PHNOM PENH – « E quando l'aviazione americana non bom-
barderà più? »

« Allora finirà tutto, tutto, ci saranno addosso da ogni parte », dice un tenente dei governativi. Dal tetto di una fabbrica
semidistrutta di ceramica, l'ufficiale mi fa vedere con un bino-
colo i guerriglieri che si muovono in un boschetto di palme da
zucchero in lontananza.

Sono ad Ang Snoul, un paese a 18 chilometri dal centro di
Phnom Penh, sulla Strada nazionale n. 4. Arrivando, non l'ho
neppure riconosciuta. Due mesi fa c'erano due file di case, una
piazza del mercato e delle capanne di contadini. Ora, niente:
Ang Snoul è stata rasa al suolo dall'aviazione americana, la popolazione è scappata a Phnom Penh e solo un gruppo di soldati
delle forze di terra si aggira, sparacchiando, fra le macerie.

La strada è aperta. Un convoglio di rifornimenti che viene dal porto di Kompong Som passa a tutta velocità in direzione della capitale. I guerriglieri da alcuni giorni non attaccano: si sono divisi in piccoli gruppi e si sono dispersi nella campagna. Evitano il contatto e non interrompono il traffico.

Nella regione tra Ang Snoul e Phnom Penh c'è l'aeroporto, c'è il più importante deposito di munizioni dell'esercito governativo e c'è il centro di tutte le comunicazioni. Ognuno di questi obiettivi può essere preso di mira da un prossimo assalto. Per evitare di disperdersi, le forze governative rimangono nei loro fortini e aspettano.

Sostanzialmente la situazione è identica tutto attorno a Phnom Penh. Ci sono sei strade principali che escono dalla capitale verso le province. Se si considera Phnom Penh come il centro di un grande cerchio, sono come sei raggi che dividono a fette la pianura che circonda la capitale. Non esiste una precisa linea difensiva della città e non è possibile dire con esattezza dove sia il fronte o i vari fronti. Tutte le strade da Phnom Penh sono aperte almeno per trenta, quaranta chilometri, ma l'impressione di sicurezza che si può avere viaggiando è falsa. In molti punti, ad appena cinquecento metri dall'asfalto ci sono, nascoste, le unità guerrigliere.

«La campagna è marcia, ormai è tutta loro», dice l'ufficiale di Ang Snoul. «Noi non andiamo certo a cacciarli. Tocca all'aviazione.»

Muovendosi negli spicchi di territorio fra questi sei assi stradali, i guerriglieri si sono infiltrati fino alle porte di Phnom Penh. Evitando in questi ultimi giorni di scoprirsi, hanno oltrepassato la fascia di villaggi distrutti e di terra bruciata che l'aviazione aveva creato attorno alla capitale per mettere gli insorti allo scoperto. La manovra dei governativi non è riuscita e quelli sono ora così vicini che è impossibile bombardarli senza correre tragici rischi, come a Neak Luong.

Phnom Penh è circondata, ma non ancora assediata. Arrivando con uno degli ultimi aerei che fanno la spola fra qui e le altre capitali della regione, un vecchio Caravelle pilotato da un equipaggio di cinesi nazionalisti, si ha chiara la sensazione di quello che sta succedendo.

La città, tagliata da grandi viali alberati, appare intatta fra il fiume Mekong, ora limaccioso e in piena per le grandi piogge appena cominciate, e la distesa delle risaie allagate che rispecchiano il cielo in mutevoli sfumature di verdi brillantissimi. Intatta, ma colonne di fumo bianco e nero si levano tutto attorno alla città in un raggio di pochi chilometri. È là che i bombardieri Usa riversano continuamente i loro ultimi carichi di esplosivi, sperando di alleggerire la pressione sulla capitale.

La vita a Phnom Penh è normale, per come può essere normale la vita in un paese in guerra, in una città continuamente scossa dagli spaventosi boati dei B-52 che bombardano ad un passo da qui. Il mercato è affollatissimo, le strade piene di gente e di macchine; le banche, i ristoranti, i bar sono aperti. Contrariamente a due mesi fa, non manca nulla; c'è riso, pane, benzina, pesce, carne e, a parte brevi interruzioni, elettricità. Phnom Penh ha un'apparenza tranquilla, ma è una città con il cuore in gola che conta, con un'angoscia per il momento sopita, le ore che le restano.

Alle undici di mercoledì, 15 agosto (alle sei del mattino in Italia), l'aviazione americana cesserà, in base ad una decisione del Senato Usa, tutti i bombardamenti sulla Cambogia. Allora i cambogiani, lasciati a se stessi, decideranno da soli le sorti di questo paese, coinvolto da tre anni in una guerra che all'inizio era solo un'appendice di quella vietnamita e che mano a mano è diventata una vera guerra civile.

«La decisione sarà presa a colpi di cannone», mi ha detto stamani il Primo ministro In Tam. «L'altra parte ha ritirato la mano tesa a negoziare. Ora vogliono conquistare il potere con la canna dei fucili.»

Ho incontrato In Tam in un villaggio sulla Strada nazionale n. 2. Era venuto a visitare le unità combattenti, ma i soldati ed i contadini non gli hanno fatto nessuna accoglienza. Non hanno mostrato neppure un po' di curiosità per questo ex generale divenuto tre mesi fa capo di un governo che aveva promesso di fare di tutto per riportare la pace e che ora è diviso e impotente. In Tam stava in una capanna a bere il tè assieme ai comandanti delle truppe locali. Era un uomo solo, deluso, abbattuto.

«Io vorrei fare di questa guerra una guerra popolare, distribuire le armi alla gente, costringere l'esercito a muoversi, a contrattaccare; ma l'Alto comando militare lo rifiuta. In questo paese al tempo della monarchia le forze dipendevano dal re, da Sihanouk. Non è cambiato nulla: ora dipendono direttamente dal presidente, da Lon Nol. Governo ed esercito sono due forze parallele, non integrate.»

«Cosa accadrà fra due giorni», gli ho chiesto, «quando gli americani cesseranno i bombardamenti?»

In Tam ha allargato le braccia. «Chi lo sa. Probabilmente i comunisti tenteranno di fare dei colpi di mano contro la città. I depositi di munizioni che abbiamo scoperto nel centro di Phnom Penh starebbero ad indicare questa possibilità. Avevano già portato dentro abbastanza razzi da neutralizzare tutti i nostri carri armati.»

Ciò che non è chiaro è quanto gravi sono state le perdite inflitte ai guerriglieri in questi ultimi giorni dai violenti bombardamenti. A sentirli da qualche chilometro di distanza, come un tuono lunghissimo che sembra venire dal centro della terra, è difficile immaginare come sia possibile sopravvivere a questa pioggia di esplosivo con cui gli americani coprono a tappeto la campagna circostante. Dalle forze che saranno rimaste ai guerriglieri dipenderà la loro strategia. Ciò che non è assolutamente da escludere è una soluzione negoziata dell'ultima ora.

«Giorni fa gli insorti mi hanno mandato una delegazione, di cui facevano parte anche dei bonzi, per propormi di andare a parlamentare a Phnom Basset (una collina non molto distante dalla capitale). Ma io ho chiesto garanzie per la mia incolumità e loro non si sono fatti più vivi», mi ha detto In Tam.

Senza illudersi troppo, c'è chi spera ancora in una simile fine della guerra. Phom Penh aspetta.

YY ROM
:PROILGIORNO:
EX TERZANI A PHNOM PENH
PER SIGNOR MURIALDI
CARO PAOLO,
GRAZIE INFINITE DEL TUO MESSAGGIO. SPERO CHE ANCHE QUESTE RI-
GHE TI RAGGIUNGANO ED IN TEMPO. SAREI GRATO DI UNA CONFERMA.
SALUTI. TIZIANO.

Il Giorno, 16 agosto 1973

PHNOM PENH – I cambogiani sono rimasti da soli. La guerra è ora un affare tutto loro. Alle undici di stamani, mentre i caccia bombardieri americani F-111 saettavano nel cielo limpidissimo per l'ultima volta, simboli d'un mondo lontano, moderno, sofisticato, elettronico, la Cambogia contadina, antica, povera e ora anche completamente distrutta, riprendeva il suo ritmo non più interrotto dai terremoti artificiali delle bombe americane.

Mentre un'altissima colonna di fumo nero si levava dalla periferia di Takhmau, dove era avvenuta una delle ultime incursioni aeree, all'ingresso dell'unico ponte che lega ancora Phnom Penh con l'altra sponda del fiume Bassac si svolgeva una cerimonia tipicamente cambogiana. Sotto un baldacchino colorato, un gruppo di bonzi nelle loro tuniche arancioni cantava delle nenie allo « spirito del ponte » e il sindaco della città ribattezzava ufficialmente quel ponte, fino a stamani conosciuto come Monivong, « Ponte delle Nazioni Unite ». Monivong è il nome della dinastia da cui Sihanouk discende e la Repubblica di Lon Nol tentava ancora una volta di esorcizzare il suo nemico.

«La guerra è finita», dicevano, ridendo, i soldati che erano stati messi a guardia delle cerimonie. Ci credevano.

Gruppi di rifugiati si erano già all'alba messi in cammino con dei carri agricoli e poche masserizie sulle strade che portano verso la campagna. Anche per loro la guerra erano gli aerei, le bombe, quel ronzare lontano dei B-52 che nel giro di un secondo poteva cancellare un villaggio.

Tutto questo è finito, lo sanno e tornano sui campi.

Abituati da mesi al tuonare delle bombe, allo scuotere spaventoso della terra, delle case, gli abitanti di Phnom Penh nelle prime ore dopo le undici di stamani hanno avuto la sensazione di vivere nel silenzio. «La guerra è tornata ora a dimensioni comprensibili, quasi accettabili», mi ha detto uno studente fuori dall'Università buddhista.

Il peggio può ancora venire, ma la gente ha avuto, con la fine dei bombardamenti americani, istintivamente un momento di sollievo.

Non è stato certo così negli alti comandi militari. Ieri mattina c'è stata nel quartier generale una riunione di tutti i capi di divisione. Il tema era la difesa di Phnom Penh. Truppe governative sono state fatte confluire nelle ultime ore sulla capitale, lasciando in alcuni casi sguarnite le difese di certe città provinciali.

«Non abbiamo altra scelta. Se cade Phnom Penh è inutile continuare a difendere Kompong Cham o Siem Reap», mi ha detto stamani il generale Dien Del, uno dei migliori ufficiali a disposizione di Lon Nol, responsabile della difesa di Takhmau, il sobborgo meridionale della capitale.

I governativi ormai non ne fanno più mistero: abbandonano molte delle postazioni periferiche e ripiegano verso il centro del paese. Se ci sarà un'ultima battaglia, la posta è ormai Phnom Penh. L'altro giorno ho percorso più di trecento chilometri sulle strade che escono dalla capitale. Si può andare liberamente in ogni direzione, anche fino a cinquanta, cento chilometri, ma le strade sono deserte, in molti tratti non c'è l'ombra di un soldato governativo, i fortini sono abbandonati. Se le strade rimangono aperte, in molti casi è perché i guerriglieri non le occupano, non perché i governativi le difendono.

La fine dei bombardamenti americani, e con ciò la rimozione di un quasi continuo barrage di fuoco attorno alla capitale, ha costretto i governativi a rivedere tutto il loro sistema difensivo, a ridurre ulteriormente il territorio su cui estendevano le loro truppe.

Essendo escluso che l'aviazione cambogiana, dotata di pochi bombardieri ad elica T-28, senza grande esperienza e vulnerabili dinanzi alla contraerea, possa anche minimamente rimpiazzare i bombardamenti a tappeto dei B-52 e l'appoggio tattico dei Phantom e degli F-111, gli ufficiali governativi sono ora costretti a sperare, invece che nelle bombe americane, in una cosa molto più elementare, molto più cambogiana: la pioggia.

«Se avessero continuato a bombardare fino alla fine del mese, ci avrebbero lasciati in migliori condizioni», mi ha detto stamani un altro ufficiale del Comando governativo.

Phnom Penh ha un intero fianco, quello orientale, coperto dai fiumi Bassac e Mekong; un altro, quello nord, da una serie di acquitrini; gli altri due sono pianure. Il monsone è cominciato da un paio di settimane e certe zone sono già allagate, ma le grandi piogge cominciano verso la fine di agosto. Gran parte degli acquitrini e della pianura, in cui oggi si muovono liberamente i guerriglieri sihanoukisti, viene coperta dall'acqua. Ogni sentiero, ogni dighetta viene sommersa. Diventa allora impossibile per gli assedianti spostarsi liberamente, muovere i loro rifornimenti, mantenere le comunicazioni. I tunnel nei quali si nascondono e nei quali tengono le munizioni, i comandi, le infermerie, vengono allagati. Tutto questo dura fino alla fine di dicembre quando le acque si ritirano. È questo un elemento importantissimo da tener presente per valutare ciò che può accadere nei prossimi giorni.

I partigiani non hanno più di quindici giorni a loro disposizione. Se vogliono tentare un assalto alla città debbono farlo subito. L'esercito governativo continua ad arruolare dei giovani e qua e là nei prati di Phnom Penh si vedono dei gruppi di impiegati statali, di studenti, di giovani reclute che vengono istruiti nell'uso di vecchi moschetti. La polizia continua a cercare armi nei quartieri popolari. Circondano interi blocchi di case e poi vanno di stanza in stanza. Trovano fucili americani di cui nessuno riesce a presentare una licenza, bombe a mano ed anche cariche di plastico. Una ventina di persone sono state arrestate come agenti dei khmer rossi.

Tutto starebbe ad indicare che qualcosa deve succedere nelle prossime ore o nei prossimi giorni ma, come un cambogiano mi faceva notare, troppa gente si aspetta qualcosa perché proprio questo accada, in una guerra diventata adesso una guerra fra cambogiani.

CARISSIMO, ANCORA GRAZIE PER TUO SECONDO MESSAGGIO. SEGUE
PEZZO BREVE SUL NIENTE CHE QUI FA NOTIZIA. MI RACCOMANDO DI
NUOVO ATTENZIONE ALLE AGENZIE. IERI LA UPI HA INVENTATO UN AT-
TACCO A PHNOM PENH SU TRE FRONTI. ANGELA DOVREBBE VENIRE A
MILANO. SALUTALA TANTISSIMO. TIZIANO.

Il Giorno, 18 agosto 1973

PHNOM PENH – Phnom Penh ha tirato il fiato. Con ogni ora
che è passata dalla fine dei bombardamenti americani, dopo i
quali molti si aspettavano un attacco immediato dei guerriglieri
contro la città, la gente ha ripreso fiducia. I prezzi delle case,
delle macchine, dell'argento, caduti nei giorni scorsi, hanno ripreso a salire.

Per chi vive in una città in cui ancora non è venuto nulla a
mancare, dove i cinema sono aperti ed affollati come al solito,
dove c'è gente che fa il bagno nella piscina del migliore albergo,
e dello sci nautico lungo le rive del Bassac, dove non si è più
scossi dai terribili boati di esplosioni lontane, la guerra può
davvero sembrare una fantasia e l'ipotesi d'un attacco dei guerriglieri può parere la malevola predizione di una Cassandra.

La situazione ha dell'assurdo, dell'irreale; ma oggi a Phnom
Penh è così. Da quando i bombardieri americani hanno cessato
le loro operazioni, i khmer rossi non si sono mossi. Proprio
quando avrebbero potuto, non più martellati dalle bombe
dei B-52 e dei Phantom, avvicinarsi alle postazioni governative,
sembra che se ne siano allontanati.

Perché, nessuno lo sa ed ogni ipotesi è buona.

« La notte del 15 abbiamo fatto delle grandi feste », mi ha

raccontato un contadino che è arrivato da un villaggio controllato dai khmer rossi. «I soldati dicevano che verranno presto a prendere Phnom Penh, ma che la fine dei bombardamenti americani era già una vittoria.»

Ho incontrato quest'uomo in casa di un conoscente cambogiano. Era venuto a riscuotere dei soldi che qualcuno gli doveva. Si è fatto pagare con dei vecchi biglietti che qui vengono man mano sostituiti da quelli con la iscrizione: Repubblica Khmer, ma che nelle zone liberate sono gli unici validi. Le autorità dell'altra parte gli avevano dato un permesso speciale per andare e per ritornare. Raccontava che nel suo villaggio qualche tempo fa c'erano ancora dei quadri politici vietnamiti, ma che ora tutti sono cambogiani. I guerriglieri hanno costruito una strada, aperto un pozzo e fatto un deposito per l'acqua. Gli ho chiesto di Sihanouk.

«Non lavoriamo per lui, ma per la nazione cambogiana», ha risposto. È rimasto a Phnom Penh ventiquattro ore. Stamani è ripartito con un figlio di undici anni che aveva perso e che alcuni parenti rifugiati in città si erano portati dietro.

L'Espresso, 26 agosto 1973

PHNOM PENH – Il mistero è nel verde giada delle risaie, è lungo le rive fangose del Mekong che ogni giorno, con le piogge calde, improvvise del pomeriggio cresce limaccioso, rossastro, violento. I guerriglieri sono ancora là? Quanti? Che fanno? Nessuno lo sa. Nessuno va a vedere. I soldati governativi stanno rintanati nelle trincee su cui hanno steso dei teloni verdi per ripararsi dall'acqua. Quando non piove escono in pattuglia, ma lungo la strada, per pochi chilometri. « I campi », dicono, « sono insicuri. »

Il Comando ha ordinato una difesa statica e tutto intorno alla città sta facendo costruire una serie di fortini triangolari di legno e terra battuta, con delle fenditure per le bocche dei fucili, come se fosse un attacco di pellirossa quello che si aspetta. Phnom Penh ha deciso di essere assediata e vive così, anche se magari i guerriglieri si sono già ritirati dai suoi dintorni lasciandosi dietro solo qualche spaventapasseri, qualche mina, qualche cecchino.

« Potrebbero attaccare stasera o anche mai. »

Sotto il cigolare dei ventilatori che muovono l'aria pesante, dolciastra, al Café de la Poste, a La Taverne, non si parla d'altro. In questa alternativa di speranze e di timori sopravvive un'intera città. C'è chi guarda alla luna che diminuisce e prognostica un attacco quando le notti saranno completamente buie; chi invece guarda l'acqua crescere, inondare i campi, le risaie, ed immagina che i guerriglieri non possano più passare.

Il proprietario di un ristorante del centro ha ricevuto da Pechino una lettera di Sihanouk che lo avverte di tenersi pronto per una grande cena entro la fine del mese. Per ora, in quel ristorante ogni sera mangiano decine di giornalisti venuti qui a raccontare d'una battaglia finale che non ha luogo, diplomatici che rimpiangono di aver fatto evacuare forse troppo frettolosamente le loro famiglie.

Solo gli americani sembrano sicuri di quello che succederà. Vengono a cena e posano sul tavolo le radio portatili con cui sono in continuo contatto con l'ambasciata. Hanno già previsto tutto, organizzato tutto. Quando i guerriglieri entreranno in città, i cittadini americani dovranno raccogliersi nella hall dell'Hôtel Le Phnom e dell'Hôtel Monorom. Ognuno sa già a quale gruppo appartiene e per ogni gruppo è già stato identificato un capo responsabile. Degli elicotteri verranno a prenderli per portarli in salvo nelle basi americane in Thailandia.

Inglesi ed australiani hanno avuto garanzie che gli americani si occuperanno anche di loro, così come dei funzionari delle varie organizzazioni internazionali. E gli altri? I vari consoli onorari di piccoli paesi, che non hanno qui una vera rappresentanza né dispongono di elicotteri, sono andati in processione a vedere l'ambasciatore americano ed il suo secondo, ma la risposta è stata più o meno: «Arrangiatevi». Fra gli europei che hanno una villa con cantina a prova di razzi è cominciata allora la cortesia degli inviti «in caso di necessità». «Venga pure da me; io ho riserve di vino e da mangiare per due settimane.» «Grazie, grazie, ma ho già detto di sì al console danese.»

Per la colonia di europei rimasti in città l'ipotesi dell'assedio è per ora una sorta di eccitante gioco di società. La vita non è cambiata. L'aeroporto è aperto, i telefoni funzionano, c'è benzina, c'è da mangiare, da bere, e se ai cinema pubblici è diventato pericoloso andare dopo i primi attentati terroristici, c'è sempre il film all'ambasciata francese o a quella americana.

Le tre fumerie d'oppio di lusso sono rimaste aperte e la polizia militare, messa per le strade dopo le nove di sera a controllare il coprifuoco, non ferma neppure le macchine in cui, lasciando accesa la luce interna, si vede che gli occupanti sono bianchi.

Per i cambogiani è diverso. Ci sono in città circa un milione e mezzo di profughi accampati sui marciapiedi, lungo i muri delle pagode, in delle palafitte sugli acquitrini, nei vagoni merci della ferrovia che non funziona più, perché già tre anni fa i guerriglieri hanno tagliato le rotaie appena fuori da Phnom Penh. Pochi hanno lasciato la città dopo la fine dei bombardamenti americani. I loro villaggi nella fascia immediatamente attorno alla città sono stati rasi al suolo nelle ultime due settimane di guerra, in quelli più lontani ci sono oramai i guerriglieri, ed i soldati del governo hanno da alcuni giorni l'ordine di non lasciar passare i contadini dai posti di blocco. Una marea di disperati che per ora non si ribella.

Davanti all'albergo Le Phnom, sulla cui veranda si riposano gli ufficiali ed i mercanti di questa Repubblica arricchiti dalla guerra, ho visto donne che scortecciano gli alberi per fare legna per cucinare. Su una stuoia di paglia, stesa sul marciapiede dietro la veranda, ho visto cenare una famiglia di sei bambini. La madre ha ciucciato per prima una palla di riso che è poi passata di bocca in bocca.

«I cambogiani sono buddhisti e quando le loro case vengono distrutte non se la prendono con gli aerei o con gli americani», mi spiegava un amico. «Si siedono fra le rovine, si gettano in testa della cenere e, guardando il cielo, si chiedono che cosa hanno fatto di male in questa o nella vita precedente per venire puniti così.»

Tre anni fa la Cambogia era un paese in pace, un paese non ricco in cui le risaie producevano abbastanza da sfamare tutti, un paese dove non sono mai esistiti i mendicanti o i miliardari. Gli americani lo hanno coinvolto nella guerra indocinese e così facendo hanno accelerato il suo processo di radicalizzazione.

Tre anni fa c'erano in Cambogia solo due o tremila guerriglieri comunisti, più o meno inoffensivi, nelle regioni periferiche; oggi ce ne sono circa settantamila in tutto il paese e persino alle porte di Phnom Penh. Per tre anni gli americani hanno bombardato e distrutto la Cambogia, ma è come se da ogni cratere di bomba americana fosse nato un guerrigliero.

Gli americani erano intervenuti in Indocina sperando di fermare quella che sembrava una inevitabile presa di potere delle forze socialiste. Con il loro intervento, almeno in Cambogia dove il problema non si poneva, sembra abbiano reso inevitabile proprio la presa di potere da parte delle forze progressiste.

« Ci hanno distrutto, ma non ci hanno salvato », diceva giorni fa cinicamente un professore del Liceo di Phnom Penh.

UNA GUERRA FRATRICIDA

Fare il giornalista in questa guerra era rischioso. Era rischioso perché innanzitutto non si sapeva mai dov'era il fronte. Si andava su una strada e si poteva essere imboscati perché la giungla era il grande mistero e in questa giungla c'erano i khmer rossi un po' dappertutto. E ogni giornalista aveva questa incredibile curiosità di vederli. Vederli vivi, vederli in operazione, e non vederli come cadaveri lungo la strada. Durante questa guerra avevamo già perso trentatré colleghi: alcuni che avevano tentato di andare dai khmer rossi e non erano più tornati; alcuni che erano caduti in un'imboscata. Anch'io avevo tentato di andare insieme ad un amico e soltanto all'ultimo momento avevo deciso che non me la sentivo. Lui non è mai tornato.
Intervista Rai-tv, 1985

YY ROM

:PROESPRESSO:

EX TERZANI IN PHNOM PENH

PER GREGORETTI O MONICELLI

RICEVUTO VOSTRO MESSAGGIO, MANDO SECONDO SCADENZE STABI-
LITE.

SEGUE BREVE PEZZO SULLA CAMBOGIA. DA DOMANI SARÒ A SAIGON,
HÔTEL CONTINENTAL. SALUTI. TIZIANO.

Inedito, febbraio 1974

PHNOM PENH – Il coprifuoco comincia alle sette e nemmeno i
cani restano per le strade perché in queste settimane di assedio e
di fame la gente ha finito per mangiarseli.

Solo davanti all'ospedale sovietico-khmer per tutta la notte
una folla di poveri diavoli rimane ad aspettare che le restituisca-
no, morto o rappezzato, un figlio, un fratello o un parente colpito dai proiettili d'artiglieria che ogni giorno cadono sulla città e fanno della vita qui un gioco rischioso ed assurdo come la
roulette russa.

Le famiglie dei ricchi, dei generali, dei mercanti, degli alti
funzionari sono riuscite a sottrarsene, scappando a Battambang, a Bangkok o a Vientiane, ma i più non hanno scelta
ed assieme alle centinaia di migliaia di contadini scappati di villaggio in villaggio, per i quali Phnom Penh è l'ultima destinazione, sono rimasti qui nelle case, nelle capanne lungo i marciapiedi, ed ora sperano di salvarsi scavando dei rudimentali rifugi
e rafforzandoli con dei sacchetti pieni di terra. Anche questa è
diventata scarsa e il carico d'un camion costa quanto mezzo sti-

pendio d'un soldato, quanto la razione di riso d'una famiglia per due settimane.

Sono sei mesi che Phnom Penh sembra avere i giorni contati e fra sei mesi potrebbe essere ancora così.

«Il fatto è che nessuna delle due parti ha la capacità di vincere», dice un diplomatico occidentale. «I khmer rossi non riescono a prendere la capitale e le forze di Lon Nol possono al massimo tenere duro nei pochi centri assediati che sono loro rimasti.»

I cambogiani nei due campi sono semplicemente fanti di uno scacchiere che ha i suoi re, regine, alfieri e torri a Pechino, Mosca, Washington ed Hanoi. Nessuno fuori dalla Cambogia vuole che qui si arrivi ad uno scacco matto e la attuale situazione di stallo conviene ad ognuna delle grandi e piccole potenze che stanno, con varie sfumature, dietro agli avversari in questa guerra civile.

I cinesi hanno adottato Sihanouk e puntano attraverso di lui su una soluzione negoziata; gli americani appoggiano Lon Nol quel tanto che basta per tenerlo in vita e usarlo come ultima moneta di scambio; i nordvietnamiti hanno come primo obiettivo Saigon e non Phnom Penh; ed i sovietici, che pur di non trovarsi dalla parte dei cinesi hanno per tre anni implicitamente appoggiato Lon Nol, cercano ora di avere una voce in capitolo, forse sfruttando la irritazione della guerriglia che si è vista tagliare i viveri sia da Pechino che da Hanoi.

«I khmer rossi?» dice un esperto militare. «Mangiano il riso che ci spediscono gli americani. Per questo lasciano passare i convogli di rifornimenti che arrivano lungo il Mekong. Persino i colpi che sparano su Phnom Penh con i cannoni americani catturati ad agosto provengono dai magazzini dei governativi.» I cannoni sono tre ed i colpi qualche decina al giorno. Una sola volta sono arrivati a duecento.

Si dice che i guerriglieri attorno alla capitale siano 25.000, ma nessuno li è andati a contare e potrebbero essere anche molti, molti di meno che si muovono in giro sperando di avere il successo che ebbero gli assedianti di Gerico con le loro trombe.

« Hanno un'arma che non ha bisogno di rifornimenti », diceva un cambogiano. « Il panico. Se la impiegano bene l'avranno vinta. Ed allora qui Sihanouk ci tornerà al massimo come turista. »

La scorsa settimana, quando s'era sparsa la voce che i khmer rossi erano entrati in città e che Lon Nol era fuggito, la gente scappava a precipizio per le strade e persino dei soldati hanno buttato via le armi per correre meglio. Quella volta, è vero, l'esercito ha ripreso presto il controllo.

Quante altre volte succederà?

PHNOM PENH – La guerra è giunta ieri nel cuore della capitale cambogiana e per mezz'ora, nel bel mezzo di uno stupendo pomeriggio, la morte ha imperato inattesa e spaventosa mietendo in tutta la città un numero stragrande di vittime, come non era mai accaduto prima. Ho potuto contare più di cento corpi proiettati contro i muri delle case intorno al mercato di Damkur o stesi intorno alle bancarelle della verdura, vanamente aggrappati ad una piccola lambretta o ammassati su un taxi in rue Monivong, la strada principale di Phnom Penh. Il totale non si conosce ancora, ma potrebbe superare i duecento morti.

Si tratta del più micidiale attacco da quando la città è stata accerchiata dalle forze dei khmer rossi e da quando l'artiglieria degli insorti ha cominciato a sparare direttamente entro la cerchia abitata, cioè dal 19 gennaio al 2 febbraio, quando parve che i cannoni degli assedianti avessero esaurito le munizioni dopo aver ucciso un centinaio di civili soprattutto nella periferia a sud della città.

Ieri, dopo una settimana di silenzio, quaranta colpi di cannone da 105 mm. di fabbricazione americana, che i khmer rossi hanno preso alle forze governative l'anno scorso, hanno fatto un vero massacro e per la prima volta hanno preso di mira il centro della città. I primi tiri sono stati effettuati alle 15.05 ed hanno colpito a mezza strada fra l'ambasciata americana e il Palazzo presidenziale. Un proiettile è caduto proprio davanti all'edificio nel quale Lon Nol era al lavoro, altri due nel mezzo della strada, a trenta metri circa dalla rappresentanza americana.

Mentre tutti gli impiegati e i funzionari dell'ambasciata si erano riuniti nell'atrio, rinforzato e ben protetto, dozzine di proiettili sono caduti intorno al mercato di Damkur e al cinema Chenla, a due miglia di distanza.

La zona era affollata e interi gruppi di persone sono stati spazzati via intorno a un banchetto per la vendita di cibi cinesi. Sono morti tutti in un attimo, i corpi straziati giacevano sull'asfalto, mescolati con le merci delle bancarelle distrutte. Di una famiglia di dieci persone, accoccolate in circolo davanti al loro negozio, otto sono morte immediatamente. Un maschietto di sette mesi e un vecchio gravemente mutilato venivano portati via in un'ambulanza quando sono giunto sul posto con altri giornalisti, circa dieci minuti dopo il bombardamento. Mentre altri feriti venivano trasportati via, tutt'intorno la gente urlava presa dal panico e c'era chi cercava di scappare senza meta, trasportando bambini, macchine per cucire, sacchi contenenti cibarie e fagotti di vestiti.

Dietro alla prima fila di case di cemento, centinaia di capanne di legno ardevano e una orribile, calda nuvola di fumo nero oscurava il sole. In un quarto d'ora, alimentato da un forte vento, il fuoco ha raso al suolo un'area di circa un chilometro in cui vivevano migliaia di persone. Famiglie intere piangono percorrendo le strade e lamentando la perdita delle loro case e di familiari rimasti indietro. La polizia ha dovuto spianare le armi per impedire alla gente di buttarsi nelle fiamme nel disperato tentativo di salvare qualcosa o qualcuno.

Mentre ciò che rimaneva delle vittime veniva caricato su autocarri, è giunto Long Boret, Primo ministro cambogiano. «Quale è la reazione del suo governo a una cosa simile?» gli abbiamo chiesto. «Il nemico continua nella sua politica terrorista perché è debole. Ecco perché attacca.»

Da quando la guerra civile è cominciata in Cambogia in seguito al colpo di Stato che rovesciò Sihanouk nel 1970, i khmer rossi hanno catturato 32 cannoni americani alle forze governative. La metà di questi sono stati distrutti dall'aviazione americana, gli altri sono stati lentamente spostati verso la capitale per quella che tutti considerano la battaglia che deciderà le sorti di questo paese.

Son pezzi da 105 millimetri con una gittata di undici chilometri. Il rifornimento di proiettili, nonostante Hanoi e Pechino abbiano ridotto il loro aiuto ai partigiani sihanoukisti, non sembra un problema. I proiettili di ieri, come tutti gli altri sparati nelle settimane scorse, venivano dagli stessi magazzini governativi. Ufficiali corrotti, che vendono interi camion carichi di munizioni al nemico, fanno sì che con ogni aumento di aiuti militari Usa al regime di Lon Nol aumentino anche le scorte della guerriglia. Ieri sera, un funzionario americano, facendo il conto dei proiettili consegnati all'esercito di Lon Nol, dei colpi sparati dai governativi e di quelli che restano nei magazzini, notava che mancavano circa 10.000 colpi. Sono probabilmente quelli di cui ancora dispongono i khmer rossi per la loro « conquista a distanza » di Phnom Penh.

« I cannoni contro una città sono un'arma a doppio taglio », diceva un osservatore. « Possono creare il panico fra la popolazione e spingere il governo alla resa; d'altra parte, con le decine di morti che fanno fra la popolazione civile, non aumentano certo le simpatie verso chi li spara. »

PHNOM PENH – I fantasmi fanno parte di una città assediata e Phnom Penh non è un'eccezione. C'è gente qui che giura d'aver visto, giorni fa, un gruppo di guerriglieri attraversare il ponte Monivong ed entrare nel centro, guidati da Khieu Samphan, il leggendario capo dei khmer rossi che, secondo il governo, è morto assassinato nel 1967. Ci sono soldati convinti d'aver sentito, nelle notti di luna, durante i turni di guardia nei fortini isolati in mezzo alle risaie, la voce di Sihanouk, ora residente a Pechino che chiamandoli per nome fra il gracidare delle rane e dei gecco, le lucertole parlanti, diceva: « Figli miei, gettate le armi, abbandonate il traditore Lon Nol, venite con me! »

Phnom Penh è sempre stata, specie per i cambogiani, un posto stregato. Si dice da secoli, ad esempio, che nella misteriosa collina che sorge in mezzo alla città e sulla cui vetta c'è la pagoda che dà a Phnom Penh il suo nome (Phnom Penh significa appunto il tempio sulla collina), si annidi il Naga, il mitico serpente a sette teste che è il simbolo e il protettore vendicativo della Cambogia. Ogni località qui ha da sempre avuto una sua leggenda ed un suo spirito che deve essere esorcizzato.

Ora, a causa della guerra e dell'assedio che continua da mesi, Phnom Penh è diventata ancor più posseduta dai fantasmi e gli stessi abitanti, per fame, per paura, per disperazione sono divenuti spettri.

Per la prima volta nella storia della Cambogia c'è gente che muore perché non ha di che riempirsi la pancia, c'è gente che per mancanza di vitamine non vede più al buio, diventa temporaneamente cieca la notte. Un sacco di riso costa oggi quattro volte la paga mensile di un soldato; il pesce, la carne, la verdura sono diventati un lusso proibito ai più e molti cambogiani si sono rassegnati a mangiare i cani che prima vagavano, semisacri, negli orti e nei cortili delle pagode buddhiste. Altri, la sera, con dei sacchetti di plastica danno la caccia a delle grosse cavallette che svolazzano attorno ai pochi lampioni che si accendono lungo i viali di questa città un tempo ricca, felice, piena di feste.

« Quel che succede qui non interessa più nessuno », dice un vecchio residente francese rimasto a Phnom Penh nonostante le raccomandazioni di evacuare date dalle varie ambasciate ai propri cittadini. « La Cambogia potrebbe scomparire domani dalla faccia della terra ed il resto del mondo non ci farebbe caso. »

Nell'agosto scorso, quando gli aerei americani cessarono di bombardare le posizioni dei partigiani attorno alla capitale e sembrava che la città avesse le ore contate, c'erano a Phnom Penh un centinaio di giornalisti e l'incerto destino di questo paese era sulle prime pagine di tutti i quotidiani. Ora son tutti partiti. Questa guerra che continua, giorno per giorno, con le solite centinaia di morti, di feriti, di profughi, non fa più notizia.

« Vogliamo articolo solo quando Phnom Penh è caduta in mano comunista », si è visto telegrafare dal suo direttore un giornalista inglese. E Phnom Penh non cade.

I guerriglieri sono ormai dappertutto: controllano l'80 per cento del paese, hanno le risaie, hanno la regione con le rovine di Angkor, tengono in mano tutte le strade, ed il 18 marzo, nella quarta ricorrenza del colpo di Stato ispirato dalla Cia che rovesciò la monarchia neutralista di Sihanouk ed instaurò il regime anticomunista di Lon Nol, si sono anche presi il vecchio, importante centro buddhista di Udong. Ma Phnom Penh, la capitale, il « covo dei traditori », che assieme a poche altre città è tutto quello che rimane della Repubblica Khmer, non l'hanno espugnata.

Si dice che cinesi e nordvietnamiti, finora interessati, gli uni a non urtare gli americani, gli altri a risolvere il problema di Saigon prima di quello cambogiano, abbiano ultimamente frenato lo slancio dei khmer rossi, tagliando loro i rifornimenti di armi e lasciandoli più o meno a combattere con il solo materiale catturato o ricomprato dai governativi. Si dice che i khmer rossi, anche se riuscissero a prendere Phnom Penh, non sarebbero in grado di amministrarla e di sfamare tutta la gente che vi si è rifugiata, e che per questo guadagnano tempo.

Quale sia la verità, quale sia la vera situazione dei guerriglieri, nessuno lo sa perché non un solo osservatore indipendente è riuscito a vederli, a parlarci. Nessuno ha visitato le loro zone, nessuno sa con esattezza quanti siano, come siano armati, come siano organizzati, quali siano i loro piani.

Il corrispondente dell'agenzia stampa giapponese Kyodo, volendo rispondere a queste domande è andato quattro mesi fa in bicicletta a un appuntamento che era riuscito ad avere con «loro» in una strada di campagna vicino ad Angkor. Da allora, nessuno l'ha più visto, ma «loro» hanno fatto sapere a Phnom Penh che sta bene e che segue le operazioni attorno alla capitale. E così il suo nome non è stato aggiunto alla lista degli altri 31 giornalisti che negli ultimi quattro anni di guerra in Cambogia sono scomparsi senza lasciare tracce.

Formalmente la guerriglia è diretta da Sihanouk, ma il principe, adottato politicamente dai cinesi che lo accolsero nel 1970 dopo che i sovietici lo avevano fatto frettolosamente partire da Mosca, senza avvertirlo che era stato rovesciato mentre era in viaggio, non è che un simbolo: un simbolo importante per il prestigio che ancora gode tra i contadini, un simbolo utile sul piano internazionale, ma niente di più.

Il vero capo è un altro; è un fantasma: Khieu Samphan. La sua storia è già una leggenda fra la gente cambogiana.

Economista, laureato alla Sorbona di Parigi, fondatore del Partito comunista khmer, deputato all'Assemblea nazionale e ministro di Sihanouk quando questi era ancora al potere, Khieu Samphan dovrebbe avere oggi 44 anni.

«Fu l'unico che uscì dal governo povero come ci era entrato. Mentre gli altri ministri viaggiavano in Mercedes con autista, lui continuava ad andare in ufficio in bicicletta», si racconta

di lui. Combatté la corruzione dilagante del regime di Sihanouk, rifiutò i regali dei ricchi commercianti cinesi che gli chiedevano favori e lasciò che la madre continuasse a vendere banane arrostite ad un angolo di strada. Divenne il portavoce delle
esigenze radicali del paese, il centro dell'opposizione intellettuale. Era pericoloso e Sihanouk ordinò alla polizia segreta di
assassinarlo.

Era l'aprile 1967. Khieu Samphan scomparve. L'ordine di
Sihanouk, tutti credettero, era stato eseguito. Volantini studen-
teschi accusarono il principe di assassinio e radio Pechino annunciò la morte del rivoluzionario cambogiano, dando persino
orrendi dettagli del modo in cui era stato torturato ed eliminato.

Khieu Samphan era ufficialmente morto, ma i contadini
delle regioni meridionali continuarono, nel '68, '69, a parlare
di lui come del capo della guerriglia rossa contro Sihanouk. Poi
venne il colpo di Stato ed il 5 maggio 1970 Sihanouk annuncia
a Pechino la formazione del suo governo in esilio: Khieu Samphan è nominato ministro della Difesa.

« È un trucco », dissero gli uomini di Lon Nol e gli americani. La Cia per confondere le cose fece circolare delle foto pale-
semente false di Khieu Samphan per dimostrare che l'uomo di
cui tutti ormai parlavano non era che un sosia del vero rivoluzionario.

Ma Khieu Samphan non aveva bisogno di sosia perché era
vivo e la storia della sua rocambolesca fuga me l'ha raccontata
a Phnom Penh l'uomo che dice di averlo salvato nel 1967.

« Seppi da un amico a palazzo che Sihanouk aveva ordinato
al capo della polizia di uccidere Khieu Samphan ed io lo avvi-
sai. Lo stavano già cercando e dovette far presto. La notte del
24 aprile si rifugiò nell'ambasciata cinese, entrando da una porta secondaria di cui gli era stata data, per precauzione, da qualche tempo la chiave. Uscì dall'ambasciata nascosto in un otre
che venne caricato nel porto di Kompong Som su una nave cinese diretta a Canton. Rientrò in Cambogia dopo qualche mese e si mise a capo della guerriglia. »

La scorsa settimana il fantasma Khieu Samphan era a Pechino, ricevuto non solo da Sihanouk, ma abbracciato da Zhou Enlai e Mao Zedong. La Cina, fatti i conti con un anno di inconcludente cessate il fuoco in Vietnam, sta probabilmente riesaminando l'intera situazione indocinese e forse ora è più disposta a ridare a Khieu Samphan e ai guerriglieri gli aiuti che questi chiedono per una prova di forza definitiva contro Phnom Penh.

« Prima i comunisti potevano sperare di ottenere una soluzione di compromesso al tavolo dei negoziati, ma è chiaro che gli americani non sono disposti a cedere nulla, ora che riescono a mantenere, con pochi uomini e meno spese, le posizioni che due anni fa tenevano con mezzo milione di truppe in Vietnam », fa notare un osservatore occidentale.

Così Phnom Penh aspetta ora il peggio, temendo che Khieu Samphan sia tornato da Pechino ed Hanoi con la promessa di nuovi aiuti ed il benestare per un'ultima spallata contro le mura di Phnom Penh, prima delle piogge d'estate.

Persino gli americani sembrano preoccupati. Durante lo scorso anno, sotto la guida di Enders, il « proconsole » (così qui viene chiamato l'incaricato d'affari dell'ambasciata), diplomatici e militari americani non nascondevano la loro soddisfazione perché, nonostante le disastrose previsioni della maggior parte degli osservatori stranieri in Cambogia, la linea di difesa del « mondo libero », che passa da questo paese, reggeva. Ora, per non essere colti di sorpresa, hanno spostato al largo della costa cambogiana la portaerei Okinawa ed hanno pronto uno squadrone di elicotteri con relativi *marines* per evacuare i loro cittadini dalla capitale quando questa verrà attaccata.

Ovviamente, solo gli americani si possono permettere questo lusso e siccome hanno anche fatto sapere che sugli elicotteri si monta solo mostrando il passaporto Usa, gli altri paesi hanno già fatto partire le loro donne e bambini. Sono rimasti i mariti che hanno scavato rifugi nei giardini e messo sacchetti di sabbia attorno alle finestre delle camere da letto.

Quanto ai poveri, ai rifugiati che sono ammassati lungo la riva sinistra del Mekong, ora in magra, o lungo la ferrovia su cui i treni non viaggiano più dall'inizio della guerra, hanno al massimo dei fogli di cartone per ripararsi dal sole e dalle schegge delle cannonate. Nessuno si occupa più di loro.

Fino a qualche mese fa un gruppo di buone signore occidentali, guidate dalla moglie italiana del «proconsole» Enders, facevano visite regolari ai campi dei profughi, distribuendo vitamine e sorrisi. Ora tutte le signore sono partite e quella italiana, tornata brevemente in città, è riuscita a fare una colletta per comprare profumi: bisogna pur togliere quell'orribile puzzo di sangue dagli ospedali, andava dicendo in giro.

Ci sono più di due milioni di persone che sopravvivono oggi nel perimetro di Phnom Penh assediata, ma non si vedono. A volte è come se la città fosse già morta. Nelle ore più calde del pomeriggio le strade sono deserte. File di trisciò rimangono parcheggiate, immobili, ai crocevia; gruppi di uomini dormono sotto gli alberi dei viali. Non si sente una voce. È la stagione secca ed il cielo è implacabilmente senza nuvole. Dal Mekong viene a volte una folata di vento che alza colonne di polvere rossa, infuocata.

Sulle facciate degli edifici pubblici, dell'università, della Posta, ricompare sotto i riverberi del sole la parola «royal» (reale) che i repubblicani avevano cancellato in fretta con la vernice bianca dopo il colpo di Stato che rovesciò la monarchia e Sihanouk. Dall'aiuola del grande albergo démodé, dinanzi al liceo Descartes, tolsero allora le piantine di bossolo con cui era stato scritto «Hôtel Royal». Ma quel nome si legge ora di nuovo a chiare lettere, perché l'erba è ricresciuta lì d'un colore più intenso.

Certamente i cambogiani vedono anche in questo l'opera di un fantasma che sta lentamente segnando la strada di un futuro ritorno.

*Il Messaggero, 28 luglio 1974**

UDONG – «Quando le grandi nazioni decideranno che qui ci deve essere la pace, noi, soldati del governo, ed i khmer rossi ci stringeremo la mano e ci riabbracceremo. La guerra allora sarà stata colpa di chi?»

Sulla vetta del Phnom Udong, una solitaria collina che si alza improvvisa in mezzo alla piana verdissima sulla riva destra del Mekong, a nord di Phnom Penh, e che è stata per secoli un centro di meditazione per i bonzi, i soldati con le loro donne ed i bambini, che si portano dietro per sfamarli con la razione di riso che il governo passa ai combattenti al fronte, si riposano.

«Siamo tutti khmer eppure ci ammazziamo a vicenda. La Cambogia è il nostro paese, ma lo stiamo distruggendo», dice un ufficiale indicando, tutto attorno, i risultati delle sparatorie dei governativi contro i guerriglieri comunisti: le rovine di Wat Udong, uno dei più importanti templi cambogiani ed un importante centro buddhista.

Il soffitto e le pareti del tempio sono spariti, spazzati via dalle esplosioni, bruciati da un incendio, ed un enorme Buddha dorato è rimasto, seduto nella posizione del loto, a guardare il vuoto col suo affascinante sorriso di pietra e la testa contro il cielo aperto.

Sotto due file di gigantesche colonne, che sembrano ormai reggere solo delle nuvole, ci sono cumuli di mattoni rossi, cocci di vecchie ceramiche, braccia e teste di statue ridotte in mille

* Con questa corrispondenza inizia la collaborazione con *Il Messaggero*.

Terzani con Sydney Schanberg in una pagoda distrutta di Udong.

pezzi, cartocci abbruciacchiati di antichi testi religiosi, scritti in inchiostro nero su foglie seccate di bambù.

Giù, lungo le pendici della collina, altre pagode, altari, stupa, tempietti sono ridotti in macerie, i pinnacoli d'oro smozzicati dalle schegge di cannonate, i Buddha decapitati e sforacchiati dalle pallottole, gli affreschi con le storie degli antichi re cambogiani scalcinati ed anneriti dalle fiamme.

Delle donne fanno un fuoco con pezzi di legno intarsiato ed un gruppo di soldati rinforza con dei vecchi travi le trincee scavate in mezzo alle rovine. Nel cortile d'un tempio, sotto dei grandi cartelli blu e bianchi che, secondo le convenzioni dell'Aja, stanno ad indicare i monumenti nazionali e dovrebbero proteggerli dalle distruzioni della guerra, i soldati della settima divisione hanno piazzato quattro mortai da 75 mm. e ammucchiato le loro munizioni.

Udong, fondata nel 1620, per 250 anni la capitale dell'impero khmer e luogo di sepoltura della famiglia reale, non è più la «Città delle cento pagode», perché non una sola di queste è ancora in piedi. Udong stessa, il suo centro abitato ai piedi della collina, non esiste più. È stata letteralmente spazzata via.

La fine di Udong è solo un episodio di una guerra che continua quasi dimenticata e di cui nessuno più sembra tanto occuparsi, a parte gli americani che continuano a versare milioni di dollari (quest'anno 650) nelle casse del governo, convinti che questo riuscirà a tener testa ai guerriglieri comunisti ed a costringerli ad accettare una soluzione di compromesso attraverso negoziati. La vittoria di Udong ha ravvivato queste speranze.

Udong venne catturata dai khmer rossi il 18 marzo di quest'anno, nel quarto anniversario del colpo di Stato. La perdita della vecchia capitale imperiale fu un duro colpo per i repubblicani che nonostante il massiccio appoggio aereo dei B-52 americani, fatto terminare dal Congresso Usa il 15 agosto dell'anno scorso, avevano in quattro anni di guerra perso il controllo di due terzi del paese e di più di metà della popolazione.

Riprendere Udong divenne uno dei principali obiettivi del regime di Lon Nol e del nuovo ambasciatore americano, John Gunther Dean, che dalla sua ben protetta fortezza, a pochi metri dal Palazzo presidenziale, si occupa non solo di questioni diplomatiche, ma suggerisce e supervede alle operazioni militari, fa licenziare ufficiali inefficienti e corrotti e, da vero «proconsole», ha preso in mano le redini di questo paese.

Udong è stata ripresa dai governativi il 9 luglio. Il costo di questa vittoria è stata la sua distruzione.

«Quando arrivammo qui», racconta l'ufficiale di Phnom Udong, «i khmer rossi erano già andati via. Abbiamo trovato qualche cadavere, ma non abbiamo incontrato alcuna resistenza. L'aviazione e l'artiglieria avevano già ripulito l'intera zona.»

È stato in questo modo che, chilometro per chilometro, i soldati di Lon Nol hanno ripreso il controllo di tutta la regione fra Phnom Penh e la vecchia capitale; è così che ora lungo la Strada nazionale n. 5, un tempo un lunghissimo viale con alte palme da zucchero, non ci sono che alberi decapitati e che di villaggi come Prek Dam e Kompong Leung rimangono solo gli scheletri in cemento di quelle che erano state le case. Tutto è distrutto, bruciato, deserto.

Dei 26.000 abitanti che erano ad Udong, 20.000 sono andati con i khmer rossi: «prigionieri», dice il governo; gli altri vivono nelle baracche di legno e cartone lungo i marciapiedi di Phnom Penh, nei campi dei rifugiati dove la loro sopravvivenza è legata alla carità delle varie organizzazioni internazionali.

La Croce Rossa ha offerto di aiutare gli abitanti di Udong a tornare nella loro città ed ha offerto tende e legname per ricostruire delle case, ma il nuovo governatore di Udong (il vecchio è andato con i khmer rossi) continua a dire che la situazione non è ancora sicura. Ha messo in giro la voce che intorno ad Udong ci sono circa 5000 guerriglieri pronti ad attaccare e così la gente si tiene lontana e lui può rimanere al sicuro a Phnom Penh, dove è coinvolto in un giro di affari che la guerra e la corruzione rendono di giorno in giorno più lucrativo: il trasporto e la vendita di generi alimentari alle città.

Così Udong, due volte «liberata», prima dai guerriglieri e poi dai governativi, rimane una città fantasma, un cumulo di puzzolenti macerie sotto lo sguardo ieratico di Buddha sorridenti dai corpi mutilati.

Dice con tristezza l'ufficiale: «Prima della guerra i turisti venivano in Cambogia per vedere le rovine di Angkor Wat. Quando ci sarà di nuovo la pace ne verranno molti di più, perché allora l'intera Cambogia sarà un paese di rovine».

PHNOM PENH – Aerei americani pilotati da equipaggi mercenari di filippini, coreani e taiwanesi continuano a rifornire la capitale cambogiana partendo dalle basi Usa in Thailandia.

Il fiume Mekong resta chiuso ed un convoglio di quindici navi cariche di munizioni e di generi alimentari aspetta nel porto di Vung Tau nel Sud Vietnam che venga dato il « via libera ». Ci vorrà del tempo. Nel pomeriggio di ieri, un mezzo da sbarco dei governativi, che ha tentato di percorrere il fiume a sud di Phnom Penh, è stato colpito dal fuoco dei guerriglieri khmer rossi appostati sulle due rive: 26 persone sono morte e 44 sono state ferite.

Nonostante che gruppi di partigiani tengano ancora impe-

gnato il grosso delle truppe governative attorno a Phnom Penh, la vera battaglia si sta ormai combattendo lungo tutto il percorso del Mekong, dalla frontiera con il Vietnam alla stessa capitale. Le fiammate del napalm e le palle rosse di fuoco delle pallottole traccianti che rimbalzano da terra verso il cielo attirano, quasi divertono la gente di Phnom Penh, come se tutto quello che succede sull'altra riva non fosse una cosa che li riguarda.

Il fiume divide la città dalle posizioni comuniste e nessuno si aspetta che i khmer rossi passino questo largo braccio d'acqua che è diventato la più vicina frontiera con l'altro mondo. Nessuno si aspetta più che i khmer rossi prendano direttamente d'assalto la capitale.

«Il solo modo in cui i comunisti possono prendere Phnom Penh è per fame», dice un diplomatico occidentale. Per facilitarsi questo compito, i khmer rossi hanno spinto, con i loro recenti attacchi, altri 70.000 profughi verso Phnom Penh dove ora il governo ha la responsabilità di rifornirli con le sue già scarseggianti scorte di riso.

Le storie di massacri che i comunisti avrebbero commesso nei villaggi occupati sono come una molla che spinge molta gente verso le linee governative. Ad Ang Snoul, un centro abitato a pochi chilometri dall'aeroporto di Pochentong sulla Strada nazionale n. 4, i khmer rossi hanno ucciso a colpi di baionetta una quarantina di persone, tra cui vecchi e bambini, i cui cadaveri sparsi nei campi e nelle capanne sono stati visti da vari giornalisti stranieri arrivati sul posto dopo che i partigiani si erano ritirati.

Sfruttando questo episodio, ormai documentato dagli osservatori indipendenti, ma marginale nella storia di questa guerra civile e non tipico del comportamento dei guerriglieri, il ministero dell'Informazione di Phnom Penh inventa quasi quotidianamente macabre storie di altri inesistenti massacri commessi dai comunisti (16 bonzesse violentate e bruciate a Phnom Basset, 150 contadini uccisi con pali di bambù a Dam Ampel...). Il risultato è che la popolazione delle campagne è terrorizzata ed il flusso di profughi verso la capitale aumenta, facendo così aumentare i guai del governo.

L'offensiva lanciata dai khmer rossi la notte dell'ultimo dell'anno, quando molti degli ufficiali governativi erano lontani dai loro posti a far festa nei bar della capitale, ha avuto lo stesso svolgimento delle altre offensive del passato: i comunisti hanno d'un colpo superato le difese esterne; poi, arrivati sotto la città, si sono ritirati lasciando Phnom Penh ancora una volta salva.

« I khmer rossi non hanno le armi necessarie per conquistare una città », dice un addetto militare europeo. « Se avessero anche solo qualche razzo SA-7 e qualche cannone come li hanno i vietcong nel Sud Vietnam, questa guerra sarebbe già finita da tempo. »

Invece i khmer rossi combattono ancora con un arsenale ridottissimo, fatto di fucili cinesi e qualche pezzo di artiglieria catturato ai governativi ed ora senza più munizioni.

Mosca, che considera ormai i partigiani della Cambogia troppo legati a Pechino, ha cessato da tempo di inviare propri rifornimenti.

YY ROM
:PROESPRESSO:
EX TERZANI PER CORBI
PHNOM PENH, MARZO 1975.

L'Espresso, marzo 1975*

PHNOM PENH – Le notti non sono mai state così buie. Per risparmiare sul poco carburante che resta, la centrale elettrica ha tagliato l'ottanta per cento della produzione d'energia. Anche all'Hôtel Le Phnom si vive al lume di candela, tranne le sere in cui qualche generale offre un banchetto ed allora tutto si illumina improvvisamente a festa. La Cambogia del maresciallo Lon Nol, o meglio quel poco che ne è rimasto, funziona così. Per due giorni è mancata la corrente persino alle telescriventi della Posta, ma poco lontano, nella villa del ministro, i condizionatori d'aria non si sono fermati.

« Phnom Penh ha i giorni contati, ma gli ultimi a rendersene conto sembrano proprio quelli al potere », dice un diplomatico europeo. Ed un altro: « La cosa più incredibile è che Lon Nol e la gente attorno a lui son convinti di star vincendo la guerra ». Fra i pochi osservatori stranieri rimasti nella capitale (famiglie e funzionari non essenziali di tutte le ambasciate sono già stati evacuati), il giudizio sulla situazione è unanime: « Questo è per Phnom Penh il momento più drammatico dall'inizio della guerra ».

---

* Testo integrale dell'articolo « Cambogia: ore buie », pubblicato in *in Asia*, cit.

La Cambogia è sul punto di diventare il primo paese dell'Indocina completamente controllato da un movimento rivoluzionario ed il regime di Lon Nol, creato, addestrato, pagato dagli americani, potrebbe essere il primo ad essere sconfitto dai comunisti sul campo di battaglia.

A Saigon, dopo decenni di guerra e due «Accordi di pace», Thieu, l'uomo di Washington, è ancora al potere; nel Laos, il governo filoamericano di Vientiane si è aperto ai rivoluzionari pathet lao, ma è ancora una forza nel paese. A Phnom Penh invece non ci sono compromessi possibili e l'idea che quest'ultima isola di «mondo libero» cada in mano ai khmer rossi è diventata un incubo del governo americano che ora, dal presidente Ford all'ambasciatore Dean, tenta di riesumare la «teoria del dòmino» e la vecchia retorica della guerra fredda. Spera così di convincere un recalcitrante Congresso a stanziare d'urgenza altri 222 milioni di dollari per «salvare» la Cambogia. Se verranno, questi milioni, essi serviranno soltanto a prolungare l'agonia del regime e le sofferenze della popolazione.

Il problema è semplice. Senza un intervento massiccio americano che porti qui, con un continuo ponte aereo, riso e munizioni, i depositi governativi saranno vuoti nel giro di due o tre settimane e la città dovrà arrendersi. Se invece gli aiuti americani continueranno ad arrivare, Phnom Penh potrà resistere fino alla stagione delle piogge (luglio/agosto-dicembre). Allora i guerriglieri dovranno ritirarsi dalle pianure allagate e il Mekong potrà essere riaperto al traffico ed ai rifornimenti. Ma a gennaio dell'anno prossimo, con l'inizio della nuova stagione secca, la situazione tornerà ad essere esattamente quella di oggi.

Phnom Penh, con i suoi due milioni tra abitanti e rifugiati, consuma 500 tonnellate di riso al giorno; l'esercito che la difende ha bisogno di 800 tonnellate di munizioni ogni ventiquattro ore.

Il ponte aereo americano, che già funziona con apparecchi militari Usa cui sono state in fretta cancellate le insegne e con due compagnie private controllate dalla Cia, porta nella capitale circa novecento tonnellate di merci. Ovviamente la priorità è data alle munizioni ed in città si parla già di gente che è morta di fame.

L'aeroporto di Pochentong, a otto chilometri dal centro, sul quale cadono continuamente i razzi dei comunisti, è l'unico legame di Phnom Penh con il mondo esterno. Tutte le strade sono bloccate. Il Mekong è disseminato di mine e per la prima volta nella storia di questa guerra, cominciata cinque anni fa col colpo di Stato che rovesciò Sihanouk, i khmer rossi controllano le due rive del fiume lungo tutto il percorso dalla frontiera sudvietnamita. L'ultimo convoglio di navi e chiatte che ha tentato di forzare il blocco all'inizio di febbraio ha avuto undici imbarcazioni affondate. Nessuno ci riprova.

Con l'offensiva lanciata la notte del primo dell'anno, i partigiani comunisti e sihanoukisti sono riusciti a creare tutte le condizioni per sfaldare il regime dall'interno: è proprio su questo che la guerriglia conta, più che su un assalto frontale contro la capitale che finora non è mai stato effettivamente tentato. Ci sono attorno a Phnom Penh circa 25.000 guerriglieri, alcuni a solo un chilometro e mezzo di distanza. Il numero dei soldati di Lon Nol asserragliati in città è più o meno uguale.

«In queste condizioni uno scontro è sempre svantaggioso per chi attacca», dice un esperto militare. «Per conquistare la città i khmer rossi dovrebbero avere almeno il doppio degli uomini o dell'artiglieria pesante.»

Per questo un attacco frontale non ci sarà.

«Rivoltate le vostre armi contro i traditori», dice però due volte al giorno la voce sempre più familiare della radio clandestina del Fronte. «Scioperate, scendete nelle strade, spazzate via il regime dei burattini!» E invita la popolazione a mettersi in salvo nelle zone liberate.

Ha presa questa propaganda? Certo è che la mancanza di cibo, i prezzi esorbitanti delle poche cose che ancora si trovano sulle bancarelle del mercato cominciano a trasformare in rabbia la tradizionale apatia e rassegnazione della gente. Nei giorni scorsi gruppi di studenti hanno attaccato alcuni commercianti cinesi accusati di nascondere le riserve di riso in attesa che i prezzi salgano ancora. Improvvisamente tutti i negozi della città si sono chiusi e la polizia militare è dovuta intervenire, sparando per disperdere i dimostranti che avevano cominciato a sfasciare saracinesche e saccheggiare botteghe.

Da simili episodi, se la situazione alimentare peggiorerà ancora, può nascere la sommossa interna che i comunisti cercano e che il regime di Lon Nol teme.

La vita quotidiana a Phnom Penh comunque è diventata per tutti un gioco alla roulette russa. Se Washington non interverrà subito con aiuti massicci, tipo ponte di Berlino, il principe Sihanouk tornerà a Phnom Penh come un trionfatore. In questo caso rischia di crollare il sistema americano nel Sudest asiatico. E Pechino acquisirebbe una base strategica di fondamentale importanza.

YY ROM

:PROESPRESSO:

EX TERZANI BANGKOK

17/3/75

PER CORBI

CARISSIMO GIANNI,

EST STATA UNA SETTIMANA CAOTICA CON DUE AMICI MORTI (IL MEDI-
CO SVIZZERO SUL DC-4 DELL'AIR VIETNAM ABBATTUTO SU PLEIKU E
LEANDRI A SAIGON). ANDRÒ IN VIETNAM FRA UN PAIO DI GIORNI E POS-
SO FARTI UN PEZZO DA LÌ DOVE PARE CHE CI SIA UNA OFFENSIVA. CON-
FERMA SE LO VUOI E QUANTO LUNGO. DI SEGUITO TI MANDO UN BRE-
VE PEZZO SUL PONTE AEREO CIA CHE, A PARTE ESSERE UNA STORIA DI-
VERTENTE, TI DÀ UNA PRESENZA INDOCINESE NEL GIORNALE DI QUE-
STA SETTIMANA. LO FACCIO APPUNTO BREVE PERCHÉ TU TROVI POSTO.
SALUTI. TIZIANO.

L'Espresso, marzo 1975

BANGKOK – La sopravvivenza della Cambogia dipende dalle
piuttosto oscure attività di una coppia di anziani, simpatici coniugi americani, seguaci del reverendo Billy Graham, che da
una baracca prefabbricata nella periferia settentrionale di Bangkok dirigono una società che in verità non esiste.

L'amministrazione Ford, che non vuol figurare direttamente
coinvolta con il ponte aereo che rifornisce Phnom Penh, ha affidato alla compagnia privata Bird Air, con un contratto di 2,7
milioni di dollari, l'impresa di tenere in vita l'esercito di Lon
Nol ed i due milioni di abitanti e rifugiati che affollano oggi
la assediata capitale cambogiana. Ma Bird Air è una pura fin-

zione: impossibile trovare questo nome nell'elenco telefonico o nella lista delle società registrate in Thailandia.

Quello che i coniugi Bird, lui William, lei Ruth, hanno è una società di costruzioni, Thai Rock, ed è dalla loro baracchetta circondata di ruspe e di bulldozer che conducono le loro coperte e scoperte operazioni.

« Io, della Cia? » mi ha detto il signor Bird, 59 anni, capelli, cintura e scarpe bianche. « Io sono semplicemente un garzone che fa delle consegne. Mi dicono di portare della roba ed io lo faccio, se mi pagano. In questo caso, siccome il Congresso americano è ossessionato dal vedere gli Stati Uniti coinvolti di nuovo nella guerra, sono io che, da privato, porto munizioni, riso, benzina a quelli di Phnom Penh. La questione è semplice: se uno dei miei equipaggi viene abbattuto, nessuno protesta e i pacifisti non hanno motivo di manifestare. »

In verità c'è poco di privato nelle attività della Bird Air. I dodici aerei che essa impiega sono dell'aviazione americana; i 75 membri dell'equipaggio sono ex piloti della US Air Force (alcuni solo temporaneamente in congedo); l'aviazione americana fornisce la benzina, assicura la manutenzione, dà gli ordini; ed è dalla base americana di Utapao, a 171 chilometri da Bangkok, che il ponte aereo parte.

Bird Air è una utilissima copertura di una operazione del governo americano. Il signor Bird è solo un prestanome, ma come tale è vecchio del mestiere.

Prima della guerra si trovava nel Panama a costruire per il governo le postazioni dei cannoni lungo il Canale; nel '49 era nelle Filippine a fare la base aerea americana di Clark Field; dal '59 in Laos, dove ha costruito l'aeroporto di Vientiane e le piste di atterraggio usate dagli elicotteri della Cia nella giungla per mantenere i contatti con l'esercito mercenario del generale Van Pao.

Gli uomini di Bird, e di altri come lui, per anni hanno fatto per conto degli americani la « guerra segreta » nel Laos: trasportavano truppe, paracadutavano rifornimenti alle guarnigioni isolate ed alcuni dicono che si occupassero anche del traffico dell'oppio per conto della Cia e dei suoi clienti locali. Un pilota del signor Bird fu catturato dai pathet lao nel 1964 ed è stato rilasciato solo l'anno scorso. Un suo elicottero è stato abbattuto vicino a Vientiane nel mese di gennaio.

« È un mestiere rischioso, il nostro », dice Bird. Per il rischioso lavoro a Phnom Penh, Bird prende il 12 per cento sul contratto, i piloti ricevono dai tre ai quattromila dollari al mese.

Sebbene i khmer rossi abbiano aggiustato il loro tiro sull'aeroporto di Pochentong, la Bird Air ha finora trasportato in media 700 tonnellate di materiale al giorno, cioè quanto basta. Il contratto col governo americano scade il 30 aprile, ma il signor Bird è convinto che il Congresso deciderà di stanziare altri fondi per « salvare » la Cambogia. Così lui continuerà le sue consegne.

Invece i depositi in Thailandia starebbero per toccare il fondo, in viaggio dagli Stati Uniti non ci sarebbe più nulla. « Verso la fine di questo mese Bird Air non avrà più nulla da caricare », mi ha detto un colonnello americano.

BANGKOK — Bambini che urlavano, donne in lacrime, lunghi abbracci con gli amici cambogiani che restavano. Uomini che con elmetto e giubbotto antipallottole caricavano valigie. L'evacuazione dei francesi da Phnom Penh è stata drammatica.

Mentre l'aereo militare, venuto appositamente dalla Francia e restato a Bangkok per due giorni, stava per atterrare a Pochentong, l'aeroporto di Phnom Penh, sul mercato vicino è caduta una scarica di razzi che ha ucciso venti cambogiani. Dalla torre di controllo, completamente sforacchiata dalle schegge e dove ormai rimane una sola persona alla volta a dirigere il traffico aereo, il pilota ha avuto l'ordine di rimanere ancora per un po' in aria.

Il primo gruppo di novantaquattro persone, in gran parte donne e bambini, è arrivato a Bangkok alle undici del mattino. Il secondo, alle quattro e mezzo del pomeriggio, era di altre sessanta persone, compreso tutto lo staff dell'ambasciata francese (che ha lasciato dietro solo un addetto consolare e due piantoni), il personale di quasi tutte le maggiori società francesi in Cambogia, compresa la Air France, e tutti i professori del liceo Descartes.

La partenza dei francesi, una comunità che fra quelle straniere non solo è sempre stata la più vasta (fino ad un mese fa circa 1500 persone), ma ha avuto, per la passata storia coloniale ed i sopravvissuti profondi rapporti culturali ed economici, un particolare significato in Cambogia, è stata un colpo durissimo per il morale della città e certo ancor più per il regime di Lon Nol.

«Allora vuol dire davvero che è finita», diceva la gente ai francesi che facevano i bagagli.

« Siamo partiti per ragioni di sicurezza, ma anche per ragioni politiche », ha ripetuto un diplomatico francese, arrivando a Bangkok.

Il significato è chiaro: da Pechino Sihanouk ha di nuovo, nei giorni scorsi, invitato le varie ambasciate a chiudere i loro battenti a Phnom Penh. « Quelli che se ne vanno in tempo non avranno problemi a stabilire poi rapporti con noi », ha detto. La Francia, con la mossa di oggi, si è forse voluta aprire la strada verso un futuro rapporto con i khmer rossi e pensa così di difendere gli enormi interessi, non ultimi economici, che i francesi hanno ancora nel paese.

Non tutti i francesi sono comunque partiti dalla Cambogia. Qualche decina, in gran parte archeologi che lavoravano alle rovine di Angkor e studiosi del buddhismo, restano sparsi nel paese. A Phnom Penh restano ancora cinque medici all'ospedale Calmette. Stamani l'ambasciata italiana a Saigon, che è anche incaricata dei rapporti diplomatici con il regime di Lon Nol, ha dato il permesso al nostro console onorario a Phnom Penh di lasciare la città. Ma il signor Forsinetti, un anziano costruttore edile, conosciuto e rispettatissimo dai cambogiani fra i quali ha vissuto per oltre trent'anni, non è ancora partito.

Aria di smobilitazione anche all'ambasciata americana, dove il personale ha dato oggi alle fiamme pacchi di documenti. Gli enti assistenziali Usa che operano nella città sono stati invitati a ridurre il personale in attesa di conoscere quale sarà il voto del Congresso sulla richiesta del presidente Ford di concedere altri aiuti militari a Lon Nol.

Si ha l'impressione che la capitale cambogiana abbia le ore contate. Oggi a Pechino il principe Sihanouk, parlando con esponenti di un'organizzazione giapponese di sinistra, ha detto che la caduta di Phnom Penh in mano ai khmer rossi « sarà questione di due o tre settimane ».

Il Messaggero, 7 aprile 1975

BANGKOK – Lon Nol prende il sole nell'isola di Bali. I suoi soldati nelle trincee attorno a Phnom Penh, rimasti senza riso, dicono di essere arrivati, per sfamarsi, a mangiare i cadaveri dei loro nemici. L'ultima importante base governativa sul fiume Mekong, Neak Luong, è stata presa dai partigiani. L'ambasciata americana sta evacuando la maggior parte del suo personale.

«Gli ultimi topi lasciano la nave che affonda», ha detto un diplomatico riparato a Bangkok già da tre settimane. La Cambogia sta per diventare il primo paese dell'Indocina che sia caduto in mano alla guerriglia.

L'uomo che a giorni la governerà è un fantasma.

Quando le ultime resistenze dell'esercito repubblicano cederanno e le porte di Phnom Penh si spalancheranno ai khmer rossi, gli abitanti di questa capitale riconosceranno in mezzo ai partigiani vestiti di nero e con al collo la classica sciarpa bianca e rossa dei contadini un uomo che erano soliti vedere su una vecchia bicicletta, al tempo in cui era ministro, e che poi per molti anni hanno creduto fosse stato assassinato dalla polizia segreta del principe Sihanouk. Il suo nome è Khieu Samphan.

Quando nel 1967 Khieu Samphan scomparve in circostanze ancora misteriose, era un rispettato economista laureatosi alla Sorbona, un brillante politico ammirato per la sua onestà (prendeva a calci chi tentava di corromperlo), un fine intellettuale marxista con un largo seguito fra i giovani dell'università. Ora, appena quarantacinquenne, Khieu Samphan, capo dei khmer rossi, è una leggenda e le storie della sua vita fanno di bocca in bocca il giro della città come favole popolari.

Khieu Samphan, che per anni aveva criticato Sihanouk per

le sue politiche stravaganti e aveva chiesto a varie riprese radicali riforme per il paese, era stato accusato dal principe di aver sobillato una rivolta contadina nella regione di Battambang. Sihanouk, che faceva abbattere a bastonate i ribelli catturati, dette disposizioni per eliminare anche Khieu Samphan. Molti a quel tempo credettero che gli ordini di *Monseigneur* fossero stati eseguiti e radio Pechino trasmise un dettagliato resoconto su come il giovane patriota cambogiano era stato ucciso.

La verità è che Khieu Samphan raggiunse alla macchia i vecchi gruppi di khmer rossi che dal 1954 combattevano una loro limitata guerriglia per conquistare almeno un pezzo di territorio che potessero vantare come «liberato». Oggi hanno l'intero paese, tranne poche città assediate, e dispongono di un esercito di almeno sessantamila uomini. Gran parte del loro successo è dovuto appunto alle grandi capacità organizzative di Khieu Samphan che, specie dopo il 1970, riuscì ad incanalare e disciplinare la naturale ribellione nazionalista e monarchica seguita al rovesciamento di Sihanouk e all'invasione americano-sud-vietnamita della Cambogia.

«Era uno dei più brillanti personaggi della sua generazione», dice un professore di liceo che fu insegnante di Khieu Samphan prima che questi andasse in Francia, dove venne in

Khieu Samphan applaude guerriglieri khmer rossi.

contatto con la cultura marxista. « È un giovane di grandi ideali », mi diceva la scorsa settimana il generale Sostené Fernandez, capo di stato maggiore di Lon Nol, uno dei « sette traditori » condannati a morte dai khmer rossi, ora partito per Parigi a curarsi un inesistente diabete.

Molti a Phnom Penh lo chiamano ancora « il fantasma ». E quando Khieu Samphan risorse dalla sua pretesa tomba, prima come un semplice nome nella lista del governo di Sihanouk e poi come immagine nelle famose foto col principe ad Angkor Wat e con Mao Zedong a Pechino, molti sostennero che si trattava di un trucco. Alcuni nel gruppo di Lon Nol si attaccano ancora all'idea che il vero Khieu Samphan sia morto e che quello di cui si parla è semplicemente un suo sosia, ma persino gli americani hanno smesso di far credere che Khieu non è Khieu.

L'anno scorso l'ambasciatore Usa a Phnom Penh, John Gunther Dean, propose a Kissinger di incontrare il leader guerrigliero a Damasco per cercare con lui una soluzione negoziata della guerra. Ma Kissinger rifiutò e una delle poche occasioni per mettere fine al conflitto andò persa. Ora i khmer rossi non hanno alcuna ragione di trattare e, con la mano alla gola di Phnom Penh assediata, aspettano solo il momento più opportuno di entrare in città.

« Forse i comunisti hanno stabilito un giorno X per prendere simultaneamente Saigon e Phnom Penh e per questo i khmer rossi debbono rimandare il loro attacco finale », dice un addetto militare occidentale. Ma è molto più probabile che i guerriglieri cambogiani aspettino che la capitale caschi da sola nelle loro mani, senza che debbano andarsela a prendere combattendo casa per casa. Hanno tempo almeno altri tre mesi, fino all'inizio della stagione delle piogge.

Le premesse per quello che potrebbe essere un ordinato passaggio dei poteri si stanno lentamente realizzando. Lon Nol ha lasciato il paese. Con lui sono andati altri quattro « traditori ». Nei tre giorni di relativa tregua, seguiti alla partenza del maresciallo-presidente, altri notabili del regime filoamericano e le loro famiglie sono fuggiti a Bangkok, a Singapore, a Parigi.

Se i khmer rossi dovessero entrare ora a Phnom Penh, non avrebbero bisogno di muri di esecuzione per mantenere fede alla loro promessa di « punire » i maggiori responsabili repubblichini. I pochi che restano, come il Primo ministro Long Boret, hanno certo avuto garanzie dagli americani che saranno evacuati anche all'ultimo momento.

Il piano dell'ambasciata Usa prevede che al momento dell'ingresso dei khmer rossi a Phnom Penh gli elicotteri, ora appollaiati su due navi che incrociano al largo della costa cambogiana, calino su uno spiazzo stabilito, non lontano dal centro, e prendano gli ultimi diplomatici americani e un gruppo già selezionato di cambogiani. Nel caso fosse necessario, l'ambasciatore Dean ha anche a disposizione mille *marines* che verrebbero a formare un perimetro di protezione attorno all'improvvisato eliporto.

La fine di Phnom Penh è ormai certa. Resta solo l'ostinazione americana nel pretendere che il regime repubblicano abbia ancora la possibilità di negoziare un qualche accordo con i partigiani. Da Pechino Sihanouk risponde che ogni trattativa è da escludere e, per scoraggiare eventuali pretendenti alla successione di Lon Nol, dice di voler allungare la sua lista di « traditori condannati a morire ».

Qualcuno nelle file repubblichine dovrà prima o poi trovare il coraggio di dichiarare che la guerra è finita e di dare alle truppe, sempre più cenciose, affamate e disperate, l'ordine di arrendersi.

Da qualche parte attorno a Phnom Penh, forse proprio dall'altra riva del Mekong di fronte alla città, Khieu Samphan in questo momento sta guardando, da solo un chilometro di distanza, i tetti dorati e svolazzanti del Palazzo reale e il pinnacolo del vecchio tempio buddhista in cima alla collina dove la leggenda vuole che risieda il Naga, lo spirito della Cambogia.

Due anni fa un fulmine colpì la vetta del tempio e gli astrologi dissero che era un brutto segno per Lon Nol e il suo regime. Il presidente li fece mettere in prigione, ma oggi pare proprio che anche loro, per una volta, avessero avuto ragione.

YY ROM
:PROESPRESSO:
EX TERZANI BANGKOK
14 APRILE 1975
PER CORBI
SEGUE PEZZO CONCORDATO. IL TEMA È LA FUGA AMERICANA DALL'IN-
DOCINA. SALUTI. TIZIANO.

L'Espresso, 20 aprile 1975

BANGKOK – Anche nella fuga gli americani non si sono smentiti. Tutto era previsto, tutto era organizzato, eppure tutto alla fine è fallito. Hanno abbandonato Phnom Penh mettendo in salvo i loro diplomatici, i loro agenti, i loro «fedeli» cambogiani, i loro archivi e persino le foto dei loro presidenti, staccate in tempo dalle pareti dell'ambasciata, ma hanno finito per perdere quell'ultimo pezzetto di faccia che avevano ancora in Asia.

Quando gli elicotteri dei *marines* sono atterrati, all'alba, sul campo di calcio in riva al Mekong e 350 «teste di cuoio», armati fino ai denti, sono corsi in ogni direzione per formare un perimetro di difesa, pareva che i khmer rossi fossero già entrati in città, che l'aeroporto fosse già caduto, che la fine fosse ormai questione di ore.

I *marines* si aspettavano di dover rispondere al fuoco dei partigiani ed agli attacchi dei loro stessi alleati repubblichini che avrebbero cercato di unirsi alla fuga; invece sono rimasti lì, a gambe divaricate, l'uno accanto all'altro, a spianare i loro fucili mitragliatori contro una folla silenziosa di cambogiani che li guardavano increduli, inebetiti di sorpresa, di stupore.

Le guardie di sicurezza dell'ambasciata, enormi marcantoni in abiti civili ed armati di piccoli mitra, urlavano ordini nelle loro radio portatili; diplomatici correvano carponi verso gli elicotteri, alcuni con le pistole puntate; l'ambasciatore Dean camminava solenne, come un eroe medievale, abbracciando la bandiera americana. Gli operatori delle varie catene televisive americane continuavano a filmare e, da dietro le improvvisate barricate di filo spinato, dei bambini cambogiani sventolavano le mani dicendo: « Bye, bye! »

« Mi sono sentito un cane io, figurarsi gli americani », ha detto un giornalista europeo evacuato da Phnom Penh con gli elicotteri Usa che sembrava dovessero essere l'ultima via di scampo.

Giorni dopo la fuga americana, la città è ancora in mano alle forze del governo repubblichino, l'aeroporto è ancora aperto e gli aerei della linea commerciale nazionale continuano a fare la spola con Bangkok. I khmer rossi alle porte di Phnom Penh sembra che aspettino ancora che qualcuno li preghi finalmente di entrare in città.

La presenza Usa è stata cancellata dalla Cambogia e Washington, forse per paura che riso e munizioni finiranno presto in mano ai partigiani, ha messo fine al ponte aereo che teneva in vita Phnom Penh. La città è rimasta ora con delle riserve che basteranno al massimo per un mese.

La verità è che gli americani, presi dal panico per quello che era successo in Vietnam, a Pleiku, a Kontum, a Danang, dove le truppe sbandate di Saigon si sono rivelate molto più pericolose dei soldati comunisti, hanno preferito mettersi in salvo prima che una simile situazione si creasse a Phnom Penh.

« Quando hanno visto che i cambogiani avevano trovato gusto a mangiare carne umana, gli americani hanno avuto paura di finire in un arrosto », ha commentato un fotografo inglese, deluso come molti degli altri giornalisti di essere stato convinto dall'ambasciata Usa a lasciare Phnom Penh.

Le « confessioni » dei soldati in prima linea, che hanno raccontato di essere sopravvissuti mangiando i cadaveri dei loro nemici e la storia dei combattenti di Kompong Seila che, arrivati a Phnom Penh senza essere stati pagati da mesi, hanno fatto a fette l'ufficiale incaricato degli stipendi e ne hanno, orgogliosi, mostrato i resti, hanno fatto presto il giro della città impressionando la piccola comunità internazionale dei rimasti.

Qualcuno a Washington, forse lo stesso Kissinger, deve aver pensato con terrore alla possibilità che gli ultimi cittadini americani a Phnom Penh sarebbero potuti rimanere in una trappola fatta non solo dai khmer rossi, ma dagli stessi soldati della repubblica, e così ha dato l'ordine della fuga.

Il messaggio è arrivato alle tre di notte nella capitale cambogiana. Alle sette l'operazione «Tiro all'aquila» è cominciata. Alle dieci tutto era finito.

Ai cambogiani, cui era stato promesso ogni sorta di aiuto cinque anni fa, quando furono coinvolti nella guerra, non è rimasto che meravigliarsi di questa fuga frettolosa, imbarazzata, in fondo inconcepibile dei loro alleati che avevano deciso di dimostrare qui, in Indocina, la loro determinazione a difendere una certa concezione del mondo.

La più meravigliata di tutti era una bambina di una decina di anni che, tendendo quasi per caso la mano agli americani che partivano, si è vista da uno dare una manciata di piastre ormai per lui inutili. Un altro ha cercato nelle sue tasche e le ha dato ciò che gli restava, poi un altro e un altro ancora. È scappata urlando di gioia con una piccola fortuna di cui non avrebbe fino a ieri neppure potuto sognare.

Una fuga americana come quella da Phnom Penh potrebbe presto avvenire da Saigon. Se davvero dovesse essere così, una simile fuga dal Vietnam sarebbe di una macabra ironia.

Gli americani vennero una ventina di anni fa in Indocina per salvare questi paesi dal comunismo, e li abbandonano ora, distrutti e sul punto di essere presi dai partigiani. Vennero qui per difendere questi popoli contro una «aggressione» esterna, ed ora se ne scappano via, costretti a difendere se stessi dai loro alleati di ieri.

L'immagine del funzionario americano che a Na Trang sferra un pugno in faccia ad un vietnamita per salvarsi con l'ultimo elicottero, rimarrà il simbolo di quest'ultima fase della guerra americana.

Viaggio nella follia cambogiana*

La città era assediata. Non si poteva più uscire, tutte le strade erano tagliate, i ponti erano rotti.

Eravamo un piccolo gruppo di giornalisti – in questo albergo che si chiamava Royal al tempo di Sihanouk e che era stato ribattezzato dopo Hôtel Le Phnom – bevendo champagne, consumando le ultime bottiglie di vino che la cantina aveva ancora e mangiando bistecche che erano arrivate con un ultimo aereo. Ogni sera però si andava a letto pensando che la mattina dopo magari ci saremmo alzati che era cambiata la bandiera. E ogni giorno andavamo ad affacciarci a questi ponti che davano verso la campagna, aspettando questi khmer rossi che non arrivavano. Ormai ogni giorno poteva avvenire, ma non arrivavano. E questa giungla grigia, queste risaie mantenevano questo mistero di silenzio. La guerra si era come fermata. Si aspettava questo momento... che non arrivava.

Non si poteva quasi più uscire, c'era soltanto un aereo ogni tanto. Allora ci si metteva d'accordo. Negli ultimi giorni, durante l'assedio, quando la città era ormai strangolata dalla presenza dei khmer rossi, ci si metteva d'accordo che uno dei colleghi usciva dal paese con le storie degli altri. Ci si chiamava «il piccione»: «Chi fa il piccione oggi?» E si andava fino a Bangkok a portare le storie alle agenzie e poi si tentava di ritornare.

A me capitò di fare il piccione – se ricordo bene doveva essere il 10 o il 12 di aprile, la città cadde il 17 – e quello con cui

---

* Testo tratto dall'intervista Rai-tv, 1985, cit.

io partii era uno degli ultimi aerei, forse l'ultimo. Non riuscii più a tornare indietro.

Era il 17 di aprile del 1975. Io stavo a Bangkok e le ultime notizie erano che i khmer rossi stavano per arrivare. E io pensai: «Dov'è che posso vedere più da vicino?»

Andai all'ambasciata cambogiana e nell'ufficio dell'addetto militare – che era un vecchio colonnello che avevo conosciuto durante la guerra – ci mettemmo a sentire alla sua radio, perché la sua radio era collegata col Quartier generale delle Forze armate di Lon Nol. Lì passammo due ore. E verso le undici del mattino arrivò una voce che, urlando e poi piangendo, disse: «Stanno venendo! Stanno venendo! Che dio ci salvi!» E la radio s'interruppe e ci fu questo gracchiare metallico. E così vissi da lontano, attraverso questa voce metallica, attraverso questo gracchiare della radio, l'arrivo dei khmer rossi.

Io ero disperato, perché era stata una storia che avevo seguito per tanto tempo – ed ero fuori. E questa curiosità di vedere cosa succedeva nella Cambogia, ormai presa dai khmer rossi, mi portò alla frontiera e attraversai questo ponte che separa Aranyaprathet da Poipet: da una parte la Thailandia – il mondo del lusso, del benessere, della libertà e della gioia di vivere; e dall'altra questo paese che veniva soffocato dai khmer rossi.

Passai quel ponte ed entrai a Poipet, che in quel momento veniva presa dai khmer rossi. Mi aggiravo in mezzo alla gente, mi aggiravo in mezzo a questi giovani ragazzi con i fucili che entravano per la prima volta in questa città mentre gli ultimi tentavano di scappare verso la Thailandia, e rimasi lì per un'ora senza che nessuno mi desse noia.

Facevo foto, andavo a giro con una enorme curiosità. Ad un tratto, due o tre di questi ragazzetti, che io guardavo con questa incredibile curiosità perché non li avevo mai visti, vivi, si voltarono verso di me e cominciarono a dire questa parola: «Ameriki! Ameriki!»

Mi presero per un americano, pensavano che ero probabilmente un agente della Cia.

E così, un giovane – non ricordo bene, perché avrà avuto 14-

16 anni – con uno strano sorriso, con i piedi tumefatti, la pelle grigia perché veniva dalla giungla dopo mesi, probabilmente disidratato, con gli occhi arrossati, con una pistola mi tenne per quasi due o tre ore contro il muro e mi sorrideva, con questa pistola in faccia, me la teneva così. Ed era stranissimo, perché poi arrivarono altri e mi misero contro il muro. Mi stavano per uccidere. Era chiaro che mi volevano uccidere come una spia americana.

Eh! Mi salvò il sorridere. Perché una vecchia regola che mi era sempre stata insegnata è: mai farti prendere dal panico, mai mostrare che hai paura. E così sorridevo e tentavo di parlare in qualche lingua che loro capissero, ma nessuna con cui potevo comunicare.

Poi, nel gruppo della gente che c'era lì attorno vidi una faccia più chiara: un cinese! Era un commerciante di quel posto. E allora cominciai a parlare cinese. Avevo il passaporto italiano e dissi al cinese: «Guarda! Spiegaglielo! Sono italiano, non americano. Sono qui, sono un giornalista...» Allora questo cinese che parlava khmer parlò con questi ragazzi e riuscimmo a convincerli che si doveva aspettare che un capo arrivasse, perché se dovevo essere ucciso, che fosse deciso da qualcuno con una responsabilità.

E così passai delle ore con questo ragazzo che mi stava, sempre sorridendo, con la pistola in faccia.

È strano – avevo paura, terribile, come si può immaginare – ma avevo anche una strana simpatia per tutto questo, perché d'un tratto rifacevo come in una moviola la storia di questa guerra. E immaginavo questi ragazzi per anni sotto i B-52 – i bombardieri americani, che di nuovo avevo visto solo da lontano – che per anni e per mesi erano stati sotto alle bombe a tappeto, con lo shock di questa esperienza. E poi, questi khmer rossi erano stati partigiani, li avevo visti come gli eroi di questa liberazione, quelli che tentavano di rifare il paese, di riportare la Cambogia ad un paese di pace, che tentavano di cacciare gli americani che avevano, con la loro presenza militare, deformato l'anima di questo paese.

Poi arrivò finalmente questo capo. Mi guardò, guardò il mio passaporto, ripetci la mia storia e finalmente mi riaccompagnarono alla frontiera e passai in senso inverso questo ponte, di nuovo verso la Thailandia, passando questo filo spinato.

E questo fu... Fui il primo a poter raccontare di aver visto i khmer rossi, di averli visti da vicino, anche se li avevo visti in una posizione in cui la paura mi aveva forse un po' deformato la loro visione. Ma ripeto, quel giorno uscii dalla Cambogia con grande sollievo, ma anche con un senso di... simpatia.

Perché pensavo di nuovo che questa fine della guerra fosse una liberazione e fosse l'inizio di un nuovo periodo in quel paese.

PER CORBI
19 APRILE 1975
CARISSIMO, SEGUE PEZZO ANNUNCIATO PER TELEX E DI CUI PARLATO A
ZANETTI PER TELEFONO. CI TENGO MOLTO PERCHÉ ESSENDO RIMASTO
FUORI DA PHNOM PENH HO ALMENO UNA CONCLUSIONE DI QUESTA
GUERRA CHE HO SEGUITO DA QUATTRO ANNI. PER FAVORE CONFERMA
CHE RICEVI E PUBBLICHI QUESTA SETTIMANA. PER PROSSIMA PROPON-
GO QUATTRO CARTELLE SU « THAILANDIA: PROSSIMO DOMINO? » SALU-
TI. TIZIANO TERZANI.

L'Espresso, 27 aprile 1975

POIPET, confine con la Thailandia – Il ragazzo che mi tiene, gentilmente, a bada con una grossa pistola cinese, avrà al massimo quattordici anni: un khmer rosso. I sandali di Ho Chi Minh, fatti di ritagli di copertone, camicia e pantaloni neri, al collo la sciarpa bianca e rossa dei contadini divenuta il distintivo della guerriglia cambogiana. Ha la faccia tirata dal sole, i piedi pieni di cicatrici, la pelle secca e screpolata di chi ha vissuto nella giungla.

Tutto attorno una folla di gente mi guarda curiosa. Alcuni sorridono. I partigiani piazzano delle mitragliatrici lungo la strada. Sento fare dei discorsi di cui capisco solo la parola « Pace, pace » e che finiscono in grandi scrosci di applausi. C'è aria di festa. La guerra è finita.

Ho assistito per un'ora, senza problemi, alla liberazione di questa cittadina cambogiana al confine thailandese, a cinquecento chilometri da Phnom Penh. Poi qualcuno, additandomi in mezzo alla folla, ha urlato « Ameriki, ameriki » ed i guerriglieri mi hanno preso, ordinato di non fare più foto e mi hanno messo all'ombra di una tettoia ad aspettare, col mio guardiano, che «il capo» arrivasse per decidere se posso o no ripartire.

Phnom Penh è stata occupata dai khmer rossi venerdì mattina, 17 aprile. Dopo un'ultima sanguinosa resistenza alla periferia, i soldati governativi hanno cominciato ad arrendersi ed i partigiani hanno, nel giro di poche ore, preso il controllo dell'intera città. Alle 11.30 a Bangkok, nell'ufficio del colonnello Lieo Phin Oum, addetto militare dell'ambasciata cambogiana, è arrivato l'ultimo messaggio radio dello stato maggiore:

«Sono rimasto solo. Arrivederci a Phnom Penh, signore», ha detto l'operatore.

Nel pomeriggio, il rappresentante della Croce Rossa Internazionale in Thailandia è riuscito per un attimo a ristabilire il contatto con la sede nella capitale cambogiana.

«State bene?»

«Affermativo», è stata la risposta in morse.

«Ci sono khmer rossi nel vostro edificio?»

«Affermativo e chiudo.»

Poi, per tutti un lunghissimo silenzio. Solo una stazione radio, che pretende di essere dei khmer rossi ma in verità è gestita da un vecchio gruppo cambogiano finanziato dalla Cia, ha cominciato ad annunciare la fucilazione dei «giornalisti stranieri» rimasti a Phnom Penh, la decapitazione degli ufficiali repubblichini arresisi e di alcuni rappresentanti del governo Lon Nol che non avevano fatto in tempo a scappare. Dei laconici messaggi trasmessi dall'ambasciata francese a Phnom Penh hanno poi smentito queste notizie.

Dopo la liberazione di Phnom Penh, a una a una le altre città provinciali ancora in mano ai repubblichini si sono arrese ai khmer rossi.

Poipet è stata una delle ultime. Quando ci sono arrivato, venendo da Bangkok e attraversando a piedi lo stretto ponte di ferro che costituisce la frontiera tra Thailandia e Cambogia, la città era ancora territorio di nessuno. Per evitare uno scontro, le formazioni dei khmer rossi si erano fermate alla periferia e nell'abitato era scomparsa ogni forma di autorità del vecchio regime.

Fra le migliaia di persone che si chiedevano, « Quando? Quando arrivano? » era impossibile vedere una sola uniforme, qualcuno con un'arma. Soldati, poliziotti, funzionari si erano messi abiti civili, molti avevano delle camicie nere; alcuni anche la sciarpa dei guerriglieri al collo. Tutte le bandiere rosse e blu della Repubblica erano sparite e sulle caserme, sulle stazioni di polizia abbandonate, sulle scuole, sulle banche, dalle finestre di molte case sventolavano dei lenzuoli, dei cenci, dei fazzoletti bianchi. Fucili, mortai, mitragliatrici e cumuli di munizioni erano accatastati nel cortile del Comando regionale rimasto completamente deserto.

Delle migliaia di fotografie di Lon Nol, distribuite in passato dal ministero dell'Informazione per essere esposte nei negozi, nelle case, negli edifici pubblici, neppure l'ombra. Ai crocevia erano stati rimossi i nomi delle strade, ribattezzate dopo il colpo di Stato che rovesciò dal potere Sihanouk.

Per delle ore, sotto il sole a picco che faceva scottare l'asfalto, sono rimasto ad aspettare. Poi, all'una e mezzo, da una motocicletta che ha attraversato il mercato un uomo ha gridato: « Eccoli, eccoli! » Ho visto una macchina bianca correre all'impazzata verso la frontiera thailandese: un uomo con una donna e tre bambini. Un ufficiale di polizia? Un ricco commerciante? Certo qualcuno che non voleva fare i conti con i khmer rossi ed ha aspettato quest'ultimo attimo di confusione per salvarsi.

I primi partigiani sono passati, seduti sul retro di un furgoncino; gli altri, decine e decine, sono arrivati a piedi, in fila indiana, sui due lati della strada principale di Poipet. La gente li applaudiva, correva a stringere loro la mano, ad abbracciarli. Era come se andassero in operazione. Ognuno aveva un'arma appoggiata sulla spalla, bandoliere di munizioni a tracolla e piccoli sacchetti di riso legati ai fianchi, una piccola pala sulla schiena.

Molti erano giovani, alcuni giovanissimi. Contadini spaesati, imbarazzati di trovarsi dopo mesi, anni di guerra in una cit-

tà, in mezzo a tanta gente. Polverosi, laceri. Molti con delle cicatrici. Ognuno vestito in modo diverso, alcuni in calzoncini,
altri nei pigiami neri. Tutti con la sciarpa bianca e rossa attorno
al collo o in testa come un turbante. In una unità di donne, anche loro armate fino ai denti, alcune avevano i calzoni, altre i
sarong colorati delle contadine: un esercito popolare in cui era
impossibile, tranne che dai cenni decisi di alcuni che davano
degli ordini, distinguere chi era un ufficiale e chi no.

All'altezza del mercato si sono divisi in gruppi. Nel giro di
pochi minuti la città era sotto il loro controllo. Disciplina, determinazione ed anche durezza si sono imposte sul clima di incerta attesa. Un centinaio di khmer rossi si sono diretti verso la
frontiera thailandese, andando ad occupare gli uffici della dogana, dell'immigrazione, della polizia, rimasti vuoti.

È a questo punto che ho sentito urlare «Ameriki, ameriki!»
e che mi hanno preso. Non è valso a molto che mostrassi il mio
passaporto.

Un uomo nella folla, che diceva di essere un professore, è
venuto a dirmi, in francese, che i khmer rossi dovevano fare
lì una linea di difesa contro i thailandesi che forse avrebbero
sparato «perché non sono contenti di quello che sta succedendo qui in Cambogia». Ho visto dei partigiani andare a piazzare
delle mitragliatrici lungo il confine, altri andare a nascondersi
in dei boschetti. Non c'è stato uno sparo. Solo un momento di
panico in cui la gente si è sgranata a cercare riparo, quando un
elicottero di una qualche televisione americana ci è passato sulla testa.

Ho chiesto al ragazzo che mi sorvegliava se era un soldato di
Sihanouk, se aveva mai visto Khieu Samphan. Attraverso il
«professore» ha semplicemente risposto: «Sono dell'Esercito
di liberazione khmer».

Dopo un paio di ore è arrivato un uomo in calzoni e camicia
marroni, disarmato, scortato da un gruppo di khmer rossi. Senza uno sguardo, senza un cenno di interesse o di simpatia ha
preso il mio passaporto, l'ha studiato e solo allora, sorridendo,
ha detto in perfetto francese: «Lei non è americano, può anda-

re ». E mi ha portato fino al ponte. Stringendomi la mano m'ha salutato. « Ora siamo in pace. Se vuole, torni a trovarci. »

Con un altro passo ero in Thailandia.

Dietro di me, gruppi di partigiani stavano scavando una trincea lungo la strada; un bulldozer stava abbattendo un albero che veniva messo di traverso; una ruspa spingeva, a bloccare l'asfalto, dei grossi cassoni pieni di terra. Questa frontiera, attraverso la quale per anni è fiorito il contrabbando di riso, di pietre preziose, d'oro e d'oppio, si chiudeva dietro di me, forse per un lungo tempo.

Al di là di quel ponte è finita la Cambogia dei repubblichini, della corruzione, dei funzionari arricchitisi con i dollari degli aiuti militari americani, dei pochi che hanno fatto fortuna sulla miseria dei più; di quelli che fino all'ultimo momento sono arrivati a vendere al mercato nero il latte mandato dalle Nazioni Unite per i bambini, vittime della guerra.

Comincia al di là una Cambogia diversa: povera, dura, sospettosa. La Cambogia dei contadini.

I KHMER ROSSI AL POTERE

Una cortina di silenzio è calata sul paese...

La Repubblica, 30 gennaio 1976[*]

ARANYAPRATHET, confine thai-cambogiano – Un breve ponte di ferro su un torrente ora in secca divide due mondi. Ad un capo, riuniti attorno a una bancarella di bibite, un gruppo di commercianti thailandesi che hanno venduto a credito riso ai khmer rossi e vengono ogni mattina qui, nella speranza di essere pagati. All'altro capo, tre giovanissimi guerriglieri coi loro fucili a tracolla, seduti attorno ad un pennone in cima al quale sventola il simbolo della nuova Cambogia: un semplice panno rosso. Dietro di loro c'è Poipet, un tempo una cittadina di tremila abitanti, ora un deserto. Dal ponte, in mezzo al quale una riga tracciata a gesso segna il confine fra la Thailandia e la Cambogia comunista, si distinguono le case, il mercato, la stazione ferroviaria, le strade: vuote, abbandonate, spettrali.

È tutto ciò che è possibile vedere d'un paese che da quando nell'aprile scorso è stato preso in mano dalle forze partigiane si è chiuso su se stesso e si è impegnato in una delle più radicali rivoluzioni di questo secolo. Quattro milioni di abitanti sono stati trasferiti in pochi giorni, con una forzata migrazione, dalle città nella campagna. Tutti i mezzi di trasporto sono stati collettivizzati, il danaro è stato eliminato, e l'intera popolazione è costretta a partecipare al lavoro nelle risaie ed a vasti progetti di opere pubbliche.

La rapidità e la durezza con cui queste misure sono state applicate dalle autorità rivoluzionarie in Cambogia hanno suscitato le critiche indirette di paesi « fratelli » come il Vietnam, ed

[*] Dal 1° gennaio 1976 inizia la collaborazione con *la Repubblica*.

hanno, attraverso i racconti incontrollabili dei rifugiati, proiettato nel mondo l'immagine d'un regime cambogiano violento e vendicativo.

Ben diverso è naturalmente il quadro che della Cambogia rivoluzionaria presentano le trasmissioni quotidiane di radio Phnom Penh, ora controllata dai khmer rossi. Secondo questa fonte ufficiale, la produzione delle fabbriche attorno a Phnom Penh, in gran parte distrutte dalla guerra, avrebbe ripreso ad un ritmo normale; il raccolto di riso, che si sta per concludere, sarebbe il migliore degli ultimi sei anni e la vita nelle varie parti del paese sarebbe tornata tranquilla. Ferrovie, strade e ponti danneggiati dalla guerra sarebbero stati ricostruiti assieme ad un nuovo e vastissimo sistema di canalizzazione delle acque del Mekong e del Bassac che permetterebbe l'irrigazione di regioni prima incoltivabili del paese.

Nonostante la presa del potere da parte dei khmer rossi avesse fatto sorgere dubbi sul ritorno in Cambogia di Sihanouk, il principe rimane il capo riconosciuto dello Stato. Rientrato a Phnom Penh da un lungo viaggio in vari paesi del Terzo mondo, Sihanouk ha recentemente visitato le regioni a nord della Cambogia, assieme al vice Primo ministro e uomo forte del nuovo regime, Khieu Samphan. La nuova Costituzione, varata il 5 gennaio, prevede che alla testa del paese ci sia un « presidio di Stato » formato dal presidente e da due vicepresidenti. È molto probabile che Sihanouk mantenga, anche nella nuova struttura, un posto di poco o nessun potere, ma in qualche modo rappresentativo dell'unità nazionale.

Quanto alla posizione internazionale, la Cambogia è rimasta dall'aprile scorso relativamente isolata. I rapporti fra Phnom Penh e le autorità rivoluzionarie vietnamite, sia a Saigon, sia ad Hanoi, sono piuttosto freddi. Col Laos, ora interamente controllato dai pathet lao, i rapporti sono appena cominciati. Nonostante gli sforzi fatti dall'Unione Sovietica per recuperare gli anni perduti in appoggio a Lon Nol, Mosca non ha per ora neppure delle relazioni diplomatiche con Phnom Penh.

L'unico paese ad avere una certa influenza su ciò che avviene in Cambogia resta la Cina, che per il momento garantisce con la sua linea aerea l'unico legame di Phnom Penh col mondo esterno e fornisce i suoi esperti (circa 400) per la ricostruzione del paese.

Tutto fa prevedere che la Cambogia rimarrà ancora chiusa su se stessa per molto tempo e che il ponte di Aranyaprathet rimarrà l'unico e limitatissimo punto di osservazione sul paese.

HONG KONG – Sihanouk dà le dimissioni. Dopo il suo drammatico e commovente messaggio trasmesso da radio Phnom Penh, di lui non si sa più niente. È libero o è prigioniero dei khmer rossi? È vivo o è morto? La sua ultima immagine ce lo dà rapato a zero: nella simbologia buddhista un segno di lutto.

Nel paese si installa un nuovo governo. Primo ministro viene nominato Pol Pot. Nessuno fuori dalla Cambogia ha sentito questo nome prima d'ora. Ma forse Pol Pot è lo stesso Saloth Sar, segretario del Partito comunista khmer, che ha semplicemente cambiato nome di battaglia.

« I veri capi non sono né Ieng Sary, né Khieu Samphan, ma un gruppo di anonimi guerriglieri che nessuno conosce e che si tengono ancora in disparte », dice Pech Lim Kuon, il pilota cambogiano che durante la guerra disertò le forze repubblicane, cercò di uccidere Lon Nol bombardando il suo palazzo, passò nelle file dei khmer rossi, ed ora ha disertato di nuovo scappando in Thailandia a bordo di un elicottero.

Che succede in Cambogia?

Da quando il 17 aprile dell'anno scorso i khmer rossi entrarono trionfalmente a Phnom Penh per evacuare di forza, nel giro di poche ore, gli oltre due milioni di abitanti della capitale che avevano appena avuto il tempo di rallegrarsi della fine della guerra, una cortina di silenzio è calata sul paese.

Nessun giornalista occidentale è stato ammesso a Phnom Penh, nessun osservatore indipendente ha potuto viaggiare liberamente da una città all'altra ed il silenzio ha dato luogo ad una enorme campagna di denigrazione nei confronti del nuovo regime comunista installatosi nel paese.

I racconti dei rifugiati cambogiani descrivono i khmer rossi come una banda di assassini assetati di sangue, il loro regime come il più disumano che la Cambogia abbia mai conosciuto. Ufficiali dello sconfitto esercito di Lon Nol sarebbero stati metodicamente massacrati assieme alle loro famiglie; poi sarebbe stata la volta dei soldati semplici, dei funzionari civili della vecchia amministrazione e di tutti i giovani che avrebbero avuto una qualche educazione. I dettagli delle esecuzioni sono raccapriccianti: per risparmiare pallottole, i condannati sarebbero stati finiti a colpi di bastone e di baionetta, o soffocati con sacchetti di plastica legati attorno al collo. I bambini sarebbero stati semplicemente squartati o presi per le gambe e sbatacchiati contro gli alberi.

Quanti i morti? Mezzo milione, settecento, ottocento mila. « Un vero genocidio », dicono i rifugiati. Le prove? Decisive, inconfutabili, nessuna. Anzi, ogni documento che dovrebbe avallare la storia dei massacri è così poco credibile da far pensare che il tutto sia una abile montatura.

In America, il *Reader's Digest* sta preparando un libro il cui titolo provvisorio è *Bagno di sangue* ed in cui sono raccolte, come prove del genocidio, le testimonianze di decine di profughi fuggiti dalla Cambogia dopo la presa del potere da parte dei comunisti. Ma si sa già che la Cia ha collaborato alla traduzione ed alla stesura delle interviste, mentre uno dei due autori, John Barron, è noto per i suoi legami con lo spionaggio americano che gli hanno già in passato permesso di scrivere un libro sul Kgb.

I massacri sono dunque una « montatura propagandistica » dei nemici della Cambogia, come affermano le autorità rivoluzionarie di Phnom Penh? O qualcosa di terribile è davvero successo nel paese che poi è stato esagerato e distorto dalla propaganda anticomunista?

La seconda ipotesi è più verosimile, anche se non può essere ancora provata.

Phnom Penh oggi ha al massimo venti o trentamila abitanti; sono esclusivamente soldati e funzionari del nuovo governo ed operai che lavorano nelle poche fabbriche del quartiere di Takhmau. Le strade sono deserte, il mercato non esiste più, i negozi chiusi. Non ci sono scuole, non ci sono bambini. Le pagode sono sprangate, i bonzi partiti per lavorare nei campi. I pochi diplomatici accreditati nella capitale vivono isolati. Nelle ville loro assegnate non hanno macchine, non possono andare in città senza un permesso. Il cibo viene loro consegnato ogni giorno già cotto dai soldati khmer rossi.

Dietro tutto quello che sta succedendo in Cambogia c'è la visione radical-giacobina di un gruppo di dirigenti guerriglieri che, pur educati all'estero (Khieu Samphan alla Sorbona di Parigi; Ieng Sary alla scuola di Partito ad Hanoi), hanno scoperto negli anni della guerra che la loro unica fonte di vita e di forze per combattere era nelle campagne. È per questo che dalle campagne hanno deciso di ricominciare la ricostruzione del paese.

Quando i khmer rossi entrarono a Phnom Penh, la città era senza riserve di cibo. I suoi due milioni di abitanti erano tenuti in vita giorno per giorno dal ponte aereo americano. I khmer rossi non avevano in altre parti del paese depositi di riso da convogliare verso la capitale. L'unico modo di sfamare la gente era mandarla nelle campagne dove anche le radici di alcune piante potevano, in un primo momento, tenere in vita la gente.

L'evacuazione fu una misura radicale, draconiana. Fu applicata certo con durezza, in alcuni casi forse anche con crudeltà (non fecero eccezione per i feriti ed i moribondi negli ospedali, per i vecchi o i malati); ma fu, vista in prospettiva, una misura necessaria. Il lavoro più o meno forzato dell'intera popolazione nei campi o alla costruzione di un intero nuovo sistema di irrigazione fu una decisione ugualmente dura, ma obbligata. I risultati si vedono già.

Oggi la Cambogia produce più riso di quanto ne consuma ed ha cominciato l'esportazione. «Il paese è un'immensa officina», dice radio Phnom Penh. «Un immenso campo di concentramento», dicono i rifugiati, molti dei quali, essendo di origine cittadina, hanno trovato «atroce» l'evacuazione verso la campagna ed ancor più terribili le dodici ore di lavoro al giorno richieste ad ognuno, compresi bonzi, donne e bambini, per costruire quello che la nuova Costituzione cambogiana definisce un paese «indipendente, pacifico, neutrale... con una società senza ricchi né poveri, senza sfruttatori o sfruttati».

Con una capitale sovraffollata di gente improduttiva e potenzialmente ostile, con vaste zone del paese distrutte dai bombardamenti americani, con due terzi del patrimonio nazionale in fabbriche e piantagioni di gomma reso inoperativo, senza contare le immense distruzioni al sistema di comunicazioni stradali e ferroviarie, non avevano che da ripartire da una situazione di tabula rasa, il tutto senza troppi ripensamenti di natura umanitaria. È possibile che in questo clima di soluzione radicale, con quadri giovani e spesso politicamente immaturi, siano avvenuti alcuni degli eccessi che i rifugiati raccontano; e che oltre ai traditori, cui era stata già da tempo promessa la condanna a morte, siano stati sommariamente eliminati i vari generali, i colonnelli, eccetera. Dove questa «epurazione» si sia arrestata è impossibile dirlo con certezza.

FEBBRAIO 1977
TERZANI CREDIT CARD IT/4308/IT
CALLING ITALY TELEX N- 61629 ESPRESSO
PER CORBI
CARISSIMO GIANNI
SEGUE PEZZO ANNUNCIATO SULLA CAMBOGIA. SALUTI. TIZIANO.

L'Espresso, 13 marzo 1977

BANGKOK – La gente dormiva e nessuno li vide arrivare. Lanciando bombe a mano, sparando all'impazzata, entrarono nei tre villaggi, appiccarono il fuoco alle capanne di paglia e uccisero chiunque incontrarono. In pochi minuti era fatta: gli attaccanti erano tornati nel buio della foresta da cui erano sbucati, i pochi sopravvissuti erano nascosti, terrorizzati, in una macchia di bambù e i cadaveri di trenta contadini erano gettati qua e là, come tante bambole abbandonate. Un bambino sgozzato da un pugnale; una donna col sarong rosso, ancora inginocchiata come implorasse clemenza; una coppia di vecchi crivellati di pallottole; e una donna incinta sforacchiata da colpi di baionetta.

Questi trenta cadaveri sono l'unica incontestabile prova del massacro avvenuto alla fine del mese scorso in tre minuscoli villaggi thailandesi vicini alla frontiera cambogiana.

Chi erano gli attaccanti? Da dove venivano?

Bangkok disse subito che l'eccidio era stato commesso da soldati khmer rossi venuti dall'altra parte della frontiera. Fonti di sinistra suggerirono invece che gli assassini erano guerriglieri anticomunisti cambogiani che appunto volevano far apparire il massacro come opera dei khmer rossi e trarne così vantaggi propagandistici.

Il mistero s'è ora risolto. In una nota diplomatica distribuita a Pechino, l'ambasciata cambogiana risponde alle accuse di Bangkok dicendo che i tre villaggi in questione sono in territorio khmer, che quello che è avvenuto è un affare interno cambogiano e che qualsiasi protesta in proposito è un immischiarsi negli affari privati del nuovo Stato khmer, sovrano e democratico.

Qualunque sia lo stato giuridico dei tre villaggi (thailandesi o cambogiani?), quali che siano le ragioni della spedizione punitiva (i villaggi erano basi di partenza per azioni di sabotaggio in territorio khmer da parte di rifugiati anticomunisti cambogiani?), l'implicita ammissione di responsabilità per il massacro fatta dalle autorità di Phnom Penh riaccende la irrisolta discussione su che cosa stia succedendo in Cambogia e su come le nuove autorità comuniste abbiano trattato o stiano trattando la propria popolazione.

Da quando i khmer rossi entrarono vittoriosi a Phnom Penh, il 17 aprile 1975, ordinando ai due milioni e mezzo di abitanti, compresi vecchi, feriti e migliaia di degenti negli ospedali, di abbandonare immediatamente, a piedi, la città, il paese è stato avvolto nel più inquietante mistero. Nessun giornalista occidentale è riuscito ad andarci e nessuno dei pochissimi diplomatici accreditati presso il nuovo regime ha visto più che la propria residenza e qualche parte selezionata del paese dove è stato condotto in gruppi organizzati.

Uniche fonti sugli sviluppi cambogiani sono state, per ora, le migliaia di rifugiati che sono riusciti a scappare in Thailandia per raccontare le più incredibili, orripilanti storie di massacri, di torture ed oppressione con cui i khmer rossi si sarebbero imposti.

Due libri appena usciti – uno in Francia (*De sang et de larmes* di Bernard Hamel) e uno negli Stati Uniti (*Murder of a gentle land* di John Barron ed Anthony Paul) – fanno, attraverso i resoconti di questi rifugiati, un quadro spaventoso di quello che sarebbe successo in Cambogia dopo la presa del potere da parte della guerriglia comunista.

In ambedue i libri ci sono agghiaccianti descrizioni, fatte dai rifugiati, di massacri, di esecuzioni sommarie, non solo di appartenenti al vecchio esercito o alla vecchia amministrazione, ma di gente normale, come due giovani sorpresi a fare l'amore e finiti a colpi di bastone, un gruppo di ex prostitute sepolte vive con la testa fuori dalla terra, e di genitori uccisi per essere stati denunciati dai loro figli ormai diventati membri di Angkar Loeu, l'«Organizzazione superiore», come in Cambogia viene chiamato il Partito.

I racconti di rifugiati sono per definizione sospetti: gente che lascia, per qualsiasi ragione, il proprio paese tende a descriverne le condizioni in maniera distorta ed esasperata. I rifugiati che vengono dai paesi comunisti diventano poi strumenti delle solite operazioni propagandistiche da guerra fredda.

Nonostante tutto questo sia vero, e nonostante l'identità degli autori sia ulteriormente sospetta (il francese è un ex consigliere di Lon Nol fuggito dalla Cambogia poco prima dell'arrivo dei khmer rossi, mentre degli americani uno è corrispondente del *Reader's Digest* e l'altro un personaggio in qualche modo legato alla Cia), nonostante tutto questo, resta il dubbio che molto di quello che viene detto della Cambogia sia vero. Primo, perché i cambogiani impediscono l'accesso a qualsiasi testimone che possa provare il contrario; secondo, perché gli stessi cambogiani quando, come nel caso dei tre villaggi thailandesi, vengono accusati di massacro, non trovano altra giustificazione che quella di dire che i villaggi sono in loro territorio e che lì loro ci fanno quello che vogliono.

HONG KONG – Un enorme campo di concentramento o un paradiso rivoluzionario? Che cos'è la Cambogia di oggi?

Un gruppo di giornalisti cinesi, tornati recentemente da una visita nel paese dei khmer rossi, lo descrivono «pieno di vigore e di vitalità», con una popolazione laboriosa, e definiscono «meravigliosi» i successi ottenuti dal nuovo regime comunista.

I rifugiati invece, che continuano a fuggire dalla Cambogia, ne parlano come di un immenso lager dove almeno un milione di persone sono state massacrate o lasciate morire, dove ogni traccia del passato viene sistematicamente distrutta e dove la popolazione, costretta ai lavori forzati, vive nel continuo terrore di essere mandata dinanzi all'Angkar Loeu, l'Organizzazione superiore. La sentenza è sempre la stessa: la morte, ma a colpi di badile, per risparmiare pallottole.

Dov'è la verità? Dalla presa del potere da parte dei khmer rossi il 17 aprile 1975 nessun giornalista occidentale è stato ammesso in Cambogia e anche i pochi diplomatici dei paesi socialisti o di un paese neutrale come la Svezia hanno visto poco più che la loro presidenza a Phnom Penh e qualche parte selezionata della campagna circostante. Le enormi fosse comuni, nessuno le ha fotografate.

Le uniche immagini dei campi di lavoro e di un'esecuzione, circolate in Occidente e pubblicate con grande rilievo da varie riviste, sono poi risultate false, fatte a proposito dai thailandesi che hanno tutto l'interesse a mostrare quanto terribile sia la vita sotto il comunismo che lentamente si sta infiltrando nel loro stesso paese.

«I khmer rossi sono riusciti a fare in un anno e mezzo dei

lavori di canalizzazione che noi non ci saremmo mai sognati», mi ha detto recentemente un esperto francese che ha lavorato a lungo in Cambogia. I racconti dei rifugiati che descrivono le spaventose tragedie di enormi masse di popolazione spostate da un angolo all'altro del paese per prendere parte al rifacimento di strade, aperture di canali, costruzioni di enormi dighe, confermano punto per punto i bollettini di radio Phnom Penh che annunciano regolarmente il completamento di vari progetti di lavori pubblici.

La verità è che le due opposte descrizioni della Cambogia, come un enorme campo di concentramento o come un paese rivoluzionario che con successo sana le ferite della guerra, non sono in contraddizione. Non c'è da scegliere tra una versione e l'altra. Molto probabilmente tutte e due sono vere: la Cambogia dei khmer rossi sta facendo notevoli progressi nel rimettere in piedi l'agricoltura, nel realizzare l'autosufficienza alimentare, ma lo fa ad uno spaventoso, inaccettabile, barbaro costo di massacri, di distruzione e di violenza.

Confrontando le varie testimonianze con i resoconti dei giornalisti comunisti, le dichiarazioni ufficiali dei cambogiani e il testo delle trasmissioni di radio Phnom Penh, è possibile ricostruire quello che è successo nel paese dal 17 aprile 1975 ad oggi.

Innanzitutto ci fu l'incredibile, completa evacuazione della capitale. Poche ore dopo essere entrati da liberatori a Phnom Penh, dove ogni resistenza era finita, i khmer rossi andarono di quartiere in quartiere ad ordinare alla gente (allora più di due milioni e mezzo) di abbandonare immediatamente la città. Nessuna eccezione: vecchi, donne, bambini, feriti negli ospedali e moribondi furono messi in marcia sotto il sole verso la campagna. Chi si opponeva veniva abbattuto. «Gli americani vogliono bombardare la città, per questo bisogna partire», dicevano i khmer rossi.

Le ragioni erano altre.

Secondo Garry Porter, un professore americano che si era sempre opposto alla guerra e che è rimasto in Occidente uno dei pochi difensori ad oltranza dei khmer rossi, Phnom Penh era alla fame, i nuovi governanti non avevano alcun mezzo per rifornirla e considerarono questa migrazione l'unica soluzione possibile. Secondo François Debré, un giornalista che ha giusto pubblicato in Francia un libro sulla «Rivoluzione della Foresta», i khmer rossi evacuarono Phnom Penh perché sapevano che nella capitale operavano delle cellule «sihanoukiste», temevano che un ritorno trionfale del principe dopo la liberazione avrebbe tolto loro i frutti della vittoria in favore di una soluzione sihanoukista moderata.

Per evitare ogni resistenza, venne regolarmente eliminato chiunque fosse per esperienza o per cultura portatore di valori controrivoluzionari. Avvenne innanzitutto l'eliminazione di tutti gli ufficiali dell'esercito di Lon Nol e degli alti funzionari della vecchia amministrazione; poi dei quadri intermedi, sia militari che civili; poi, si dice, anche l'eliminazione dei semplici soldati, dei semplici impiegati e maestri che avevano servito sotto il regime sconfitto.

Sradicando ogni famiglia dalla sua casa nel territorio prima occupato dal regime di Lon Nol, l'intero tessuto del paese venne distrutto ed ogni meccanismo sociale mandato all'aria. Scomparvero i negozi, i mercati. Finì il concetto del comprare e del vendere. Venne eliminato il danaro. Servizi postali e telefonici aboliti. Il sistema scolastico smantellato. Per mesi non esistette un giornale. Ora ce n'è uno, settimanale, che circola solo fra gli alti quadri dell'Organizzazione superiore, l'Angkar Loeu. Nessun libro è stato stampato in Cambogia dalla presa del potere dei khmer rossi. Contrariamente al Laos e al Vietnam, dove i governanti hanno varato grandi programmi di educazione politica per la popolazione, i khmer rossi si sono limitati ad indottrinare la gente su un solo soggetto: «lavoro, lavoro, lavoro».

Sul piano puramente materiale i risultati sono stati notevoli. Le strade distrutte dalla guerra sono state ricostruite, un gigantesco nuovo sistema di irrigazione garantisce la coltivabilità delle zone più remote del paese e, a meno di due anni dalla fine del conflitto, la Cambogia è tornata ad esportare come faceva prima del 1970, quando venne coinvolta a causa dell'intervento americano nel conflitto indocinese.

CARISSIMO GIANNI, SEGUE PEZZO SU CAMBOGIA ANNUNCIATO. NON È DRAMMATICO, MA È LA PRIMA VOLTA CHE UN LEADER CAMBOGIANO PARLA AD UN GIORNALISTA (L'INTERVISTA DI FAMIGLIA CRISTIANA DI UN ANNO FA ERA UN FALSO) ED È UN BUON «COLPO». DER SPIEGEL DOVREBBE USCIRE COL TESTO INTEGRALE DI CUI QUI HAI TUTTI I PUNTI, LUNEDÌ PROSSIMO. SE PER CASO LORO RITARDASSERO, PER FAVORE ASPETTA AD USCIRE CON QUESTO FINO ALLA SETTIMANA DOPO. TENIAMOCI IN CONTATTO. CORDIALI SALUTI. TIZIANO.

L'Espresso, 8 maggio 1977

HONG KONG – L'uomo che mi siede dinanzi è un Adolf Hitler asiatico o un onesto rivoluzionario incompreso? La Cambogia, di cui quest'uomo è oggi uno dei più alti responsabili, è un enorme campo di sterminio oppure un paese che tra comprensibili difficoltà sta ritrovando la pace e la prosperità?

Ieng Sary, 47 anni, vice Primo ministro incaricato degli affari Esteri della Kampuchea Democratica, come il paese è stato rinominato dopo la presa del potere da parte dei khmer rossi, sorride come se ogni mia domanda fosse scontata e a voce bassa, gentile, quasi dolcemente risponde, in un perfetto francese senza errori, prendendomi la mano:

«Vede, l'esperienza rivoluzionaria khmer non ha precedenti. Quello che cerchiamo di realizzare non è mai stato fatto nella Storia. Per questo non seguiamo nessun modello, né cinese, né vietnamita. Riorganizziamo il paese prendendo come base l'agricoltura e con quello che ne possiamo ricavare costruiamo un'industria il cui fine è di sostenere l'agricoltura. Il popolo khmer ha per secoli e secoli fatto la propria esperienza nelle risaie. È a partire dalle risaie che dobbiamo ricominciare».

Il ritorno alle risaie vuole forse dire che le città, simbolo dell'Occidente, dei «traditori», dei centri di una cultura estranea agli uomini della foresta debbono essere restituite alla giungla, come secoli fa fu il caso di Angkor?

«Niente affatto», risponde Ieng Sary. «Le città restano. Vogliamo solo riportarle a dimensioni umane. Dopo l'evacuazione iniziale le città si stanno ripopolando.» Secondo Ieng Sary la popolazione totale della Cambogia oggi è di 7.760.000 abitanti; Phnom Penh ha 200.000 abitanti, Kompong Som 50.000, Battambang 20.000.

Facendo grandi gesti con le mani in aria, Ieng Sary spiega come, nei quartieri rimasti deserti, i muri interni delle vecchie case vengono abbattuti per fare posto a piccole fabbriche, officine. I grandi danni provocati dalla guerra sono stati riparati: la ferrovia, che attraversa la Cambogia dal mare alla Thailandia, è di nuovo in funzione ed immani lavori di irrigazione, a cui l'intera popolazione ha partecipato, hanno portato l'acqua in ogni angolo del paese.

«Per la prima volta dall'inizio della guerra abbiamo un surplus di riso che possiamo esportare. Dobbiamo ancora combattere la malaria ed altre malattie, ma abbiamo raggiunto l'autosufficienza alimentare», dice Ieng Sary.

Tutto il tempo penso ai racconti di decine e decine di rifugiati cambogiani che ho incontrato nei campi profughi della Thailandia: lavori forzati, decine di migliaia di morti per malnutrizione, esecuzioni sommarie per aver disobbedito a degli ordini... Chiedo a Ieng Sary qual è stato il costo umano di questi successi che la rivoluzione ora vanta.

«Durante la guerra noi abbiamo perso almeno 600.000 uomini, più i feriti e gli invalidi. I primi mesi dopo la liberazione di Phnom Penh sono stati molto duri. Due o tremila persone sono morte durante l'evacuazione della capitale, altrettante nei primi tempi nelle risaie.»

Ma i rifugiati parlano di esecuzioni sistematiche di tutti i

quadri civili e militari del vecchio regime di Lon Nol! Persone
che hanno raccolto tutte queste testimonianze, come il prete
francese Ponchaud e gli americani Anthony Paul e John Barron
valutano che almeno un milione e mezzo di persone sono morte o sono state massacrate dopo l'aprile 1975!

Ieng Sary getta la testa indietro e ride. Si punta l'indice alla
tempia e sbotta: «Quei tipi son pazzi! Solo gli alti criminali sono stati mandati all'Angkar per essere giudicati. Al momento
della liberazione di Phnom Penh, i vecchi militari hanno gettato le loro uniformi alle ortiche e si sono mischiati alla popolazione. Oggi lavorano come tutti gli altri!» E mi racconta poi
la storia di un ex maggiore dell'esercito repubblichino che, pre-
tesosi contadino, è stato scoperto e denunciato per quello che
era un anno dopo e che invece di essere giustiziato come alcuni
volevano è stato difeso e salvato dalla cooperativa nella quale si
trovava e dove si era ben comportato dal momento della liberazione.

«Perché avremmo dovuto ammazzare tutta questa gente?

*Da sinistra: Ieng Sary e Pol Pot in visita al presidente Hua Guofeng a
Pechino.*

Abbiamo un enorme bisogno di mano d'opera ed anche loro servono alla ricostruzione del paese», dice Ieng Sary.

La Cambogia che mi descrive è come un altro paese rispetto a quello dominato dal terrore di cui parlano i profughi. Su altri punti le due versioni concordano.

Come funziona una tale società? gli chiedo.

«È ancora troppo presto per parlarne pubblicamente. Non avendo modelli da seguire, impariamo man mano che facciamo l'esperienza. Abbiamo cominciato con le cooperative agricole nel 1973 nelle zone liberate. Ora le cooperative sono estese a tutto il paese. Le più grandi si compongono di duemila famiglie, le più piccole di cinquanta.»

Da due anni la Cambogia è chiusa su se stessa. Nessun giornalista occidentale vi è stato ammesso, i diplomatici degli otto paesi che sono rappresentati a Phnom Penh non possono andare cento metri oltre la loro residenza e tutto ciò che succede nel paese resta un mistero che né i racconti dei profughi, né le monotone trasmissioni di radio Phnom Penh contribuiscono a chiarire.

Per mesi avevo cercato, senza successo, di entrare in contatto con le nuove autorità rivoluzionarie. Durante la sua visita ai paesi del Sudest asiatico sono riuscito a sedermi accanto a Ieng Sary nell'aereo che lo portava da Singapore a Kuala Lumpur, poi l'ho rivisto nella sua camera d'albergo.

«Qualunque cosa si dica di noi all'estero», mi ha detto salutandomi, «non conta. Un giorno, in futuro, degli osservatori stranieri potranno visitare la Kampuchea Democratica e vedere coi loro occhi. La verità verrà fuori, perché la verità è testarda.»

Quale essa sia, sinceramente, ancora non lo so.

HONG KONG – Il Partito comunista khmer esiste, sta bene e compie oggi 17 anni.

Almeno un aspetto dell'enorme, inquietante mistero cambogiano si è chiarito: Angkar Loeu, la onnipotente «Organizzazione superiore» cui tutti i rifugiati attribuiscono potere di vita o di morte su ogni cittadino in Cambogia, non era dopotutto la suprema istanza del paese.

Un discorso del Primo ministro cambogiano, Pol Pot, in visita a Pechino, ed una trasmissione di sei ore di radio Phnom Penh hanno rivelato che il Partito comunista khmer è nato nel settembre 1960; che da allora ha diretto la lotta popolare di liberazione; che si definisce un Partito marxista-leninista, e che oggi è responsabile della costruzione del socialismo in Cambogia. Perché la semplice esistenza del Partito sia stata tenuta nascosta e, anzi, negata anche dopo la presa del potere da parte dei khmer rossi; perché la Cambogia, che la Costituzione annunciata solo nel gennaio scorso definisce un paese «neutrale, non allineato, sovrano e democratico», venga ora definita uno «Stato marxista-leninista», non viene spiegato.

Ricostruire quello che in verità è avvenuto è per ora impossibile. Più facile è trarre dalla visita della delegazione cambogiana in Cina e dalla trasmissione radio di Phnom Penh alcune conclusioni su quella che è la presente situazione cambogiana.

Pol Pot – e non, come si credeva in passato, Khieu Samphan – è il personaggio numero uno del paese con la sua posizione di premier e segretario del Partito.

Le relazioni fra Cina e Cambogia sono ottime. Le accoglienze a Pechino per la delegazione khmer sono state calorosissime e

Hua Guofeng ha definito il Partito comunista khmer « un fedele Partito marxista-leninista ». (Ora che gli albanesi sono caduti in disgrazia, i cambogiani diventano i più vicini a Pechino.)

La situazione all'interno della Cambogia presenta ancora problemi (Pol Pot ha parlato, ad esempio, di alcuni « malcontenti » ed ha detto che, specie fra gli intellettuali e gli ex capitalisti, restano ancora « le vecchie idee »), ma il paese ha raggiunto l'autosufficienza alimentare e conta nei prossimi dieci anni e più di raddoppiare la sua popolazione di circa otto milioni di persone.

Con una apparente allusione alle accuse dei rifugiati, secondo cui i khmer rossi hanno ucciso o fatto morire da uno a due milioni di cambogiani, Pol Pot nel discorso trasmesso da radio Phnom Penh ha detto: « Siamo otto milioni e non abbiamo alcuna ragione di far diminuire questo numero ».

Le relazioni della Cambogia con il Vietnam restano tese. Né il discorso di Pol Pot a Pechino, né radio Phnom Penh hanno parlato direttamente di Hanoi, ma le allusioni sono state varie. Pol Pot ha parlato continuamente di « imperialisti, espansionisti e reazionari di ogni tipo ». Ebbene, l'aggettivo « espansionista » non può che applicarsi al Vietnam visto da Phnom Penh.

Pol Pot ha inoltre parlato di come nel secolo scorso la Cambogia ha sofferto enormi perdite di territorio e come oggi sia determinata a difendere le proprie frontiere. Questo non fa che confermare il clima di tensione e quasi di guerra lungo il confine vietnamita-cambogiano.

HONG KONG – La mattina si alza e fa la ginnastica nell'orto. Il resto della giornata lo passa a zappare e ad annaffiare le verdure. Non ha libri da leggere, non amici o parenti da andare a trovare. Sua moglie vive ancora con lui, ma il resto del suo mondo è scomparso per sempre. La casa in cui abita è come tante altre, alla periferia d'una città che un tempo aveva due milioni di abitanti e ora è deserta, coi negozi sprangati, i mercati vuoti ed i templi chiusi.

Per un uomo che è stato re e che per 35 anni ha retto da despota illuminato le sorti della Cambogia, la vita è enormemente cambiata. Ma almeno è vita. Sihanouk non è stato ucciso dai khmer rossi, né si è suicidato, come tante « voci » avevano insinuato nei due anni passati da quando i guerriglieri comunisti conquistarono Phnom Penh e lui, che pur avrebbe potuto scegliere la sua villa sulla Costa Azzurra, preferì tornare in Cambogia.

In una sorprendente trasmissione, radio Phnom Penh ha letto il testo di alcune lettere che « il principe Norodom Sihanouk » ha recentemente inviato al Comitato centrale del Partito comunista cambogiano e al segretario generale Pol Pot, da poco rientrato da un lungo viaggio in Cina ed in Corea del Nord. « La ringrazio infinitamente per i generosi regali che ha portato per me e la mia famiglia », dice Sihanouk al capo dei khmer rossi.

Di quali « regali » parla? Forse sono nient'altro che un souvenir (un messaggio?) da Pechino. Comunque, qualunque cosa sia, ha per Sihanouk un'enorme importanza. Ha già significato la fine del silenzio attorno a lui. In futuro potrà forse voler dire anche di più.

Sihanouk ha oggi 55 anni. Figlio del re della Cambogia, i francesi lo misero sul trono nel 1941, ma nel 1955, quando la Francia dopo Dien Bien Phu dovette dare l'indipendenza all'Indocina, Sihanouk abdicò per dedicarsi direttamente alla politica. La dominò. *Monseigneur*, come lo chiamavano tutti, finì per controllar tutto in Cambogia: lo Stato, la vita artistica, la vita notturna, quella religiosa. Quando il Vietnam fu coinvolto nella guerra americana, Sihanouk riuscì a tenerne fuori la Cambogia. La sua neutralità significò la rottura dei rapporti con gli Stati Uniti e il consenso ai vietcong di usare dei territori cambogiani di frontiera come « santuari ».

Per Washington era troppo. Con l'aiuto della Cia un gruppo di ufficiali e notabili cambogiani nel 1970 lo rovesciò. Al momento del colpo di Stato, Sihanouk stava partendo da Mosca verso Pechino. I sovietici non dissero nulla e persero un'ottima occasione.

A Pechino, i cinesi gli offrirono asilo, continuarono a considerarlo il capo legittimo della Cambogia e lo sostennero fermamente nella sua lotta per ritornare al potere. Amico personale di Zhou Enlai, ricevuto più volte da Mao Zedong, Sihanouk divenne il simbolo della resistenza cambogiana e si trovò alla testa di quella guerriglia comunista che lui stesso aveva combattuto. Sapeva di essere un simbolo, sapeva che i khmer rossi, controllando la guerriglia in Cambogia, avevano enormemente più potere di lui, ma finché i cinesi lo sostenevano non aveva da temere.

Quando, il 17 aprile 1975, i khmer rossi entrarono vittoriosi a Phnom Penh, invitarono Sihanouk a tornare nella Cambogia liberata di cui lui era formalmente il capo di Stato. Ci vollero dei mesi e la mediazione di Zhou Enlai prima che partisse. Sihanouk trovò la sua vecchia capitale deserta, il Palazzo reale occupato. Ad ottobre lasciò Phnom Penh per andare alle Nazioni Unite e passò da Parigi. Avrebbe potuto restarci, ma tornò in Cambogia a svolgere il ruolo che i khmer rossi gli avevano assegnato.

Nel febbraio del 1976 muore Zhou Enlai e un mese dopo

Sihanouk annuncia le sue dimissioni e il desiderio di tornare ad essere un semplice cittadino. Su di lui cala un terribile velo di silenzio. La radio non ne parla più. Funzionari cambogiani in viaggio all'estero ignorano le domande al suo proposito, i pochi diplomatici accreditati a Phnom Penh non lo possono incontrare. Si pensa alla sua eliminazione. Poi, d'improvviso, radio Phnom Penh riparla del «principe», delle lettere che ha scritto al Partito, circolano nuove «voci» sul suo modo di vivere.

La visita di Pol Pot a Pechino ha segnato la svolta. La follia radicale dei primi due anni di rivoluzione cambogiana al potere deve aver preoccupato anche i cinesi. Spazzata via la Banda dei quattro, la nuova leadership moderata cinese ha chiaramente chiesto a Pol Pot di riesumare il principe dal giardino in cui coltiva verdure.

Ovviamente il suo ruolo di *Monseigneur* è finito. Ma il Sihanouk simbolo dell'unità d'un paese non allineato può ancora servire.

Hong Kong – La prossima guerra d'Indocina è già cominciata. Vietnamiti e cambogiani si accusano a vicenda. Le vittime sono migliaia. Gli alleati di un tempo si fronteggiano da nemici: i vietnamiti sostenuti dai sovietici, i khmer rossi dai cinesi. La lotta di liberazione, conclusasi nel 1975 con le vittorie dei partigiani indocinesi, s'è trasformata in una guerra intestina fra due movimenti comunisti e minaccia di diventare un pericolosissimo scontro «per procura» fra Mosca e Pechino.

Da due anni truppe di Hanoi e Phnom Penh si sono affrontate lungo le frontiere comuni, ma gli scontri erano rimasti localizzati e le due parti avevano mantenuto un assoluto riserbo sugli incidenti, mostrando una volontà di minimizzarli.

Questa volta sono stati i cambogiani a rompere il silenzio.

Sabato mattina, 31 dicembre, in una drammatica trasmissione radio Phnom Penh ha dichiarato che truppe vietnamite, aiutate da «elementi stranieri», avevano invaso il paese; ha annunciato la rottura delle relazioni diplomatiche con Hanoi (tutti i diplomatici debbono partire entro una settimana) e ha accusato il Vietnam di voler fare della Cambogia uno Stato satellite. Secondo la radio dei khmer rossi, i vietnamiti hanno mandato in Cambogia centinaia di carri armati e migliaia di soldati a saccheggiare i raccolti di riso e distruggere così l'economia del paese. «Il Vietnam vuole essere una grande potenza nel Sudest asiatico e non ha rinunciato al desiderio di creare una federazione indocinese dominata da Hanoi», ha detto la radio.

Poche ore dopo è venuta la risposta di Hanoi. «La completa responsabilità della situazione alla frontiera ricade sui cambogiani», dice una dichiarazione ufficiale che accusa i khmer rossi di aver provocato incidenti fino dal 1975 e di aver commesso contro la popolazione vietnamita «crimini disumani». Hanoi ha inoltre fatto appello ai dirigenti di Phnom Penh perché i problemi di frontiera vengano risolti al più presto attraverso dei negoziati, ma questa soluzione sembra ormai superata dai fatti.

Secondo fonti thailandesi, negli ultimi giorni dell'anno, dopo un intenso fuoco di sbarramento da parte dell'artiglieria, alcune divisioni vietnamite avrebbero marciato in territorio cambogiano lungo un fronte di 450 chilometri. Appoggiate dall'aviazione e da alcune unità corazzate, le truppe vietnamite avrebbero incontrato poca resistenza e avrebbero occupato gran parte delle province ad est del Mekong, il grande fiume che divide in due la Cambogia. Kampot, Svay Rieng, Kratie e Takeo sarebbero, secondo certe fonti di Bangkok, in mano dei vietnamiti. Radio Phnom Penh conferma queste voci, dicendo che i vietnamiti sono penetrati per decine e decine di chilometri in territorio cambogiano, ma ovviamente non dice fin dove; mentre Hanoi nega queste accuse d'invasione e parla semplicemente di una «legittima azione di autodifesa da parte della popolazione e delle unità regionali lungo la frontiera».

«La nostra pazienza ha dei limiti», dice un editoriale del quotidiano delle Forze armate vietnamite di ieri. «Fino a quando potevamo stare a vedere come le nostre donne, i nostri vecchi e bambini, venivano decapitati, sventrati e gettati nel fuoco dai soldati cambogiani?»

L'immagine di una Cambogia retta da sanguinari khmer rossi, che fino a ieri è stata presentata nella stampa occidentale attraverso i racconti dei rifugiati cambogiani scampati a quello che essi definiscono «il regno del terrore», è entrata ora pari pari nella propaganda di Hanoi, portando alla luce quelle profonde differenze di politica che hanno sordamente diviso Hanoi e Phnom Penh dalla fine stessa della guerra americana.

Per i vietnamiti, che col loro aiuto avevano contribuito alla sopravvivenza dei khmer rossi e alla loro vittoria nel 1975, questa radicale politica di Phnom Penh deve aver creato una grande preoccupazione. Ma accanto a questo è assai probabile che l'elemento determinante sia costituito da una vera e propria spinta espansionistica del regime di Hanoi.

Non a caso nelle accuse che oggi Phnom Penh fa ad Hanoi, il Vietnam viene presentato con l'immagine del paese aggressore, espansionista, in cerca d'una egemonia sull'intera Indocina, che gli americani per primi avevano sfruttato nella propaganda anti-vietcong. L'ambasciatore cambogiano a Pechino ha detto: «Il Vietnam si sta comportando oggi come Hitler quando invase la Cecoslovachia nel 1939, a dispetto di tutte le leggi internazionali, a dispetto dell'opinione pubblica mondiale e di ogni moralità».

Sono le accuse più dure che si siano sentite nella capitale cinese contro un paese ufficialmente ancora fratello e il cui capo comunista, Le Duan, è stato ricevuto calorosamente solo poche settimane fa. Ma la Cina ha chiaramente preso le parti cambogiane in questa disputa. Per ora non ci sono state dichiarazioni ufficiali, ma l'agenzia Nuova Cina ha pubblicato tutte le accuse fatte dai khmer rossi ad Hanoi e ha dedicato pochissime righe agli argomenti vietnamiti.

Mosca, dal canto suo, ha fatto il contrario: ha pubblicato solo le accuse di Hanoi e ha ignorato quelle cambogiane.

ARANYAPRATHET, confine thai-cambogiano – Dei rumori metallici, poi, puntuale alle dieci, la radio intona l'inno nazionale. Una donna canta:

«Oh, sangue rosso, sangue brillante che copri le città e le pianure della patria. Oh, sangue che ti muti in eterno odio, sangue che ci liberi dalla schiavitù...»

Una ragazza annuncia: «Qui radio Phnom Penh. Voce della Kampuchea Democratica».

Ogni mattina, nell'ufficio del rappresentante speciale mandato da Bangkok in questa polverosa cittadina di frontiera per mantenere i rapporti con i khmer rossi, l'ascolto della radio comunista si ripete.

«È un modo per capire quello che succede di là», dice uno dei funzionari concentrati attorno all'emittente.

Un anno e mezzo fa cambogiani e thailandesi decisero di stabilire due uffici di rappresentanza nelle rispettive città di confine: i cambogiani a Poipet, i thai qui. I due funzionari si incontravano alternativamente nella sede dell'altro per discutere i problemi comuni.

Poi, lungo la frontiera sono esplosi scontri durissimi e il delegato dei khmer rossi non s'è fatto più vivo. Quello di Bangkok passa ora le giornate davanti al telefono che ha la linea diretta con Poipet, ma nessuno lo chiama. Quando, una volta alla settimana, fa il numero del collega cambogiano, nessuno risponde. I rapporti diplomatici fra i due paesi sono interrotti ed il ponte di ferro che qui divide le due città e su cui un anno fa andavano e venivano contrabbandieri e commercianti, è chiuso. La polizia thailandese è indietreggiata di due chilometri e s'è barricata dietro muretti di sabbia.

«Ogni tanto, d'improvviso sparano dei colpi di mortaio», dice uno degli uomini di guardia. Negli ultimi dieci mesi i thailandesi hanno perso qui 176 uomini ed in alcuni casi hanno dovuto impiegare aviazione e carri armati per respingere gli assalti dei khmer rossi.

L'ultimo è avvenuto domenica e ci sono stati due morti.

Nessuno capisce perché, ma i cambogiani, impegnati al momento in una sanguinosa guerra con i vietnamiti, mantengono questo stato di ostilità anche contro la Thailandia, scoprendosi così contemporaneamente su due fronti.

«Sono dei nazionalisti allo stato primitivo, non dei marxisti. Quello che fanno è assurdo. I khmer sono incomprensibili, incomprensibili...» mi continuava a ripetere il viceministro degli Esteri di Hanoi, Vo Dong Giang, in visita ufficiale nei giorni scorsi a Bangkok.

Thailandia e Vietnam sono stati i nemici tradizionali dei cambogiani. Furono i thai a distruggere Angkor nel quindicesimo secolo e non fosse stato per l'intervento coloniale francese, la Cambogia non esisterebbe più, divisa come stava per essere fra vietnamiti e siamesi [thailandesi] nel secolo scorso.

Ora sono proprio i khmer rossi, andati al potere con l'idea di ridare al loro paese la grandezza perduta del passato, che stanno portando la Cambogia al disastro avendola messa contro i nemici del Sud e quelli del Nord. Sono proprio i khmer rossi, che dicono di voler ridare al popolo cambogiano la sua purezza, a praticare, prima coi massacri e ora con la nuova guerra, una politica che alcuni già chiamano di «autogenocidio».

Ascoltata in questa cittadina di frontiera, la radio dei khmer rossi non è che un'indicazione di quello che avviene «di là», come qui chiamano la Cambogia.

«Di là» sembra lontanissimo.

Sul pennone dalla parte cambogiana del confine sventola, sbiadita, la bandiera rossa con le tre torri di Angkor nel centro. Dietro, a perdita d'occhio, non è che un deserto. Gli alberi sono stati abbattuti, il terreno spianato e minato per impedire a chi scappa di nascondersi. Nel baluginare della terra che ribolle sotto il sole si vedono le sagome della città di Poipet, completamente abbandonata.

Radio Phnom Penh conclude la trasmissione quotidiana intonando l'inno nazionale: «Oh, sangue rosso, sangue brillante che copri le città e le pianure della patria... »

SAKEO, campo profughi al confine thai-cambogiano – «Una sera vennero e portarono via il capo distretto. Capii che cominciavano ad ammazzare anche i vecchi khmer rossi come me e decisi di scappare.»

Alto, la pelle scura, la faccia butterata dal vaiolo, un pigiama nero e i sandali di copertone sotto i piedi grigiastri pieni di cicatrici, Cheng Chea, 25 anni, contadino diventato guerrigliero e poi boia per il misterioso regime che regge la Cambogia dal 1975, sembra appena uscito dalla giungla. Otto mesi fa ha disertato. Arrivato alla frontiera thailandese dopo cinque giorni di marcia nella foresta, consegnò il fucile alle guardie e si arrese.

Ci parliamo attraverso un muro di filo spinato in una sezione appartata di questo campo profughi dove vengono tenuti gli ex khmer rossi che si dichiarano tali, e quelli sospetti. Prima li avevano messi tutti assieme, ma due guerriglieri disertori erano stati quasi uccisi a botte dagli altri rifugiati.

L'ex guerrigliero, impacciato, impaurito, racconta la sua storia. Nel 1970 i khmer rossi lo «costrinsero» ad andare con loro e per cinque anni combatté nella regione di Siem Reap, attorno ad Angkor. Finita la guerra, fu trasferito nei servizi di sicurezza e messo al comando di dodici uomini: il suo compito era quello di «occuparsi» degli ex militari, dei funzionari e degli insegnanti del regime sconfitto di Lon Nol. La popolazione doveva essere purificata e lo slogan era: «Per sradicare l'erbaccia, bisogna rifarsi alle radici». Così, prima vennero eliminati gli ufficiali, poi i sottufficiali ed infine anche i soldati semplici.

«Come venivano ammazzati?» chiedo.

Cheng Chea resta immobile. Altri intorno a lui fanno il gesto di colpire con un bastone qualcuno inginocchiato. Le storie si ripetono. Da due anni visito questi campi ed ogni volta mi sento raccontare le stesse, spaventose, quasi incredibili vicende.

Il lavoro di Cheng Chea e del suo gruppo era di individuare, fra la gente che veniva portata come sospetta alla prigione di Siem Reap, chi era davvero un contadino e chi invece era stato qualcos'altro al tempo di Lon Nol. I «colpevoli» venivano mandati all'Angkar Loeu, l'«Organizzazione superiore», e da lì, caricati sui camion, nella foresta.

All'inizio dell'anno scorso, racconta l'ex khmer rosso, cominciò a circolare nella sua zona l'idea che bisognava fare una nuova rivoluzione. I massacri dovevano avere preoccupato alcuni dei quadri importanti della guerriglia e le condizioni del paese e della gente non erano certo quelle che Cheng Chea e gli altri come lui si erano aspettati con la fine della guerra.

«Nel mese di gennaio ci fu una riunione a Siem Reap di vari capi della regione, una trentina di persone. Quando il capodistretto tornò, ci spiegò che avremmo dovuto marciare su Phnom Penh e rovesciare i dirigenti di lì che avevano tradito la rivoluzione.» Qualcuno fece la spia e un'ondata di epurazioni si abbatté sui khmer rossi. Secondo fonti thailandesi, alcune centinaia di capi guerriglieri delle regioni settentrionali della Cambogia furono eliminati e le unità da loro comandate vennero disperse in varie parti del paese.

Chi fossero i capi del fallito colpo di Stato, fin dove arrivasse la loro influenza ancora non si sa, ma che qualcuno abbia tentato di rovesciare il regime di Pol Pot e Khieu Samphan è ormai certo. Lo afferma la stessa radio Phnom Penh, accusando ora i vietnamiti di essere stati dietro a tutto il complotto.

Le epurazioni fra i vecchi khmer rossi sono ugualmente verosimili, perché è attraverso queste ricorrenti eliminazioni di tutti i loro oppositori che un piccolo gruppo di dirigenti comunisti, legati da comuni esperienze e da stretti rapporti di parentela, ha preso fin dal 1970 il controllo della guerriglia cambogiana e si è mantenuto da allora fermamente al potere.

Il Partito comunista cambogiano ha storicamente le sue origini nella resistenza ai francesi dominata dai vietminh, ma nessuno di quella generazione di combattenti che oggi è al potere in Vietnam ed in Laos è sopravvissuto in Cambogia. Migliaia di cambogiani andarono ad addestrarsi ad Hanoi nel 1954 e tornarono a combattere nel loro paese nel 1970; ma nessuno di loro è emerso dopo la fine della guerra. Migliaia di persone entrarono nella guerriglia per riportare al potere Sihanouk, rovesciato da Lon Nol e dagli americani; ma nessuno di loro è venuto alla luce in una importante posizione a livello nazionale o provinciale dopo il 1975. Le epurazioni dei khmer pro-Hanoi avvennero nel '73; quelle degli elementi pro-Sihanouk, immediatamente dopo la presa di Phnom Penh.

Così, al potere dalla fine degli anni Sessanta ad oggi c'è sempre stato il gruppetto di quelli che studiarono assieme a Parigi e che entrarono nella resistenza per combattere Sihanouk. Essi sono:

Pol Pot, segretario del Partito e Primo ministro, la cui moglie è presidente dell'Unione delle donne cambogiane;

Ieng Sary, vicepremier, la cui moglie, sorella di quella di Pol Pot, è anche ministro;

Son Sen, ministro della Difesa, la cui moglie è ministro della Cultura;

Khieu Samphan, presidente della Repubblica e probabilmente più uomo di facciata che di vero potere.

È questo il nucleo immutato di dirigenti che hanno fatto della Cambogia il paese della più radicale rivoluzione che sia probabilmente mai avvenuta, e che i rifugiati indicano come i responsabili delle centinaia di migliaia di morti dal '75 in poi. Qualcuno azzarda la cifra di un milione, forse uno e mezzo. Con esattezza non lo si saprà mai, ma a forza di sentire da decine di rifugiati in campi diversi le solite storie, coi soliti dettagli, si finisce per non dubitare che la sostanza di ciò che questa gente racconta sia la verità.

La Repubblica, 21 gennaio 1978

BANGKOK – «Abbiamo mostrato una enorme pazienza e ci siamo attenuti alla ragione fino alla fine. Ma la pazienza ha un limite», ha detto la radio di Hanoi. Poi ha proseguito: «I leader di Phnom Penh debbono rispondere dinanzi al popolo cambogiano di tutte le conseguenze che la loro cieca politica ha causato e continuerà a causare alla Cambogia. Se non abbandonano presto la loro via criminale, essi debbono sapere dove questa li porterà. La politica che essi oggi perseguono li porterà alla rovina e le conseguenze saranno incommensurabili».

Il tono è minaccioso. Le accuse senza appello: «I loro crimini sono spaventosi», ha detto ancora radio Hanoi. «I leader di Phnom Penh hanno rivolto i loro fucili contro i compagni d'arme che con sangue e ossa hanno contribuito alla vittoria del popolo cambogiano nell'aprile 1975. Hanno fatto della gioventù cambogiana dei tiranni medievali che decapitano, sgozzano, strappano il fegato e sventrano bambini, donne e vecchi vietnamiti.»

È difficile vedere come dopo tali parole una qualche soluzione negoziata sia ancora possibile con gli attuali «leader di Phnom Penh». La rottura fra Hanoi e quei dirigenti cambogiani sembra irreversibile e definitiva. Eppure sono proprio quei dirigenti che la Cina, almeno per ora, dà segno di appoggiare senza riserve, bloccando così la strada ad un eventuale rimpasto cambogiano.

La signora Deng Yingchao, vedova di Zhou Enlai, il defunto Primo ministro cinese, alla cui visita radio Phnom Penh dà evidentemente grande rilievo, ha parlato ieri sera della «chiaroveggente leadership del Partito comunista khmer sotto la guida del compagno Pol Pot »; ha detto che la Cina sostiene « l'atto di autodifesa dell'esercito khmer » e ha espresso le felicitazioni di Hua Guofeng, il successore di Mao Zedong, per i « successi e rapidi sviluppi della Kampuchea Democratica ».

I cinesi insomma non danno alcun segno di voler mollare Pol Pot e i suoi. D'altro canto, sono diventati sempre più cauti nell'attribuire ai vietnamiti tutte le colpe di quello che sta avvenendo nella penisola indocinese. L'agenzia Nuova Cina oggi ha indicato l'Unione Sovietica come la principale fonte di guai nella regione e ha detto che è Mosca « a rimestare nel torbido e attizzare il fuoco del conflitto ».

Sembra questo un modo indiretto per non mettere i vietnamiti definitivamente sul banco degli imputati e per mantenere aperta la possibilità di un compromesso. Ma quale? Il viceministro degli Esteri di Hanoi, Pham Hien, è stato nei giorni scorsi a Pechino; la signora Deng Yingchao è ora a Phnom Penh. Ovviamente, se proprio non sta mediando il conflitto fra i due Stati comunisti indocinesi, la Cina certo resta l'unico canale attraverso cui vietnamiti e cambogiani possono ancora comunicare.

Quale è la vera missione della signora Deng in Cambogia? « Mostrare formale solidarietà coi khmer rossi, ma al tempo stesso farli ragionare », rispondono qui gli ambienti diplomatici. È probabile. La Cina certo non vuole vedere le truppe di Hanoi marciare su Phnom Penh e installarci un regime « fantoccio », ma che può fare per impedirlo?

In termini puramente militari, niente, a meno di non attaccare il Vietnam. Però a questo punto provocando una risposta sovietica.

BANGKOK – Un sofisticatissimo sistema elettronico, formato da navi spia, satelliti, computer e gigantesche antenne disseminate nella regione portano da centinaia di chilometri di distanza le voci dei combattenti. Della nuova guerra d'Indocina non ci sono testimoni, ma il materiale che si accumula sulle scrivanie dei servizi d'informazione, sia americani che thailandesi, dà un quadro abbastanza preciso di quello che succede.

Una colonna di carri armati di Hanoi viene fotografata sulla strada di Neak Luong da migliaia di chilometri di altezza. Poi si nasconde nella boscaglia e scompare, ma la comunicazione fra il capocarro ed il suo comandante viene intercettata.

«Non sparano più. Non c'è più resistenza. Possiamo andare avanti?»

«Fermatevi, fermatevi. Ricordati: l'obiettivo non è guadagnare terreno.» Anche se una nuova foto non arriva, si può concludere che la colonna è tornata indietro. Migliaia di queste informazioni ricompongono, come in un puzzle, l'immagine di ciò che misteriosamente succede al di là della cortina di bambù indocinese.

I vietnamiti hanno l'iniziativa su tutti i fronti. Sono entrati in Cambogia con sei divisioni, due reggimenti di carri armati e due di artiglieria.

«Hanno usato tutta roba nostra ed hanno finito per adottare anche le nostre tattiche», dice un analista americano a Bangkok. Coi cannoni da 105 millimetri, i jet A-37 e gli Skyraider *made in Usa* catturati dalle forze di Thieu, i vietnamiti si sono presentati ai cambogiani con una enorme potenza di fuoco e li hanno costretti a ritirarsi. Ma non li hanno inseguiti.

Se l'obiettivo non era conquistare terreno, qual era allora?

«Dissanguare i khmer rossi», suggerisce un esperto militare. «Li hanno lasciati riorganizzarsi, lanciare contrattacchi, e così la macchina militare vietnamita s'è trasformata in tritacarne.»

In una località del Becco d'Anitra, in Cambogia, i cambogiani hanno lanciato nove ondate consecutive di uomini contro una postazione di vietnamiti e quelli ne han fatto un macello. A metà gennaio, l'Armata meridionale dei khmer rossi era semidistrutta e Phnom Penh ha dovuto sguarnire le frontiere settentrionali con la Thailandia per riempire i vuoti.

Ma la speranza di Hanoi, che il regime di Pol Pot si sarebbe sgretolato quando l'esercito avesse subìto alcune sconfitte, non s'è realizzata. I khmer rossi hanno capito che dovevano cambiare tattica. Hanno lasciato che le truppe di Hanoi tenessero le loro posizioni fisse, senza cercare di ricacciarle dalla Cambogia, e con vecchie tattiche da guerriglia le hanno aggirate, attaccandole alle spalle, in piccoli gruppi, in Vietnam.

«Arrendetevi! Venite a combattere dalla nostra parte contro i capi reazionari di Phnom Penh!» dicevano i vietnamiti coi loro altoparlanti sui campi di battaglia. Intere unità khmer hanno deposto le armi, ma l'esercito di Pol Pot non s'è disfatto.

Non dichiarata, è entrata in vigore una tregua. Mentre uno sforzo diplomatico sta cercando di portare i due contendenti al tavolo dei negoziati, i due eserciti si raggruppano e si rafforzano.

«Ogni unità deve produrre picche di bambù. Ogni squadra, mille la settimana; ogni compagnia, diecimila», si sente dalla radio dei khmer rossi.

Nelle foreste, attorno alle batterie di Hanoi, sul modello delle «basi di fuoco» degli americani in Vietnam, i guerriglieri cambogiani ereggono palizzate anticarro, mettono trappole, costruiscono trabocchetti e, soprattutto sulla strada per Phnom Penh, i satelliti vedono gente che scava trincee. Tutti sostengono che i vietnamiti non potranno mai marciare su Phnom Penh, che Pechino non lo permetterà. Ma i khmer rossi non escludono questa possibilità e si preparano.

Un'altra ipotesi preoccupa ancor di più Pol Pot: una congiura di palazzo che lo rovesci. Dopo il fallito colpo di Stato della primavera scorsa, i suoi servizi di sicurezza hanno ucciso centinaia di funzionari politici e militari sospetti d'aver tradito. Erano tutti delle province del Nord, ma la congiura non si limitava alla periferia. Il sistema elettronico intercetta strani messaggi: fra i capi di Phnom Penh si nasconde qualcuno che faceva parte del primo complotto e che potrebbe tentarne un altro.

La Cambogia è isolata. Ancor prima di perdere la guerra di frontiera col Vietnam, ha perso la guerra di propaganda nel mondo. Dopo la presa di potere da parte dei comunisti, nessun giornalista occidentale è mai entrato nel paese, nessun osservatore indipendente è andato a testimoniare sui progressi che radio Phnom Penh vanta, come le vittorie in battaglia contro le truppe di Hanoi. Non si sa che dei massacri, delle sanguinose epurazioni, dello spaventoso regno di terrore di cui i rifugiati raccontano. « Il paese dei morti che camminano », l'ha definito un profugo.

Il sistema elettronico manderà altri segnali di questo disastro.

Benché Pol Pot avesse chiuso la Cambogia al resto del mondo, le storie raccapriccianti raccontate dai rifugiati che riuscivano a scappare in Thailandia davano un quadro abbastanza preciso di quel che succedeva nel paese. Nonostante questo non ci fu nessuna protesta internazionale, nessuna commissione per i diritti umani si recò in Cambogia, nessun organo delle Nazioni Unite intervenne a fermare il massacro. Anzi, Pol Pot e i suoi khmer rossi vennero riconosciuti dalla comunità internazionale come il governo «legittimo» della Cambogia e come tali occuparono il seggio cambogiano all'Assemblea generale delle Nazioni Unite. Nel dicembre 1978 fu il Vietnam a intervenire.

Moc Hoa, Vietnam – Ha Tien, il porto vietnamita affacciato sul Golfo della Thailandia, è deserto, senza vita sotto il sole che acceca. I negozi sprangati, le finestre chiuse, i 35.000 abitanti partiti. Tinh Bien, più a est, nella provincia di Chau Doc, è una città fantasma. Il vento soffia attraverso i tetti e le pareti sfondate delle case sfogliando vecchi giornali e libri di scuola abbandonati tra le macerie.

A Moc Hoa, la capitale di distretto in Kim Tuong, il grosso della popolazione è stato evacuato. Le poche venditrici al mercato si sono radunate attorno a due bunker costruiti di fresco e i torni di un'officina meccanica lavorano già sulla piattaforma di alcuni camion, pronti a partire in caso di un nuovo attacco. Davanti alle case di quelli che hanno scelto di restare, i soldati scavano rifugi.

Dalla costa fino alla Piana dei Giunchi, alle zone coperte di giungla attorno al Becco d'Anitra, il Vietnam è una catena di villaggi disabitati, di risaie incolte, di terreni che induriscono nella interminabile stagione senza piogge: una lunga striscia di immobile terra di nessuno, affondata in un raccapricciante silenzio interrotto di tanto in tanto dal sibilare mortale di un razzo dei khmer rossi o dal lontano crepitare di una mitraglia.

La terza guerra d'Indocina è in corso. Questo è il campo di battaglia e, dietro la prima linea del fronte, le scene del vecchio Vietnam si ripetono come in un incubo: i profughi che scappano lungo strade polverose con le ceste piene di attrezzi e di bambini; le grida dei feriti e l'attonita sorpresa dei sopravvissuti attorno ai corpi dei morti.

Nguyen Thanh Tu aveva 19 anni quando, nel 1975, i carri armati nordvietnamiti entrarono vittoriosamente a Saigon, la lunga guerra antiamericana finì e alla sua generazione venne promessa una pace di diecimila anni. Stamani, il suo cadavere avvolto in una plastica verde, giaceva sulla riva di un fiume melmoso nella giungla a nord di Moc Hoa, circondato da quattro giovanissimi soldati, in attesa di un passaggio su uno dei rari sampan per riportarlo a casa. Mentre era in pattuglia, a cinque chilometri dal confine, è caduto in una imboscata dei khmer rossi e una singola pallottola di AK-47 gli ha attraversato la testa.

Dall'inizio di febbraio unità dell'esercito cambogiano sono entrate nel distretto di Moc Hoa, hanno occupato 300 chilometri quadrati di territorio vietnamita e da lì ogni giorno bombardano i centri abitati. Venti colpi, che abbiamo sentito fischiare sopra le nostre teste mentre eravamo sul fiume, sono piombati giusto fuori dalla casa in cui abbiamo passato la notte.

«Razzi cinesi da 102 mm.», dice il comandante delle forze regionali. Gli ideogrammi dipinti sulle schegge ancora calde sembrano dargli ragione. In vari punti lungo i 1600 chilometri di frontiera comune, piccoli gruppi di decisi khmer rossi si sono infiltrati in Vietnam, hanno attaccato posizioni isolate e infliggono gravi perdite, specie fra la popolazione civile.

«Potremmo cacciarli ad ogni momento, ma dobbiamo aspettare. Abbiamo ordini di aspettare», dice Tran Van Hieu, presidente del Comitato rivoluzionario di Moc Hoa. Questa attesa è già costata più di cento vittime nella sua zona, un migliaio nella regione di An Giang e un altro migliaio in quella di Tay Ninh.

Ma i soldati vietnamiti non ci sono. Nei giorni che ho passato in vari settori della frontiera non ho visto una sola unità dell'esercito regolare, non un solo carro armato, non una sola batteria di cannoni. La difesa del confine è lasciata alle forze regionali e a bande di giovani guerriglieri locali. Ogni volta che chiedo: «Perché non fate intervenire l'esercito?» mi sento rispondere: «Non ne abbiamo bisogno».

Perché i vietnamiti lasciano che i khmer rossi operino nel loro territorio? Perché permettono che i khmer rossi terrorizzino la popolazione e la costringano ad abbandonare città e villaggi lungo la frontiera?

BINH HIEP, Vietnam – Nel primo anno dopo la vittoria, malgrado i rapporti fossero già pessimi, Hanoi sperò forse di imbonire i khmer rossi mostrando la propria buona volontà a collaborare. Sacrificarono così migliaia di cambogiani che, fuggiti dal regno di terrore instaurato dai comunisti khmer, avevano cercato rifugio e protezione in Vietnam. In alcune zone i profughi furono fatti marciare indietro fino al confine; in altre vennero caricati su dei camion e consegnati ai khmer rossi. Nessuno in Vietnam vuol dare delle cifre su quanti cambogiani subirono questa sorte fra l'aprile del 1975 e l'aprile del 1976, ma certamente si trattò di alcune migliaia.

« Siamo stati ingenui a credere alle promesse cambogiane di trattare quei loro cittadini con comprensione », ammette un alto funzionario di Hanoi.

Ovviamente ora la politica è cambiata ed i vietnamiti accolgono tutti i khmer che passano la frontiera. I più sono in condizioni spaventose. Alcuni vengono da villaggi che sono stati sotto il controllo dei khmer rossi dal 1970, altri da quelli che sono stati « liberati » nel 1975. Bambini pieni di pustole, con enormi ventri, adulti ammalati di tracoma, malaria, beriberi. Tutti magrissimi.

« Dovevamo lavorare dodici, quattordici ore al giorno e ci davano solo due ciotole di zuppa. Chi si lamentava che non era abbastanza, la notte veniva chiamato da Angkar e non tornava più », dice un contadino di 63 anni.

Tutti i profughi khmer ora in Vietnam provengono dalla Cambogia e ciò che impressiona è che i loro racconti sono simili a quelli dei profughi fuggiti in Thailandia dalle regioni del

Nord: il clima di terrore, i lavori forzati, la distruzione delle pagode, le regole cui bisogna obbedire, le esecuzioni di tutti i soldati ed ufficiali del vecchio esercito di Lon Nol, la morte inflitta per minime infrazioni sono raccontati con dettagli a volte identici. La testimonianza di questi rifugiati elimina gli ultimi dubbi su quello che è accaduto in Cambogia sotto i khmer rossi. Il clima di terrore, le esecuzioni, l'eliminazione sistematica di tutti i militari, funzionari ed insegnanti del passato regime, non sono stati fenomeni limitati alle regioni del Nord (come si poteva pensare): è stata una politica applicata in tutto il paese.

Ovviamente, questa follia dei khmer rossi gioca ora a favore dei vietnamiti. «Nelle riunioni politiche ci dicevano che il Vietnam voleva dominarci, ma da quando sono qui mi sono convinto del contrario», dice un contadino di Kompong Rou. «Vorrei solo che Sihanouk tornasse di nuovo al governo per poter tornare al mio villaggio.»

Al nome di Sihanouk il campo profughi si eccita, delle donne si inginocchiano, altri si affollano per dire la loro. Il principe, che i khmer rossi hanno messo a fare il giardiniere, sembra qui la speranza di tutti.

Forse degli stessi vietnamiti. «Certo che Sihanouk è un grande patriota...» dice il quadro politico che mi accompagna.

SAIGON – «Quando un governo si regge solo grazie all'uso della ghigliottina, prima o poi finisce per essere rovesciato da una organizzazione popolare», mi dice un funzionario vietnamita.

Hanoi non fa ormai mistero del fatto che considera il regime dei khmer rossi a Phnom Penh illegittimo, «reazionario», «non marxista», e che ne vuole vedere la fine. Ciò che al momento sembra escluso è che i vietnamiti vogliano raggiungere questo obiettivo direttamente con un colpo militare.

Una marcia su Phnom Penh sarebbe insensata perché la capitale cambogiana, evacuata nel '75 ed ancora oggi semideserta, non è certo il centro operativo del paese e soprattutto perché la Cina, che pur non potrebbe opporsi militarmente a questa occupazione, non dimenticherebbe mai una simile sfida da parte di Hanoi.

Una azione limitata oltre confine, che i vietnamiti hanno fatto a dicembre quando sono entrati per una ventina di chilometri in territorio cambogiano, è ora dimostrato non contribuirebbe ad indebolire, ma piuttosto a rafforzare il regime di Phnom Penh e comunque produrrebbe un insostenibile imbarazzo internazionale per gli «invasori». Ai vietnamiti dunque non resta che cercare altre soluzioni. La più ovvia è quella di aiutare i cambogiani amici a cacciare i cambogiani nemici che ora detengono il potere.

Vari osservatori diplomatici si aspettano che nel giro dei prossimi mesi venga alla luce una qualche organizzazione di patrioti khmer votati alla lotta contro il regime di Pol Pot ed appoggiati da Hanoi.

« Se i vietnamiti non possono fare il bambino da soli, possono almeno agire da levatrice », dice un diplomatico europeo.

Emissari vietnamiti stanno contattando le grosse comunità
cambogiane attualmente in Thailandia ed in Francia, mentre
in Vietnam la politica è quella di accogliere i rifugiati, « riedu-
care » i soldati cambogiani catturati e certamente – anche se
questo non viene ammesso ufficialmente – aiutare quei cambogiani che, pur essendo venuti come profughi, vogliono battersi
contro il regime di Phnom Penh.

« Mio marito è andato via con i soldati vietnamiti. Non so
dove sia », dice una donna nel campo profughi di Moc Hoa. « Il
mio è stato invitato ad andare a Saigon », dice un'altra. Ciò che
colpisce in questi campi è che ci sono solo donne, bambini e
vecchi. Gli uomini sono forse « volontari » in un esercito che
ancora non ha nome, ma che si prepara a liberare la Cambogia?
C'è chi pensa di sì.

Per i vietnamiti i rapporti con la Cambogia sono stati un disastro dopo l'altro dal 1975 in poi. Dalla fine della guerra antiamericana il Vietnam era uscito come una grossa potenza regionale, agli occhi di tutti destinata ad avere una sua sfera d'influenza nell'intera Indocina attraverso una rete di « relazioni
speciali » con i due paesi (Laos e Cambogia) con cui aveva
una comune esperienza di lotta ed una comune ideologia comunista. Le « relazioni speciali » sono state stabilite col Laos,
ma non con Phnom Penh che, riesumando vecchi timori raz-
ziali, ha accusato i vietnamiti di voler ridurre i khmer ad una
semplice minoranza in una federazione indocinese dominata
da Hanoi.

Comunisti vietnamiti e cambogiani avevano avuto difficili
relazioni durante la guerra (guerriglieri khmer avevano varie
volte teso imboscate alle truppe di Hanoi ed avevano assassinato quadri politici), ma i vietnamiti avevano minimizzato questi
incidenti ed anche dopo le vittorie del 1975, quando i khmer
rossi avevano già adottato la politica di vaste epurazioni e massacri della loro popolazione, i vietnamiti avevano fatto il possibile (compreso restituire migliaia di profughi cambogiani che si

erano messi sotto la loro protezione) per convincere i khmer della loro buona volontà a trovare un accordo.

Non ebbero successo. Ogni volta che le due parti si incontrarono, i vietnamiti proposero di stabilire «relazioni speciali», e ogni volta i khmer rifiutarono. I due paesi si misero velocemente su due divergenti strade politiche: moderata e pro-sovietica Hanoi, ultra-radicale e pro-cinese Phnom Penh.

Se i vietnamiti ispirarono o meno i due (o più) tentativi di colpo di Stato contro il regime di Phnom Penh nel 1976 e '77, non è ancora accertato, ma è verosimile. Certo è che in quel periodo i khmer rossi lanciarono all'interno del Partito comunista cambogiano una delle più sanguinose epurazioni intese a liquidare non solo tutti i quadri della prima generazione (la data di fondazione del Partito, che era il 1951, è ora aggiornata al 1960), ma tutti i quadri che in qualche modo avevano rapporti col Vietnam.

«Lo torturarono per sette giorni cercando di sapere i nomi di altri che avevano combattuto con i vietminh, poi lo uccisero a bastonate», racconta un contadino khmer, arrivato da due mesi in Vietnam, di suo padre che era stato membro della resistenza fino dal tempo della lotta antifrancese. Migliaia di comunisti cambogiani scomparvero così e nell'aprile 1977 i khmer rossi, in un documento ora caduto in mano ai vietnamiti, poterono vantare: «Dal centro alla periferia, dal vertice ai livelli più bassi abbiamo eliminato tutte le spie della Cia e tutti i servi del Vietnam. È stata questa una vittoria storica paragonabile solo alla grande vittoria dell'aprile 1975».

Contemporaneamente alle epurazioni interne, i khmer rossi intensificarono gli attacchi lungo il confine vietnamita riesumando, ai fini della loro propaganda interna, vecchie rivendicazioni territoriali. «Ci dicevano che la Cambogia arriva fino a Prey Nokor», dice un soldato cambogiano ora prigioniero in Vietnam. Prey Nokor è il vecchio nome khmer di Saigon, un tempo un villaggio cambogiano.

A nord di Saigon, sulla via di Bien Hoa, nel vecchio cimitero della Repubblica dove Thieu faceva seppellire i suoi soldati caduti per difendere la libertà contro i comunisti, ora i comunisti fanno seppellire i loro soldati caduti contro altri comunisti. Solo le date di nascita cambiano: nato nel 1960, nato nel 1961...

Quanto durerà ancora?

L'ambasciatore cinese a Vientiane diceva recentemente ad un suo collega asiatico: « Questa sarà una guerra di lunga, lunga, lunga durata ».

BANGKOK – Sull'Indocina piove. Dall'aereo che porta ad Hong Kong e che ora di nuovo taglia la parte meridionale del Vietnam, nei brevi sprazzi di sereno si riesce appena a distinguere, in basso, dove finisce il mare e dove comincia la terra. Solo i colori dell'acqua sono diversi. Azzurro l'oceano, giallastro il Mekong che, rotti gli argini, ha invaso le risaie e fatto dell'enorme, fertile pianura fra Saigon e Phnom Penh un'unica, sterminata palude senza confini. Ancora un mese, poi il sole caccerà le nuvole grigie del monsone e sul fango indurito uomini e mezzi torneranno a muoversi spediti.

È questo che i carri armati di Hanoi, ora impantanati lungo la frontiera cambogiana, aspettano? I khmer rossi sono convinti di sì. «Il nemico vietnamita sta preparando una grande offensiva per l'inizio della stagione secca» ripete quasi quotidianamente radio Phnom Penh.

Hanoi nega ovviamente ogni intenzione di invadere la Cambogia, ma afferma che violenti combattimenti sono già in corso fra i «rivoluzionari» khmer e le truppe della «cricca reazionaria Pol Pot / Ieng Sary». «La ribellione si è già estesa a 19 province. Niente può più salvare il regime assassino di Phnom Penh», dice l'emittente vietnamita.

Su un punto i due protagonisti appaiono d'accordo: la nuova crisi indocinese si avvia ad una svolta. Forse ad un ultimo atto. Le informazioni che circolano a Bangkok fra gli *Indochina watchers* (gli osservatori dell'Indocina, una nuova professione, questa, visto che diplomatici e giornalisti non sono più ammessi sui luoghi dove si combatte e tutte le analisi sono ormai qui fatte a tavolino) sembrano confermare una prossima resa dei conti. Il Vietnam ha effettivamente rafforzato le sue unità lungo la frontiera, le strade del Sud sono state nelle ultime settimane bloccate da convogli militari diretti nelle zone del Becco d'Anitra e circa centomila soldati, con unità corazzate e numerose batterie d'artiglieria, sono in posizione per una possibile avanzata in territorio cambogiano.

Da giorni radio Hanoi trasmette regolarmente storie di disertori khmer rossi che, delusi del regime di Pol Pot e dei suoi massacri, hanno formato gruppi di resistenti e stanno lottando contro Phnom Penh. Ovviamente questo fa parte della campagna di propaganda vietnamita intesa ad accreditare l'ipotesi di un sollevamento popolare cambogiano e preparare il terreno per un rovesciamento del regime dei khmer rossi da parte di un movimento interno. Ma questa carta non è un semplice bluff e potrebbe essere quella che decide la partita fra Hanoi e Phnom Penh.

Quando i vietnamiti dicono che le forze della resistenza hanno occupato importanti centri come l'aeroporto di Kompong Cham, o persino messo nuove amministrazioni in città come Svay Rieng o Krek, certo esagerano, ma non c'è dubbio che un movimento di dissidenza ha rotto i ponti con i khmer rossi e che unità cambogiane, equipaggiate ed istruite da Hanoi, operano ormai in profondità in territorio cambogiano.

Il leader di questa resistenza anti-khmer rossi è So Phim (alias So Vanna) ex vicepresidente del Presidium, numero due di Khieu Samphan dopo la vittoria del 1975 e vice di Saloth Sar (ora conosciuto col nome di Pol Pot) durante la guerra.

Il suo nome è stato fatto recentemente in un articolo del giornale delle Forze armate di Hanoi in cui si dice che So Phim è stato fino al maggio scorso segretario del Partito comunista khmer nella regione dell'Est. Questo resoconto coincide con la storia, a suo tempo diffusa da radio Phnom Penh, secondo cui proprio alla fine di maggio nella regione dell'Est ci fu un tentativo di colpo di Stato. In quell'occasione, assieme a So Phim altri sette leader khmer rossi con le loro truppe avrebbero disertato e avrebbero rivolto le armi contro le truppe regolari di Pol Pot.

Oggi quest'esercito ribelle, che Hanoi non ha difficoltà a rafforzare reclutando elementi nuovi fra i 160.000 profughi cambogiani fuggiti nel Sud Vietnam dall'inizio dell'anno, conterebbe, secondo fonti occidentali, fra i quindici ed i venticinquemila uomini. Sarebbe appunto questa forza ad entrare in azione, mentre il grosso dell'esercito khmer rosso (in tutto fatto di 60.000 uomini) resterebbe bloccato a parare i 100.000 vietnamiti lungo la frontiera.

L'ora zero di questa operazione potrebbe essere davvero l'inizio della stagione secca, quando l'aviazione vietnamita, ora impedita dai monsoni, entrerebbe di nuovo in azione per appoggiare i « ribelli » e cercare di infliggere demoralizzanti perdite alle unità regolari di Phnom Penh.

Per il momento, a corto di informazioni precise su ciò che effettivamente avviene sul terreno, ognuno fa ipotesi e congetture. L'unica cosa certa è che nel giro di tre o quattro settimane la pioggia cesserà sull'Indocina.

Se con questa schiarita si chiarirà anche il nuovo enigma indocinese, resta da vedere.

HONG KONG – La città di Kratie persa, la riva sinistra del fiume Mekong occupata in vari punti, le avanguardie dei « ribelli » a cinquanta chilometri da Phnom Penh, durissime perdite subite nei combattimenti: il regime di Pol Pot è in crisi, riunisce d'urgenza i suoi comandanti militari, chiede aiuto ai paesi amici e domanda la convocazione del Consiglio di sicurezza dell'Onu per discutere dell'« invasione vietnamita ».

La tanto preannunciata offensiva della stagione secca sta procedendo secondo le previsioni e il piccolo esercito dei « ribelli » cambogiani anti-khmer rossi, addestrati, armati, diretti ed appoggiati da Hanoi, sta avendo i previsti successi.

I vietnamiti non sono amati dai cambogiani, ma se solo la metà delle storie di massacri e di epurazioni che i rifugiati raccontano sono vere, è ovvio che qualunque esercito che cacci quello dei khmer rossi ha possibilità di essere accolto come « liberatore » e di essere aiutato.

Dalle operazioni militari che i due contendenti annunciano o smentiscono nelle loro trasmissioni di propaganda, e che nessun osservatore indipendente ha ancora visto, non ci sono finora indicazioni chiare sulle intenzioni di Hanoi e dell'esercito « ribelle ».

L'unica cosa certa è che per la prima volta il regime di Pol Pot, che in passato aveva sempre vantato vittorie e mostrato un'estrema sicurezza di sé, dà negli ultimi giorni segni di grande preoccupazione, chiedendo aiuti ai paesi amici (ma la Cina non ha finora detto o fatto granché), accusando non solo l'Unione Sovietica, ma tutto il Patto di Varsavia di essere coinvolti nell'« invasione », e cercando di sensibilizzare l'opinione pubblica mondiale portando il problema della sua guerra alle Nazioni Unite.

A parte le vittorie dei « ribelli » sui campi di battaglia, alcuni recenti avvenimenti, come l'assassinio dello scrittore inglese Malcolm Caldwell alla vigilia di Natale a Phnom Penh, dove era, assieme a due giornalisti americani, ospite del governo khmer, danno l'indice della vulnerabilità e dell'instabilità del regime di Pol Pot.

Sia che Caldwell, un dichiarato marxista-leninista e difensore dei khmer rossi, sia stato ammazzato a sangue freddo da un commando di « ribelli » pro-Hanoi per screditare il regime; sia che sia stato eliminato dagli stessi khmer rossi che si erano resi conto di come Caldwell aveva ridimensionato, dopo due settimane in Cambogia, il suo entusiasmo per la loro « rivoluzione », la sua morte ha dato un duro colpo al governo di Phnom Penh e ha messo in dubbio l'efficacia del controllo che i khmer rossi hanno sulla propria capitale.

La visita che il segretario generale dell'Onu, Kurt Waldheim, doveva fare a fine mese in Cambogia è ora in dubbio.

HONG KONG – Il principe, ex capo della Cambogia, rovesciato nel 1970 da un colpo di Stato pro-americano, ex capo della guerriglia dei khmer rossi di cui è restato fino ad oggi come prigioniero, è sceso dalla scaletta dell'aereo sorridendo e battendo le mani. Ad aspettarlo all'aeroporto di Pechino c'erano Deng Xiaoping, il vice Primo ministro Geng Biao e la vedova di Zhou Enlai, Deng Yingchao: un eccezionale gesto di solidarietà da parte della leadership cinese nei confronti del principe ufficialmente ritiratosi a vita privata tre anni fa.

Ufficialmente Sihanouk è partito da Phnom Penh a capo di una importante delegazione della Kampuchea Democratica per partecipare alla sessione del Consiglio di sicurezza delle Nazioni Unite, dove presenterà le accuse contro l'invasione vietnamita. È previsto che parta per New York nei prossimi giorni.

La riapparizione di Sihanouk, di cui nei tre anni passati era stato anche detto che fosse stato assassinato dai suoi ex alleati khmer rossi, è un grande colpo di scena in cui certo i cinesi hanno giocato un ruolo determinante. È anche un ulteriore segno che il regime di Pol Pot è ormai alle strette e che la caduta di Phnom Penh può essere imminente.

La situazione militare peggiora di ora in ora per i khmer rossi. L'esercito dei «ribelli» cambogiani e dei vietnamiti controlla più di un terzo del paese. Alcune delle più importanti vie di comunicazione della capitale con le province e il mare sono state tagliate e Phnom Penh è progressivamente isolata. Si ripete la situazione del 1975, con la differenza che al posto del governo repubblicano oggi ci sono i khmer rossi, che al posto della guerriglia ci sono i vietnamiti e al posto degli americani stanno i cinesi, ultimi ad evacuare la loro ambasciata per non accelerare con questo gesto lo sfasciarsi del regime.

I diplomatici di Pechino non sono stati ancora ufficialmente ritirati da Phnom Penh, ma fonti di informazione occidentale hanno detto che oggi è continuata l'evacuazione per nave dei ventimila consiglieri ed esperti cinesi, mentre si è quasi conclusa l'evacuazione con voli speciali di tutto il personale della mezza dozzina di altre ambasciate accreditate in Cambogia.

L'aver fatto partire Sihanouk da Phnom Penh, ormai a tiro dei vietnamiti, e l'averlo rimesso sulla scena della vicenda cambogiana col suo spettacolare arrivo a Pechino ha vari significati.

Innanzitutto vuol dire averlo tolto dalle possibili mani dei « ribelli » e dei vietnamiti.

Sihanouk ha un enorme valore politico. Per decenni è stato e continua ad essere il simbolo della Cambogia. Rispettato e adorato dalla popolazione per la quale è ancora il re-dio, Sihanouk avrebbe potuto dare al regime che si installerà dopo quello dei khmer rossi una legittimità cambogiana di cui il « Fronte unito per la salvezza nazionale », creatura dei vietnamiti, oggi assolutamente manca. Inoltre, il suo riapparire, accolto da Deng Xiaoping, vuol dire che la Cina, pur non potendo impedire la sconfitta del proprio alleato cambogiano, ha ancora una carta da giocare: sia per far pagare cara la vittoria ad Hanoi (Sihanouk che parlerà all'Onu contro l'invasione avrà un notevole peso); sia per una eventuale futura soluzione politica che minimizzi la sconfitta di Pechino.

Una volta terminata la sua missione a New York, Sihanouk tornerà a Pechino e sarà di nuovo, con la protezione cinese, il simbolo della Cambogia in esilio.

HONG KONG – Alla fine non c'è stata battaglia. La Phnom Penh dei khmer rossi è caduta in mano ai « ribelli » cambogiani ed alle truppe regolari di Hanoi senza opporre alcuna resistenza.

È la seconda volta in meno di quattro anni che i vincitori di turno annunciano la « liberazione » della città. La differenza dall'aprile 1975 è che oggi i difensori non si sono arresi, ma sono scappati; che i capi del governo non sono stati catturati e sommariamente giustiziati, ma hanno avuto modo e tempo di mettersi in salvo.

Il presidente Khieu Samphan; il Primo ministro e segretario del Partito comunista khmer Pol Pot; il vicepremier e ministro degli Esteri Ieng Sary sono vivi, irraggiungibili in qualche nascondiglio della giungla dove si stanno già riorganizzando, con l'aiuto di Pechino, per una guerra di lunga durata contro il nuovo regime appoggiato dai vietnamiti e da Mosca.

Il lungo regno di terrore dei khmer rossi, che in tre anni e otto mesi hanno trasformato la Cambogia in un immenso campo di lavoro e di sterminio, è finito alle 12.30 di domenica, quando da varie direzioni le truppe « ribelli », affiancate da quelle di Hanoi, sono entrate nella capitale deserta. I khmer rossi e i loro alleati cinesi avevano preso in considerazione la possibilità di questa vittoria lampo da parte di Hanoi e del Fronte unito per la salvezza nazionale (Fusn) e si erano preparati.

Prima che la Strada nazionale n. 4, che collega Phnom Penh al porto di Kompong Som, fosse chiusa, migliaia di « consiglieri » ed esperti militari cinesi per evitare di essere catturati dai vietnamiti erano stati evacuati via mare; altri erano stati imbarcati su alcuni aerei speciali fatti venire da Pechino sorvolando la Thailandia.

Sabato sera uno aveva portato in salvo il principe Sihanouk. Due ultimi aerei erano partiti dall'aeroporto di Pochentong all'alba con altri funzionari cinesi ed alcuni alti dirigenti khmer rossi. Al resto del personale cinese ed ai pochi diplomatici rimasti a Phnom Penh era stato dato ordine di mettersi in salvo partendo in macchina sulla Strada nazionale n. 5 che conduce, attraverso Battambang, al confine thailandese. Settecento (fra cui l'ambasciatore cinese) sono arrivati stasera nella città thailandese di Aranyaprathet.

La decisione di non opporre resistenza all'ingresso dei «ribelli» e dei vietnamiti a Phnom Penh deve essere stata presa perché un'ultima battaglia era comunque disperata, ma soprattutto per evitare al massimo altre perdite nelle file dei khmer rossi, già duramente decimati dalla superiorità di fuoco vietnamita e dalle diserzioni.

In questo modo la vittoria non è costata cara ad Hanoi, ma il nucleo di guerriglieri che si sono messi in salvo costituirà, se non proprio una minaccia, certo una continua preoccupazione per i nuovi governanti.

La marcia delle truppe antigovernative è stata fulminea.

Una dopo l'altra, hanno occupato le capitali provinciali. Poi, invece di fermarsi al Mekong come alcuni osservatori credevano, lo hanno attraversato d'un balzo e si sono diretti verso Phnom Penh mettendo il mondo dinanzi al fatto compiuto della vittoria, prima che si riunisca il Consiglio di sicurezza dell'Onu, convocato appunto per discutere della «aggressione», e prima che la Cina potesse fare qualcosa per aiutare i suoi alleati.

Alle 12.30 di ieri, sui palazzi abbandonati di Phnom Penh sventolava la bandiera rossa con al centro le cinque torri gialle di Angkor (una in più che nella bandiera dei khmer rossi), simbolo del Fusn. L'annuncio della «liberazione» è stato ritardato di otto ore, ma quando alle cinque e mezzo del pomeriggio qui ed a Bangkok si è rimasti inutilmente in attesa del quotidiano bollettino da Phnom Penh, si è capito che qualcosa era succes-

so: la radio dei khmer rossi non trasmetteva più. Ed è stata l'e-
mittente di Hanoi a dare la notizia.

Oggi radio Hanoi ha annunciato che nella capitale cambogiana è stato creato un «Consiglio rivoluzionario del popolo

della Kampuchea» presieduto da Heng Samrin, leader del Fronte unito per la salvezza nazionale (Fusn). La stessa emittente ha reso noto il programma del Fronte in undici punti, già comunicato un mese fa quando la nuova organizzazione annunciò per la prima volta la propria esistenza.

Le reazioni alla nuova «liberazione» di Phnom Penh sono state immediate e scontate. Entusiasmo a Mosca e nei paesi del Patto di Varsavia (i giornali sovietici hanno dato la notizia in prima pagina invece che nella quinta, come fecero persino per la presa di Saigon nel 1975); delusione a Pechino, dove un portavoce del ministero degli Esteri ha oggi ribadito nei riguardi della Cambogia le accuse di aggressione.

Ma l'appello più accorato e più straordinario è venuto dal principe Sihanouk, che in una clamorosa conferenza stampa tenuta nel grande Palazzo del popolo di Pechino e durata sei ore, ha accusato il Vietnam di voler ingoiare la Cambogia, ha chiesto alle Nazioni Unite di organizzare una spedizione militare per cacciare gli invasori; e ha parlato dei suoi tre anni come «prigioniero» dei khmer rossi.

Di Pol Pot, Sihanouk ha detto di non condividere affatto alcune delle sue politiche interne, ma di essere ancora disposto ad appoggiarlo nella lotta comune.

Qualcuno gli ha chiesto se continuerà a sostenere Pol Pot una volta che si convincerà della politica di massacri perseguita dal regime dei khmer rossi.

«È una terribile domanda», ha detto Sihanouk. «Preferisco evitarla.»

ARANYAPRATHET, confine thai-cambogiano – Quattro khmer rossi in uniforme nera passeggiano avanti e indietro con i fucili a tracolla. Sopra di loro una grande scritta in giallo dice ancora « Kampuchea Democratica ». Sulla strada sterrata che conduce a Poipet, la città spopolata dalla liberazione dell'aprile 1975, si vedono altri gruppi di soldati. Ci divide solo un piccolo ponte di ferro in mezzo al quale un rotolo di filo spinato segna il confine tra due mondi: la Thailandia alle mie spalle, la Cambogia dinanzi.

Per quattro anni i khmer rossi hanno sparato su chiunque cercasse di passare questo ponte. Ora sono loro stessi che vorrebbero varcarlo per cercare rifugio. Questa è ormai l'unica via di scampo per chi voglia sfuggire alla morsa dei « ribelli » cambogiani e dei vietnamiti che, presa Phnom Penh domenica, si stanno ora lentamente allargando su tutto il paese.

Da questo ponte sono passati ieri l'altro 1050 consiglieri militari cinesi che ora, accampati (ironia della storia) ad Utapao, la vecchia base dei B-52 americani, aspettano un aereo che li riporti a Pechino. Da qui potrebbero passare Khieu Samphan, Ieng Sary e Pol Pot se, vistisi abbandonati dalla Cina – che con la riscoperta di Sihanouk sembra aver completamente dimenticato il vecchio gruppo dirigente khmer rosso – decidessero di chiedere asilo a Bangkok.

Pareva che stesse per succedere stamani alle 10, quando una Mercedes bianca cambogiana è arrivata fino al ponte e due khmer rossi sono venuti a consegnare una busta bianca. « È una lettera di Ieng Sary per il nostro ministro degli Esteri », ha detto il funzionario thailandese andato a riceverla. Alle 4 del pomeriggio, quando è tornato al ponte a portare la risposta di Bangkok, lo stesso funzionario ha negato che si trattasse di una qualunque richiesta di Ieng Sary. «Trattiamo con la parte di Ieng Sary», ha detto, «ma di lui non so nulla.»

Il governo thailandese è profondamente imbarazzato. Da un lato, pur di non trovarsi i vietnamiti sul confine avrebbe voluto vedere i khmer rossi restare al potere a Phnom Penh; dall'altro, non vorrebbe ora inimicarsi Hanoi e i nuovi governanti cambogiani con i quali dovrà in un modo o nell'altro trovare un accordo nel futuro.

Ieri pomeriggio un Mig vietnamita, volando basso a pochi chilometri da qui, ha sconfinato ed ha sganciato due bombe in territorio thailandese: molti hanno visto quest'incursione come un avvertimento di Hanoi a non interferire in ciò che sta succedendo in Cambogia. Dare asilo al gruppo dirigente khmer rosso potrebbe mettere in pericolo i rapporti fra Hanoi e Bangkok.

C'è poi il fatto che, vista da questo posto di frontiera, la guerra per il controllo della Cambogia non sembra ancora conclusa. Nonostante la radio dei «ribelli» vanti ormai il controllo su tutto il territorio, larghe zone del paese nella regione occidentale, che comprende Pursat, Battambang e forse anche Siem Reap, sono ancora in mano agli uomini di Pol Pot, e l'andirivieni dei khmer rossi, come la calma in cui per un'intera giornata ho visto da lontano la città di Poipet, sembrano indicare che c'è tra i khmer rossi ancora una struttura ed una disciplina che sopravvivono.

«A sentire le loro comunicazioni si direbbe che ci sono ancora intere unità che operano regolarmente e sono intatte», mi ha detto un ufficiale thailandese incaricato dell'ascolto radio.

Dopo essere avanzate velocemente lungo gli assi stradali che conducono a Phnom Penh, le forze ribelli e vietnamite sembrano essersi bloccate per permettere alla loro fanteria di «ripulire» le campagne. Oggi non si è sentito lungo la frontiera un solo sparo e neppure il rombo lontano dei cannoni. Questa calma potrebbe permettere la riorganizzazione di basi guerrigliere ai khmer rossi sopravvissuti.

Se Pol Pot e Ieng Sary si fossero rifugiati nella catena di montagne che corre lungo la costa occidentale della Cambogia a sud di qui, alcuni esperti militari sostengono che potrebbero sopravvivere a lungo, specie se riforniti per mare dalla Cina.

È qui il problema di fondo. La Cina di Deng Xiaoping, pur decisa ad opporsi all'espansionismo di Hanoi, è disposta ancora a sostenere la vecchia leadership dei khmer rossi o non ha già deciso di disfarsi di questo imbarazzante peso ereditato dalla Banda dei quattro?

A giudicare dalla stampa di Pechino, che negli ultimi giorni non ha più fatto parola di Pol Pot ed è invece tutta elogi per Sihanouk, sembra che questo mutamento di politica ci sia stato. Se fosse così, allora Pol Pot e compagni – ancora certamente vivi in Cambogia – avrebbero poche possibilità di resistere e potrebbero davvero, da rifugiati, cercare di passare questo ponte, come tutti i rifugiati cambogiani che li hanno preceduti nei quattro anni scorsi per sfuggire al terrore dei khmer rossi.

ARANYAPRATHET, confine thai-cambogiano – Per fame, si sono estinti anche i cani. Muta, deserta, spettrale, Poipet, un tempo una città di trentamila abitanti e ora di nessuno, giace sotto il sole accecante, lentamente strangolata dalla giungla.

È l'ultimo lembo di Cambogia che i vietnamiti hanno ancora da occupare. È il primo di questo impenetrabile, allucinante paese che rivedo per la prima volta dal 1975, quando i khmer rossi mi fecero qui prigioniero e, presomi per una spia americana, mi tennero per delle ore contro quel muro giallo, lì, nella vecchia caserma.

Ora da Poipet mi separa solo un campo incolto di banani e un rigagnolo d'acqua da cui persino i bufali dei thailandesi hanno imparato a stare lontani. Fra l'erba alta spuntano solo alcuni dei fili di ferro che fanno esplodere le centinaia di mine seminate sulle due sponde del confine.

Dal balcone di una casa in legno disabitata a cui si arriva a piedi attraverso i campi abbandonati, a cinque chilometri da Aranyaprathet, vedo le finestre in frantumi della stazione ferroviaria, la facciata bianca del vecchio cinema, i tetti di bandone delle case vuote da quattro anni, e la piazza del mercato coperta d'erbacce che s'arrampicano sui muri, sconnettono le pietre e soffocano pazientemente ogni traccia del lavoro fatto dagli uomini.

Da due giorni, tutti i soldati khmer rossi che sorvegliavano la frontiera e occupavano i ruderi di questa città che, come tutte le altre della Cambogia, fu fatta evacuare di forza in ventiquattro ore nell'aprile 1975, sono scomparsi. Ma i vietnamiti e i loro « ribelli » non sono ancora arrivati.

«Stavano puntando su Poipet. Poi, arrivati ad una decina di chilometri da qui, hanno voltato verso sud e verso nord. Sembra proprio che vogliano evitare di colpire noi», ha detto stamani il colonnello Thanit, comandante delle truppe thailandesi schierate lungo il confine.

Bangkok, con dei piccoli aerei d'osservazione, tiene continuamente sotto controllo la situazione.

Le ragioni ora sono chiare: i khmer rossi cercano di coinvolgere nella guerra i thailandesi e, combattendo con le spalle lungo la frontiera, fanno di tutto perché i vietnamiti colpiscano o magari sconfinino nel territorio di Bangkok. I vietnamiti, coscienti di questo, evitano che ciò accada e in varie occasioni sono stati visti spostare le loro artiglierie parallelamente al confine, una volta che erano arrivati a portata di tiro della Thailandia.

Il governo thailandese è in una delicata, imbarazzante posizione. Le pressioni però aumentano e proprio ieri il vice Primo ministro di Bangkok, in visita a Pechino, ha ricevuto personalmente da Hua Guofeng la richiesta di aiutare i khmer rossi. Senza il sostegno aperto o la tacita connivenza della Thailandia, la Cina – che non ha una frontiera in comune con la Cambogia – sa che avrà enormi difficoltà a rifornire i khmer rossi che, con Pol Pot e tutti gli altri dirigenti, hanno deciso di restare nel loro paese a fare la guerriglia contro il nuovo governo pro-Hanoi.

«Noi vogliamo ad ogni costo mantenerci neutrali», mi aveva detto due giorni fa il Primo ministro thailandese, generale Kriangsak. La prima conferma di questa politica è venuta ieri, quando Bangkok ha respinto una richiesta dei khmer rossi di evacuare in Thailandia un gruppo di (si dice) trecento dei loro feriti.

Una sorta di monumento alla follia khmer rossa ce l'ho ora davanti a me, in questa macabra Poipet, svuotata dei suoi abitanti e restituita alla giungla come fosse stata il simbolo di una malattia che un utopico comunismo da età della pietra ha voluto cancellare. Centomila soldati vietnamiti entrati in Cambogia ad appoggiare un minuscolo, improvvisato gruppo di «ribelli», hanno messo fine a questo raccapricciante esperimento politico.

Fra qualche ora o qualche giorno, quando i «ribelli» isseranno sul pennone della stazione ferroviaria – dove ora il vento sbatte la corda con un ossessivo tintinnio metallico – la bandiera della nuova Repubblica popolare della Cambogia, Poipet tornerà a ripopolarsi e a vivere.

Che tipo di vita sarà, è da vedere.

ARANYAPRATHET, confine thai-cambogiano – Le due gabbie di legno costruite in fretta una settimana fa dai soldati thailandesi per metterci dentro i khmer rossi che, scappando davanti all'avanzata vietnamita, avrebbero dovuto passare la frontiera e chiedere rifugio in Thailandia, sono vuote davanti all'ingresso del Comando militare della regione. Dalla Cambogia non arriva nessuno a mettere la bandiera sul pennone di Poipet: non i khmer rossi in fuga; non i vietnamiti e i loro « ribelli » cambogiani (che sarebbero i soldati « fantoccio » di Hanoi); non le masse dei profughi che tutti si aspettavano rovesciarsi sulla Thailandia.

Dall'altra parte della frontiera, che oggi ho percorso per un centinaio di chilometri visitando gli avamposti, le stazioni di polizia e gli uffici dei capi villaggio, non vengono per ora che dei lontani rumori di guerra: cannonate e botti di mine, echi distanti che uno a volte confonde coi tonfi di un bambino che salta sul pavimento d'una capanna vicina.

Il ponte di Aranyaprathet, ormai strafilmato e fotografato come simbolo del confine fra questi due mondi, fra pace e guerra, fra comunismo da età della pietra e dittatura militare da mondo libero, è occupato solo dalla parte thailandese. Ma i soldati sono sempre più allegri e la notte anche un po' alticci di liquore « Mekong » e di marijuana locale: la guerra non li coinvolgerà. L'ha promesso formalmente ieri il Primo ministro vietnamita Pham Van Dong con una lunga lettera al Primo ministro thailandese generale Kriangsak, e lo dimostrano le tattiche usate dai vietnamiti e dai « ribelli » che combattono in

Cambogia, evitando scrupolosamente di colpire e persino di avvicinarsi alla frontiera.

I due tronconi della colonna corazzata che era stata vista avvicinarsi a Poipet e che poi s'era divisa, continuano oggi ad inseguire i resti dell'esercito di Pol Pot in questa regione. I vietnamiti cercano di tagliar loro la strada di ritirata verso i Monti Cardamomi, o dell'Elefante, dove i khmer rossi si stanno raggruppando per continuare la guerriglia e dove si pensa si trovino ormai Pol Pot, Khieu Samphan e gli altri dirigenti. Per il momento gli strateghi di Hanoi non sembrano aver alcuna intenzione di venire ad occupare questi ultimi dieci chilometri di terra di nessuno che stanno davanti a noi sotto un sole implacabile.

Quanto al numero ridottissimo di «ribelli», alcuni analisti occidentali cominciano ad avere dubbi e a pensare che l'esercito del «Fronte unito per la salvezza nazionale della Kampuchea» non sia fatto solo di elementi reclutati e addestrati dai vietnamiti, ma includerebbe anche importanti unità khmer rosse che avevano disertato e combattuto contro Pol Pot già da mesi in zone lontane del Vietnam.

Il racconto di uno dei quattro profughi arrivati qui l'altro giorno e intervistati su vari aspetti della loro vita in Cambogia, tende a confermare questo riesame della situazione.

«Nel luglio del 1977 cominciò una grande battaglia attorno al lago Tonle Sap», ricorda Nong Phon, ex tenente dell'esercito sconfitto di Lon Nol, sfuggito ai massacri dei khmer rossi fingendosi contadino. «Seppi poi che il capo della regione del Nordovest, Ros Nhim, e il suo vice, San Neon, si erano ribellati a Ieng Sary e Pol Pot e con tutti i loro uomini cercavano di ritirarsi verso le giungle del Nord.» Secondo il racconto di Nong Phon, il ribelle Ros Nhim aveva con sé due divisioni e, dal luglio '77, queste forze «ribelli» hanno impegnato i khmer rossi in continue battaglie. «Sentivamo sparare continuamente anche con artiglieria pesante. A volte c'era un'interruzione di uno o due giorni, poi riprendeva.»

Sempre secondo questo racconto, la diserzione fu così totale che tutti i quadri politici e militari della regione del Nordovest (un quinto del territorio cambogiano) vennero sostituiti da elementi mandati da Phnom Penh.

Questa testimonianza, che coincide con altre fatte da khmer rossi rifugiatisi in Thailandia nel 1977 per sfuggire alle epurazioni all'interno di Angkar, l'Organizzazione del Partito comunista khmer, indica che c'è stata da tempo una ribellione spontanea cambogiana contro il governo di Phnom Penh e che Hanoi ha ora colto l'occasione per intervenire in suo aiuto e risolvere così il problema di una Cambogia allontanatasi troppo dal progetto di cooperazione indocinese, così come l'hanno sempre visto i vietnamiti.

L'invasione vietnamita c'è stata, anche se i vari diplomatici di Hanoi continuano a giurare pubblicamente di no. Ma essa è venuta in sostegno di una «ribellione» cambogiana le cui forze sono state finora sottovalutate.

FAME

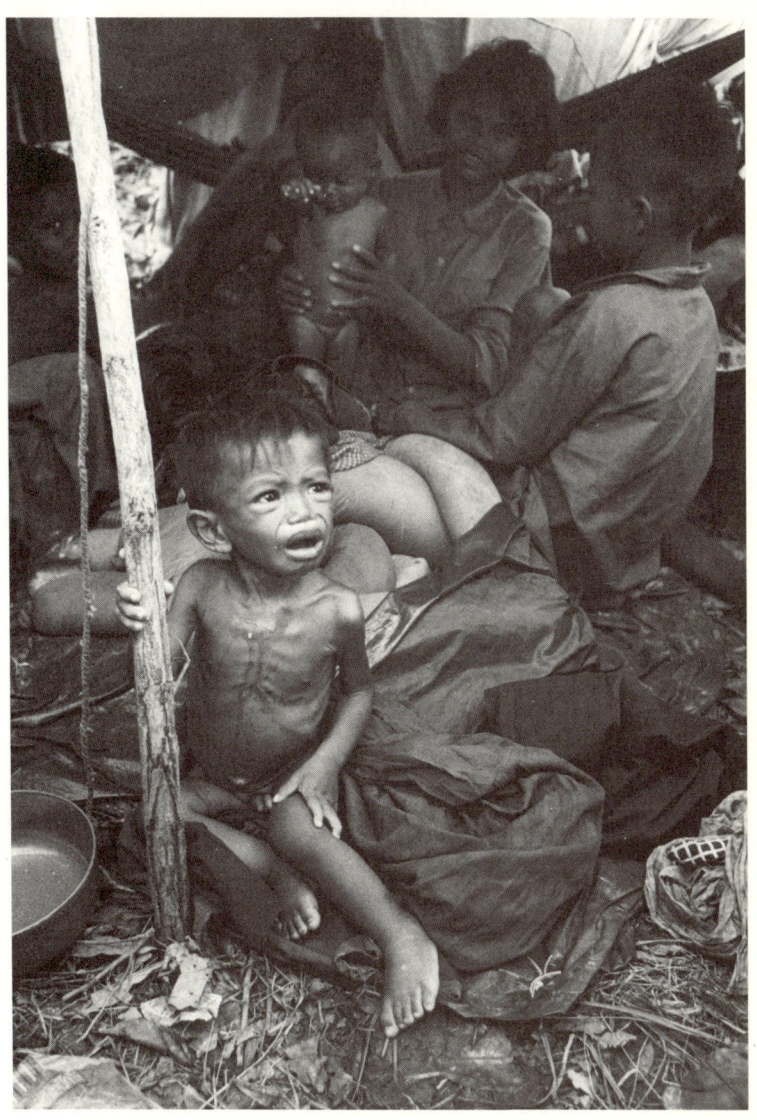

Alla fine della guerra, nel 1975, c'erano circa sette milioni di cambogiani. Due, forse tre milioni sono finora morti sotto il regime dei khmer rossi. Quanti ne resteranno l'anno prossimo quando non ci sarà riso nelle risaie?

HONG KONG – La razza khmer sta per scomparire dalla faccia della terra. Nel 1975, alla fine di cinque anni di guerra americana che aveva fatto un milione di vittime, i cambogiani erano almeno sette milioni. Dal 1975 alla fine del 1978 i khmer rossi, col loro folle comunismo, hanno massacrato e lasciato morire di stenti da due a tre milioni di loro compatrioti. Ora, altri due milioni stanno per morire di fame, di malaria, forse di peste, in un paese i cui campi sono abbandonati e dove la guerra continua, giorno dopo giorno.

Contrariamente ad altri popoli, i cambogiani non si riproducono più. La maggior parte delle donne, come le risaie, non sono più fertili; i pochi bambini che nascono non hanno di che sopravvivere. Accanto alle fosse comuni scavate in passato per seppellire le vittime torturate, soffocate, impalate, bastonate dai soldati di Pol Pot, si scavano ora le fosse comuni per le vittime della lenta morte per inedia.

In una settimana, centomila cambogiani emaciati, illanguiditi dalla fame e dalla febbre, scheletri ambulanti coperti di stracci neri e di mosche, hanno varcato la frontiera con la Thailandia per andare a fare la coda dinanzi ai centri di distribuzione di cibo e medicinali messi in piedi, fra enormi difficoltà politiche e burocratiche, da varie organizzazioni internazionali.

«Sono come un funereo corteo di zombi», dice un testimone. «È incredibile che una cosa del genere possa accadere nel mondo di oggi.»

Di chi è la colpa?

All'origine della storia c'è innanzitutto la responsabilità americana.

Nel 1970 la Cambogia – con a capo Sihanouk – era un paese rimasto miracolosamente fuori dalla guerra indocinese. La parola chiave era neutralità, e questa per il principe khmer voleva dire permettere ai vietcong e ai nordvietnamiti di usare le regioni remote lungo la frontiera come «santuari», e permettere agli americani di bombardarli con le loro flotte di B-52. A Nixon e Kissinger questo non bastava: un colpo di Stato rovesciò Sihanouk, mise al potere il regime pro-americano di Lon Nol e dette via libera alle incursioni sudvietnamite e ai bombardamenti americani su tutto il territorio cambogiano.

In un documentatissimo libro, *Sideshow*, il giornalista inglese William Shawcross dimostra che con l'idea di eliminare i «santuari» in Cambogia, Kissinger e Nixon finirono invece per spingere i guerriglieri comunisti nell'interno del paese: con la conseguenza che cercando di bombardarli a tappeto coi B-52, gli americani finirono per distruggere il tessuto della società cambogiana, dando vita a quel mostruoso fenomeno guerrigliero chiamato khmer rossi.

Nell'aprile del 1975 i khmer rossi presero il potere e, convinti sotto la guida di Pol Pot e Ieng Sary di essere i rivoluzionari più puri nella storia del mondo, cercarono a tappe forzate di raggiungere una forma di comunismo integrale. Nel frattempo massacrarono un terzo della popolazione: una forma di autogenocidio, l'hanno chiamata alcuni.

A questo punto è entrato in gioco il determinante ruolo cinese. Pechino ha sostenuto il regime di Pol Pot in funzione antivietnamita. Pur avendo migliaia di tecnici e consiglieri nel paese, e perciò sapendo benissimo quel che vi succedeva, i cinesi non hanno mai cercato di moderare le folli politiche di questi loro alleati.

Nel dicembre del 1978 i vietnamiti hanno invaso con 16 divisioni la Cambogia, hanno rovesciato il governo dei khmer rossi, hanno distrutto almeno due terzi della loro forza militare, hanno messo al potere a Phnom Penh il debole regime di Heng Samrin e stazionato almeno 150.000 dei loro soldati per mantenere il controllo del paese. Ovviamente qui è incominciata la diretta responsabilità di Hanoi per quel che avviene anche ora in Cambogia.

I paesi del Sudest asiatico e la comunità internazionale hanno anch'essi la loro parte di responsabilità, se non altro passiva, per gli eventi cambogiani. Fieramente anticomunisti, i paesi dell'Asean hanno comunque fin dal 1975 identificato nel Vietnam il pericolo principale della regione e la Cambogia come un eventuale contrappeso a questa minaccia. Schierarsi con Pol Pot voleva comunque dire essere dalla parte della Cina e questo, per paesi come la Thailandia e Singapore, era l'ideale.

Sotto le pressioni di Pechino, la Thailandia ha permesso che i resti dell'esercito dei khmer rossi venissero riforniti e che certi settori del territorio thai diventassero « santuari » della guerriglia polpottiana contro i vietnamiti.

Intanto, in Cambogia il nuovo regime, riconosciuto esclusivamente dall'Urss e dal blocco sovietico, s'è trovato alle prese con una popolazione martoriata e senza quadri, un'agricoltura in sfacelo, e sotto la continua azione di disturbo dei khmer rossi sopravvissuti.

Hanoi ha lasciato passare del tempo ed ora – con l'inizio della stagione secca – ha deciso di consolidare il controllo del paese andando ad eliminare, lungo la frontiera thailandese e nelle montagne, le ultime sacche della resistenza di Pol Pot.

I vietnamiti, accusando apertamente i thailandesi di aiutare i khmer rossi, li mettono in guardia contro il loro « giocare col fuoco »; e Bangkok, sentendosi minacciata, ha già ottenuto il raddoppio degli aiuti militari americani e la solidarietà incondizionata degli altri paese dell'Asean.

Comunque, anche una limitata invasione vietnamita della Thailandia, condotta con l'intento di eliminare i « santuari » khmer rossi, è estremamente improbabile.

*La Repubblica, 3 novembre 1979**

FRONTIERA CAMBOGIANA – La sua testa penzola sulle mie spalle come un vaso vuoto. Il suo braccio pieno di pustole sbatte sul mio petto come un ramo spezzato. Ma è viva perché sul collo continuo a sentire il suo respiro leggero. Non la conosco; è solo un orribile pacco di ossa che ho raccolto nel bosco ormai diventato un cimitero.

«Segui la puzza dei cadaveri e ti troverai in Cambogia», m'ha detto il soldato thailandese all'ultimo posto di blocco dove ho lasciato la strada di terra rossa per addentrarmi a piedi nella foresta. Il lezzo è diventato ben presto insopportabile. Persino gli animali sembravano esserne terrorizzati perché, in pieno giorno, la giungla misteriosamente taceva. Uscendo dai ciuffi d'erba più alti di me, in una radura li ho visti: un bambino immobile accucciato sulle sue feci; un altro impietrito accanto al cadavere di un uomo con le mani rattrappite nell'aria; un gruppo di donne in preda ai brividi, sotto il sole bruciante che asciuga le ultime pozzanghere d'acqua e velocemente imputridisce i morti.

Ne vedevo ovunque mi voltassi e quelli che non vedevo li intuivo dietro ogni cespuglio: uomini e donne, bambini dell'età dei miei, a decine, a centinaia erano sparsi nella foresta, gli occhi sgranati ed ebeti, le braccia e le gambe ridotte a stecchi dalla pelle vizza, coperti di stracci neri intrisi di escrementi e di polvere, scossi dalla febbre, incapaci di fare un passo in

---

* Testo integrale dell'articolo «Rifugiati: ho deciso chi doveva vivere e chi morire», pubblicato in *in Asia*, cit.

più, buttati a caso qua e là, come grandi uccelli abbattuti nello splendore della vegetazione tropicale da una antica, per noi dimenticata catastrofe che si chiama «fame».

Eran parte di un gruppo più numeroso che si era accampato lì nei giorni scorsi. Quando il grosso è partito, questi sono stati lasciati indietro senza più i loro sacchi, le stuoie, l'acqua. I più forti si sono divisi le loro ultime spoglie. Nessuno piangeva, nessuno chiedeva aiuto; i più ormai si erano persi in una sorta di mondo loro.

Il silenzio era disperante. Alla vista dei cadaveri, come al loro puzzo, si fa presto l'abitudine. Il primo è uno shock, il secondo meno, il terzo e gli altri semplicemente delle cose, una quantità da contare, da registrare. Ma i moribondi, no. La vista dei moribondi è insopportabile, specie se si sa che si potrebbero salvare. La strada era a solo due o tre chilometri, chi ci fosse arrivato avrebbe avuto una possibilità di sopravvivere: gli altri alla prossima alba sarebbero stati come quelli già coperti di mosche o brulicanti di vermi. Buttarmi sulle spalle una donna scheletrica e mettermi in marcia non è frutto d'una decisione, ma istinto. Era la più vicina ai miei piedi.

La frontiera fra la Cambogia e la Thailandia corre in mezzo ad una distesa fantastica di foreste verdissime, rotte qua e là dall'improvviso spuntare d'una collina coperta di impenetrabile giungla. Da mesi, ad enormi ondate, migliaia e migliaia di cambogiani inebetiti dalla fame, dalle malattie e dalla paura marciano verso occidente ed entrano come un esercito di zombi nel mondo selvaggio della foresta che è ora diventata un vasto cimitero della razza khmer. Cercano cibo, acqua, medicine.

«Siamo come delle tartarughe che vanno alla cieca verso un lago», dice uno di loro. Se raggiungono la strada si salvano e finiscono in un campo profughi.

Col mio leggero fardello sono uscito dalla foresta. All'ombra d'un boschetto di alberi di cocco tre-quattrocento cambogiani si erano accampati e stavano cuocendo nell'acqua fangosa delle radici appena scavate dalla terra. Nessuno si è voltato ed il pe-

sante silenzio era rotto solo dal tintinnare dei cucchiai contro le pentole nere sui fuochi di legna.

Molti parevano sani. Erano forti. Probabilmente soldati di Pol Pot, alcuni persino dei quadri, a giudicare dai loro orologi da polso e le penne nel taschino delle uniformi sbiadite e polverose. Sguardi freddi di disprezzo. Accanto ad un gruppetto che, calmo, mangiava, una bambina boccheggiava morendo senza una goccia d'acqua sulle labbra riarse. Nessuno se ne occupava.

I forti, i duri senza più emozioni, cresciuti in un paese in cui ogni traccia del passato, ogni valore della religione e della tradizione sono stati cancellati, parevano perfetti esempi di quell'«uomo nuovo» che Pol Pot ha voluto creare al costo di metà della popolazione. Addestrati ad uccidere, decisi a sopravvivere. Alcuni son quelli che hanno commesso le stragi, altri sono i sopravvissuti dei pogrom. La foresta li rivomita così, boia e vittime assieme, accumunati dalla fame e dalla malaria che non conosce politica.

Un camion della Croce Rossa con tre giovani svizzeri si ferma lungo la strada e un medico su una stuoia di paglia comincia a cercare la vena di un moribondo per dargli del glucosio. Gli affido la mia donna scheletrica e riparto per la foresta.

«Prendi solo i migliori, al massimo possiamo metterne trenta sul camion», lo sento gridarmi dietro.

Come si fa a selezionare quelli che debbono vivere e a condannare gli altri, l'ho imparato presto. Tornato alla mia radura ho automaticamente preso il bambino accanto al padre morto e non quello ormai sconquassato dalla dissenteria; una ragazza che aveva ancora la forza di scacciarsi le mosche e non la sua vicina, forse la sorella, di cui sentivo il polso leggerissimo ed i cui occhi non mi vedevano più.

Sono andato avanti e indietro varie volte, ma mi sentivo più un giustiziere di quelli che lasciavo che un aiuto per quelli che prendevo. In fondo, anche per alcuni di questi non avevo fatto abbastanza. La mia donna scheletrica è morta dopo due ore e come una cosa l'ho presa e messa sulla pila dei morti che nell'improvvisato ospedale lungo la strada diventava sempre più alta. Nel groviglio di gambe e braccia non si riusciva più a contare quanti erano i cadaveri.

Presto s'è fatto, attorno alla «corsia» di stuoie per terra, un gruppo di contadini thai. Alcuni tacevano senza fare un gesto o dare una mano. Altri ridacchiavano nella tipica forma di asiatico imbarazzo dinanzi a questo usuale, ma ancora inaccettabile fatto che è la morte. Una ragazza thai carezzava con amore una scimmia che teneva stretta sul petto, mentre uno dei ragazzi svizzeri singhiozzava chiudendo gli occhi di un bambino che non era riuscito a tenere in vita.

Veloce è passato il giorno e uno splendido sole è calato improvviso, come fa ai tropici, dietro le chiome delle palme fra riverberi di fuoco. Il cielo s'è fatto scuro, passando veloce da ogni sfumatura di blu, arancione e violetto. Mentre caricavo i moribondi sul camion, stormi di pipistrelli cominciavano a volteggiare sulle nostre teste e la foresta affogava con tutta la sua sconosciuta umanità nella notte più cieca.

SAKEO, campo profughi al confine thai-cambogiano – Ho attorno a me trentamila fantasmi vestiti di nero, accucciati, seduti, sdraiati, che vagolano a vuoto, che dormono, che mangiano, si lavano, defecano, muoiono o aspettano, e l'unico rumore che mi rintrona nelle orecchie sono i continui, brevi, ossessivi colpi di tosse. Con la fame, la malaria, la dissenteria, anche la tubercolosi ha messo le radici fra questi trentamila spauracchi d'umanità. E loro sono i fortunati. Scappati dalla Cambogia, sono riusciti a sopravvivere nella foresta.

Da una settimana sono in questo campo profughi: non c'è ancora una baracca, non un pozzo d'acqua, non una cucina, non un tetto sotto cui ripararsi quando, come oggi, un improvviso scroscio di pioggia trasforma in pochi secondi la terra in una enorme trappola di fango.

È una città medievale colpita dalla peste. Le budella di una donna sventrata le vengono rimesse in pancia senza anestesia, i figli nascono senza levatrici e i morti sono accatastati da una parte, finché il becchino d'un vicino tempio buddhista, fino a poco tempo fa disoccupato, non viene a prenderseli: duemila lire per seppellire un bambino, quattro per un adulto. La Croce Rossa paga.

Un gruppo di giovani svizzeri, francesi e tedeschi sono venuti al campo a farci i medici e gli infermieri; un'altra organizzazione umanitaria ha montato una «sezione orfani» in cui alcune centinaia di bambini, prima abbandonati a morire, vengono imboccati e curati.

Indiscriminatamente nel campo vivono, gli uni accanto agli altri, soldati khmer rossi, ex militari di Lon Nol, membri della vecchia borghesia di Phnom Penh che Pol Pot aveva deciso di sterminare e intellettuali che per patriottismo s'erano messi coi khmer rossi dopo la loro vittoria nel 1975.

«Credevo davvero che le storie dei massacri fossero invenzione della Cia», confessa Seang Hac, un ingegnere petrolifero che nel 1977 ha lasciato a Parigi moglie e tre figli per andare a lavorare per il proprio paese. «Solo quando sono arrivato a Phnom Penh ho capito che avevo commesso un terribile errore che avrei dovuto forse pagare con la vita.» Assieme ad altri cinquecento intellettuali, patriottici come lui, è stato messo in un campo di rieducazione. Quando l'invasione vietnamita all'inizio di quest'anno li ha «liberati», meno della metà erano ancora vivi.

Avversari politici, nemici di guerra, illusi e delusi, boia e vittime sono stati spinti qui da una serie di disastri cominciati nel 1970, quando a Washington la neutralità di Sihanouk non fu più sufficiente e con il colpo di Stato del marzo si mise in moto il processo che ha fatto del «paese del sorriso» un cimitero. Coi loro B-52 gli americani sradicarono milioni di contadini dalle loro terre e li spinsero nelle città. Pol Pot vuotò le città e rimise tutti sulla terra (i più a morire). I khmer rossi usarono la fame come un mezzo per domare la popolazione ed eliminarne una parte a loro ostile. Ora la fame elimina ugualmente i khmer rossi, perché non conosce politica.

Eppure c'è stata, e continua ad esserci, una politica della fame.

La Thailandia, che in passato guardava senza problemi di coscienza ai massacri dei khmer rossi, perché era esclusivamente interessata a mantenere uno Stato cuscinetto fra sé e il Vietnam, ora si rende conto che uno Stato cuscinetto senza più una sua popolazione non ha alcun senso; e allora, dopo aver rimandato indietro a morire decine di migliaia di cambogiani, ha deciso di accettare come rifugiati tutti quelli che ora passano la frontiera.

I paesi del mondo occidentale, che non hanno mai fatto molto, neppure sul piano internazionale, per fermare i massacri di Pol Pot, e che hanno recentemente votato perché quel regime fosse considerato il legittimo regime cambogiano alle Nazioni Unite, ora lanciano accuse di genocidio contro Hanoi e Phnom Penh.

« Uomini come noi stanno morendo di fame. Non possiamo restare indifferenti », ha detto a Bangkok, giorni fa, uno dei tre senatori americani andati fino in Cambogia a cercare di convincere il nuovo governo ad accettare l'idea di aiuti per via terrestre attraverso la Thailandia.

Ma « uomini come noi » morivano anche sotto le bombe americane dal 1970 al 1973. E come non vedere che l'idea di mandare aiuti alla Cambogia attraverso la Thailandia non fa che aumentare i sospetti di Hanoi, secondo cui Bangkok, Pechino e Washington vogliono, con questa copertura internazionale, dare più aiuti di quanto già danno alle forze superstiti dei khmer rossi che, guarda caso, sono concentrate proprio lungo il confine thailandese?

Ognuno gioca con questa fame.

Hanoi dice che è una esagerazione della propaganda occidentale. Il ministro degli Esteri di Phnom Penh ammette che due milioni e 250.000 cambogiani sono affetti dalla carestia, ma che il suo governo è in grado di provvedere e che comunque tutti gli eventuali aiuti internazionali debbono passare dalle sue mani. Hanoi vuole che il governo di Phnom Penh, suo protetto, venga riconosciuto diplomaticamente come il solo governo legittimo della Cambogia. La Thailandia vuole evitare di avere al confine una Cambogia dominata dai vietnamiti. Gli Stati Uniti, la Cina e la maggior parte dei paesi occidentali vogliono vedere il Vietnam rientrare nei suoi confini e rinunciare alle sue ambizioni indocinesi.

Trentamila disgraziati cambogiani in questo campo, come altre centinaia di migliaia sparsi nella foresta, stasera vorrebbero solo mangiare.

ARANYAPRATHET, confine thai-cambogiano – La foresta continua, come il mare contro la spiaggia, a mandarci i rottami ed i superstiti dell'immenso naufragio cambogiano. Ma la morte di molti è la vita di altri e questa solitamente insignificante, addormentata cittadina thailandese di frontiera fiorisce e prospera grazie alle sventure che le avvengono attorno. I cinquemila abitanti di qualche mese fa sono diventati quindicimila. A questi nelle ultime settimane si sono aggiunte decine di commercianti cinesi, spie, giocatori, prostitute, ladri venuti da Bangkok e giornalisti venuti da tutto il mondo.

La Cambogia è ad appena cinque chilometri da qui. Nel silenzio della notte se ne sentono arrivare gli isolati colpi di artiglieria.

I tre alberghi e i due bordelli locali sono strapieni di gente e di pulci e persino i marciapiedi sono occupati da frotte di piccoli commercianti accampati in attesa che, alle quattro del mattino, finisca il coprifuoco per potere coi loro carichi di mercanzie avviarsi alla frontiera.

A nord di Aranyaprathet, col beneplacito delle autorità di Bangkok, a cavallo del confine, si sono installati alcuni gruppi di « guerriglieri » cambogiani (di destra), conosciuti col nome di khmer serei (khmer liberi), che giurano di volersi battere contro gli invasori vietnamiti, ma che per il momento controllano, assieme ai thailandesi, un fiorente contrabbando che tiene in vita alcune migliaia di profughi nella regione e velocemente arricchisce alcuni intraprendenti trafficanti.

« Dove andate? » ho chiesto stamani ad un gruppo di ragazze

thai incontrate all'alba con enormi sacchi di plastica pieni di pane. «Al mercato cambogiano», hanno risposto ridendo.

Ci sono andato anch'io. All'uscita dalla città si passa un primo posto di blocco dell'esercito. Un altro è all'imbocco di una strada sterrata che conduce direttamente al confine. In uno spiazzo ombreggiato da un boschetto di palme sono parcheggiate decine di macchine, autobus, camion, furgoni e motociclette. A piedi, in lunghe file, come formiche che vanno verso il nido, centinaia e centinaia di persone si inoltrano da qui per i sentieri della foresta con enormi carichi sulla testa.

C'è di tutto: sacchi di riso, pile di camicie, sarong, scatole di sardine, medicine, gomme di bicicletta, batterie per lampadine tascabili, sapone, otri pieni d'acqua. Il «mercato» è in una radura inondata di sole da cui si leva un ininterrotto brusio di centinaia di voci che offrono, contrattano, concludono affari. Un sacco con cinque pani comprato ad Aranyaprathet per 35 bath (1200 lire) viene rivenduto per cento; un chilo di pesce secco viene pagato quattro volte il suo prezzo d'acquisto.

Tutto si svolge per terra ed enormi pacchi di soldi passano di mano in mano, non tutti al termine di un affare. All'ombra di alcuni cespugli, degli abilissimi biscazzieri derubano dei loro guadagni alcuni allocchi con la versione asiatica del gioco delle tre carte. Strani, lugubri personaggi, con occhiali neri e delle visibili pistole infilate nella cintura, si aggirano per il «mercato».

Siamo in una sorta di terra di nessuno. I soldati thailandesi non si vedono più e non si vedono ancora i «guerriglieri» khmer serei che controllano alcune strisce di Cambogia lungo il confine. Ma qualcuno dietro le quinte di questa lucrativa operazione ci tiene a garantire che si svolga senza intoppi.

Gli interessi coinvolti sono considerevoli. Tutta la moneta thailandese, con cui i cambogiani che vengono dall'altra parte della radura pagano, è frutto d'un traffico a cui solo alcuni selezionati sono ammessi e che si svolge più nell'interno della foresta, dove oro, argento ed opere d'arte vengono scambiati per bath thailandesi.

I cambogiani in questa zona non vengono, come invece

quelli più a sud, da regioni ancora controllate dai khmer rossi, ma da quelle ormai occupate dai vietnamiti. In quelle, la gente ha avuto il permesso di tornare alle loro case e lì è andata a riprendersi i gioielli, le cose di valore che aveva sepolto al tempo

della grande evacuazione del 1975. Affamati come gli altri a causa della guerra e della mancata coltivazione delle risaie, questi cambogiani hanno fatto, come tutti gli altri, la loro marcia verso Occidente. Ma una volta arrivati, questi, al contrario di quelli del Sud, carichi di soli stracci, hanno di che pagarsi la sopravvivenza e su questo i profittatori del momento stanno facendo affari favolosi.

Sculture di Angkor Wat, preziose scatole d'argento e raffinati monili in oro, scomparsi dal mercato negli ultimi quattro anni, sono negli ultimi giorni ricomparsi improvvisamente nei negozi d'antiquariato di Bangkok. La strada che hanno fatto è questa del « mercato » nella foresta. Questa, ed altre vicine, sono probabilmente anche le vie attraverso cui vengono riforniti i gruppi dei khmer rossi rimasti fedeli a Pol Pot. La Thailandia, che dichiara pubblicamente di voler restare neutrale nel conflitto tra le varie fazioni cambogiane, ma che certamente è interessata a non vedere una vittoria vietnamita nel paese, non ha bisogno di coinvolgersi direttamente nell'operazione le cui fila vengono tenute dalla Cina. Come in ogni altro paese del Sudest asiatico, la Thailandia ha una vasta comunità cinese che controlla la locale economia. Pechino non ha che da attivare questa sua rete di contatti per far arrivare al « mercato della foresta » i rifornimenti necessari a Bangkok.

Stamani, fra i cambogiani che venivano a comprare dai commercianti thailandesi non c'erano solo le solite facce smunte di donne e uomini, che dopo ho visto essere di un accampamento poco distante controllato dai « guerriglieri » khmer serei. C'erano anche dei giovani di forte costituzione, con la tipica uniforme nera, berretto cinese e sciarpa bianca e rossa dei soldati di Pol Pot che, fatti i loro acquisti, caricavano il tutto su delle biciclette rinforzate e si dirigevano in fila indiana verso la foresta.

La gente di Aranyaprathet non fa tante distinzioni fra chi viene al « mercato ». I complotti che si snodano lungo la frontiera sono troppo complicati ed anche pericolosi, se capiti fino in fondo.

« Guarda, guarda! I cambogiani sono amici ora », mi ripeteva una delle ragazze del pane mostrandomi il pacchetto di soldi che aveva fatto.

Quattro anni fa i khmer rossi sparavano lungo la frontiera. Dei razzi erano anche caduti sulla città e molti abitanti erano partiti. Ora, anche quando di notte si sentono dei colpi lontani, non ci si preoccupa: quel che succede di là, qui produce ricchezza.

Almeno per ora.

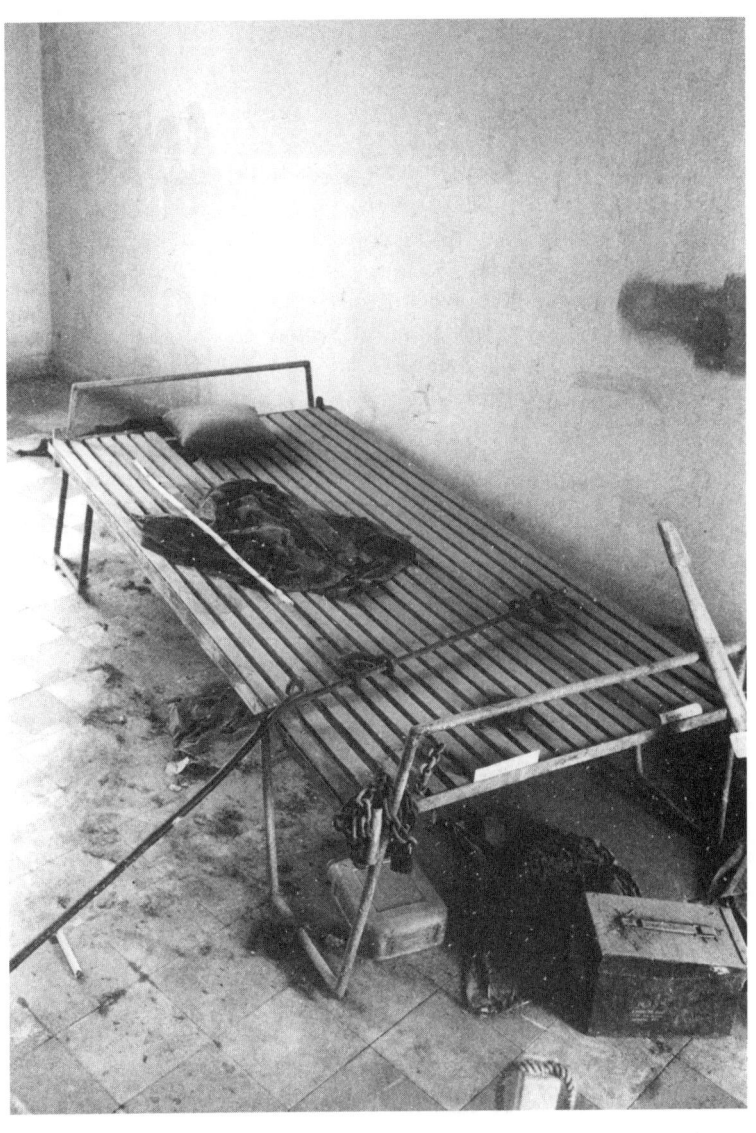

Sono ritornato in Cambogia nel 1980, poco dopo che i vietnamiti erano entrati a liberare la Cambogia dall'orrore di Pol Pot e ad occuparla. Fu un'esperienza drammaticissima perché fino ad allora avevo vissuto, attraverso la storia dei rifugiati lungo la frontiera, la tragedia cambogiana, ma solo nei racconti. E devo dire che anche ad immaginarsi l'orrore, la fantasia non riesce mai a cogliere quel tanto di orrore che c'era invece nella realtà cambogiana. Uno si può immaginare i massacri, le fosse comuni, si può immaginare migliaia e migliaia di persone morte; ma se le metti in fila, queste persone morte, se le vedi, queste ossa, sono tante di più di quelle che uno si può immaginare.

Intervista Rai-tv, 1985

Sento ancora le urla nella notte (I)

Der Spiegel, 7 aprile 1980

La Cambogia di oggi è al di là della fantasia umana dell'orrore. Avevo lasciato il paese nel 1975, poco prima che i khmer rossi entrassero a Phnom Penh, e m'ero lasciato dietro una Cambogia sfigurata dalla guerra, ma ancora viva: con città, case, villaggi, gente normale, amici. Ci sono tornato e non ho ritrovato che gli scheletri delle cose e delle persone che conoscevo. Sembra che sulla Cambogia di oggi si siano abbattute tutte le disgrazie che posson venire dal cielo e tutte quelle di cui è capace l'uomo: la peste e la guerra, il terremoto e la bomba al neutrone.

Dall'ottobre 1975, nei campi profughi in Thailandia e poi nel 1978 in quelli in Vietnam, m'ero sentito raccontare dai cambogiani scampati a Pol Pot terribili storie di massacri e violenze, ma non ero mai riuscito con la testa a rendermi conto delle dimensioni di questa realtà.

Ho passato tre settimane in Cambogia ed è stato il viaggio più libero che abbia mai fatto in un paese comunista. Su una Fiat di fabbricazione sovietica ho viaggiato per 1500 chilometri di strade sconquassate, ho visitato più della metà delle 19 province del paese, ho passato due giorni interi fra le rovine di Angkor. Dovunque mi sono fermato, spesso per caso, perché avevo una gomma bucata o perché, preso dalla sete, cercavo del succo di cocco dai contadini, dovunque sono incappato nelle fosse comuni, negli ex campi di sterminio di Pol Pot. A volte, traversando una risaia mi è stato impossibile non camminare sui resti di gente massacrata fra il 1975 e il 1978 dai khmer rossi.

A Phnom Penh sono andato per ore in giro in bicicletta in cerca di posti conosciuti, di case in cui avevo abitato, di vecchi amici. Non ho ritrovato nessuno. Ho cercato il mio vecchio interprete, ma di tutta la sua famiglia non c'era una traccia: svaniti. Ho invece rivisto vecchie conoscenze vietnamite, vietcong incontrati a Saigon al tempo della vittoria comunista ed ora con l'esercito di «liberazione» che Hanoi ha mandato in Cambogia.

Ad eccezione di alcune aree del paese in cui mi è stato sconsigliato di avventurarmi per ragioni di sicurezza (ci sono qua e là ancora delle bande di khmer rossi che fanno colpi di mano), sono andato e mi sono fermato dove ho voluto, ho parlato con chi mi pareva: dal presidente del nuovo governo, Heng Samrin, al suo ministro degli Esteri, Hun Sen, al misterioso uomo forte del regime, Pen Sovann, capo dell'esercito, a vecchi simpatizzanti di Sihanouk, a ex funzionari di Lon Nol, a semplici contadini. Tutti avevano una gran voglia di parlare, di raccontare, di essere creduti.

Non tutti i cambogiani che ho incontrato, però, si sentono «liberati». Alcuni, dopo quattro anni di quotidiano terrore, non riescono ancora a credere che tutto sia finito, temono che ci saranno altre epurazioni e preferiscono non essere riconosciuti, identificati. Uno studente m'ha pregato di non usare il suo nome, dicendomi: «Tu sei il fiume, io sono la barca; tu te ne vai, io debbo restare».

Piccoli mercati hanno riaperto dovunque, i bambini giocano di nuovo su pile di immondizie, Buddha mutilati vengono rimessi all'ombra di provvisorie tettoie di paglia là dove prima c'erano le pagode rase al suolo da Pol Pot.

La Cambogia lentamente rivive, ma lo fa sotto la protezione di un esercito di tradizionali nemici, i vietnamiti, che ora si dicono amici ed a cui la gente deve essere grata della propria sopravvivenza. «Se non fossero venuti sarei morto l'anno scorso, se se ne andassero morirei l'anno prossimo», dice Rim Rom (otto membri della sua famiglia uccisi, quattro anni di lavori forzati nella giungla), un ex studente che ora lavora come interprete al ministero degli Esteri e mi accompagna.

Ci sono oggi almeno 200.000 soldati vietnamiti in Cambogia a garantire che i khmer rossi non tornino al potere e che il paese possa ritrovare una qualche forma di normalità dopo quattro anni di follia polpottiana. Di questa rinascita si è voluto che Phnom Penh diventasse il simbolo. Almeno 120.000 abitanti sono tornati a vivere nella capitale, altri 130.000 stanno negli immediati sobborghi. Non ci sono posti di blocco, in città può entrare chi vuole, ma per occupare una delle case abbandonate durante l'evacuazione generale ordinata dai khmer rossi nell'aprile del 1975, occorre avere un lavoro. E di solito è il governo che lo dà.

Immediatamente dopo il 7 gennaio 1979, ora chiamato «Giorno della liberazione», quando l'esercito vietnamita entrò a Phnom Penh, rovesciò il regime di Pol Pot e installò il nuovo governo di Heng Samrin, chiunque si presentasse a Phnom Penh ed avesse un mestiere veniva assunto. La paga mensile: dapprima 18 chili di riso al mese; ora, con la reintroduzione della moneta, 60 riel (un riel equivale ad un chilo di riso o a 25 centimetri di stoffa).

La città è divisa in sezioni ed ogni ministero ha i quartieri circostanti assegnati ai suoi dipendenti. Nessuno può andare ad abitare nella casa che occupava prima del 1975. Intere zone residenziali sono riservate ai soldati e consiglieri vietnamiti. Un'asta di bambù che traversa la strada ed un soldatino di Hanoi all'ombra di una garitta sono il segnale di «vietato l'accesso».

Ad un anno dalla «liberazione», l'aspetto di Phnom Penh è ancora disperante, anche se magnifici ciuffi di mimose e buganvillee in fiore coprono alcune delle più spaventose cicatrici di questa, che era stata una delle più piacevoli e fascinose città dell'Asia. Le palme di cocco, che i khmer rossi avevano piantato ogni venti metri lungo i marciapiedi e nelle piazze, nascondono parte delle distruzioni col loro splendido muro di un verde lussureggiante.

Splendido per me!

«Non vedi che i cocchi sono molto troppo alti per l'età che hanno?» mi chiede con lo sguardo terrorizzato Rim Rom. «Quei cocchi hanno avuto uno speciale fertilizzante: cadaveri umani!»

Al tempo di Pol Pot i nemici di classe, gente in nessun modo utile da viva, dovevano almeno servire a qualcosa da morti ed i khmer rossi li usavano per concime. «Guardo questi alberi e sento ancora bisbigliare: Faresti dell'ottimo cocco! Ucciderti per concimare i cocchi...!» dice Rim Rom. Oggi ci sono migliaia di questi «alberi di Pol Pot» in ogni città abbandonata del paese ed i cambogiani dicono che sotto ognuno giace un cadavere.

Ad un anno dalla sua installazione, il governo di Heng Samrin ha un'apparenza di stabilità ed efficienza. Ci sono uffici con ogni sorta di responsabilità (quello incaricato della pesca è nella vecchia ambasciata americana), dovunque ci sono impiegati, funzionari che lavorano su dei documenti, mettono timbri, rilasciano permessi. La Biblioteca nazionale – i khmer rossi ci avevano tenuto i maiali – ha riaperto con i vecchi libri che erano stati buttati nel suo giardino e con ciò che è rimasto della preziosa collezione di manoscritti dell'Istituto buddhista, rovesciata dai khmer rossi sulle rive del Mekong.

«Meno male che ci sono rimasti gli scaffali. I khmer rossi li usavano per tenerci le loro pentole», dice Youk Kun, un ex professore universitario ora incaricato di rifare il catalogo. Sotto Pol Pot era riuscito a far credere d'essere stato un semplice manovale e s'è salvato. La moglie, sei figlie e cinque fratelli sono stati invece massacrati; un fratello, solo perché «era grasso e perciò chiaramente un borghese».

Il famoso Museo di Phnom Penh è di nuovo in funzione. Dalle sue preziose collezioni mancano solo gli oggetti in legno con cui i khmer rossi hanno acceso il fuoco. All'università solo la facoltà di Medicina ha ripreso i corsi, ma non ci sono più libri nella sua biblioteca e dei 70 professori che vi insegnavano nel 1975, solo 7 sono sopravvissuti.

Dei 500 medici che lavoravano in Cambogia prima della vittoria comunista, solo 56 si sono ripresentati al lavoro. Alcuni sono scappati in Thailandia, i più sono finiti nelle fosse comuni di Pol Pot, altri si tengono ancora nascosti. Il 57esimo, l'ho incontrato per caso in un villaggio nell'Est del paese. « La prego, la prego non riveli a nessuno la mia identità », continuava a ripetere. Gente come lui, intellettuali, tecnici, professionisti, se sono ancora in vita lo debbono al fatto che sotto Pol Pot sono riusciti a farsi passare per analfabeti e che nessuno li ha traditi. Dopo quattro anni di quotidiano terrore, molti sono ancora convinti che l'orrore non sia finito.

« Dal 1975 non ho più letto né scritto una parola. Non so più chi sono », mi sono sentito dire da una donna che era stata flautista nell'orchestra di Phnom Penh e che ha perso marito e due figli nelle fosse comuni.

A Pursat, all'angolo fra due strade deserte ho visto una donna tremante di febbre, gialla di itterizia, accucciata davanti a quattro dolcini di riso che avrebbe fatto meglio a mangiare che a cercar di vendere. « *Bonjour Madame!* » m'è venuto da dirle. M'ha guardato come fossi una visione dell'aldilà, poi ha balbuziato « *Bonjour Monsieur* ». Ith Sithon, maestra di scuola a Phnom Penh, è la sola sopravvissuta d'una famiglia di 16 persone. Ad appena 28 anni continuava a ripetere: « Non so più come si fa a vivere ».

In un villaggio sulla Strada nazionale n. 1 mi hanno fatto vedere un giovane sui trent'anni che, temendo i khmer rossi potessero indurlo a confessare che era stato studente, aveva finto per anni di essere sordomuto. I khmer rossi sono spariti da mesi, ma lui non riesce ancora a parlare e davvero non sembra udire.

Nel silenzio della giungla, alte sopra le palme da zucchero, ti guardano le gigantesche facce dall'inquietante sorriso degli dei-re di Angkor. Bassorilievi imponenti, lungo le mura di templi e palazzi, raccontano di grandi battaglie combattute tra le forze della luce e quelle delle tenebre, di terribili torture, di uomini massacrati e fatti a pezzi. Un'iscrizione dice: « Il saggio sa che la vita non è che una fiammella scossa da un vento violento». L'epigrafe, intagliata quasi mille anni fa come un monito agli uomini, sembra una sinistra profezia. A soli quattro chilometri di distanza, davanti alle fuligginose rovine di quel che era stato il liceo di Siem Reap, i resti di centinaia di persone torturate, ammazzate o smembrate sbiancano sotto il sole cocente.

La gente torna alle sue case, ma non ritrova che i muri nudi; le donne vanno a prendere l'acqua nei pozzi, ma li trovano pieni di cadaveri putrefatti. Gli uomini tornano nelle risaie, ma arandole invece di sassi non dissotterrano che scheletri e teschi. I miserabili discendenti dei costruttori di Angkor raschiano le pietre dei templi e raccolgono gli escrementi dei pipistrelli per usarli come concime; frugano nelle fosse comuni in cerca d'un parente o almeno di un po' d'oro che potrebbe essere rimasto fra le pieghe degli indumenti ammuffiti. Si sentono ridere le scimmie e lamentarsi le cicale.

«Dicono che si lamentano perché la stagione secca ha fatto morire tutte le foglie, ma io credo che si lamentano perché sono morti tanti khmer», mi dice il curatore del complesso dei templi di Angkor, Pich Keo (cinque sorelle, un fratello, entrambi i genitori e un figlio finiti nelle fosse comuni), accompagnandomi prima attraverso le rovine dell'antico regno khmer, distrutto in tempi lontani da invasori arrivati sia da Occidente che da Oriente; poi attraverso le macerie più recenti lasciate dal terribile «dio vendicatore» chiamato Pol Pot.

Dei trentasei archeologi che nel 1970 abitavano in Cambogia, ventuno furono uccisi, dodici sono andati a vivere a Parigi, Pich Keo è uno dei tre rimasti qua. Tutti i suoi libri sono stati distrutti, tutti i documenti di Angkor dati alle fiamme e come ogni altro cambogiano che ho incontrato, anche Pich Keo fatica a trovare il coraggio per ricominciare daccapo.

Dei sei o sette milioni di khmer che vivevano in Cambogia nel 1975, ne sono sopravvissuti circa quattro milioni e mezzo, tutti traumatizzati o terrorizzati, e di questi almeno un terzo è malato di malaria o di beriberi. Tutti hanno sofferto la fame, sono ancora deboli e si ammalano facilmente.

«Abbiamo a che fare con una popolazione che non regge più a situazioni di stress», mi diceva un funzionario dell'Onu che lavora a Phnom Penh.

In un paese che ai tempi di Sihanouk vantava un ospedale perfettamente attrezzato in ogni capoluogo e un'infermeria in ogni distretto, Pol Pot aveva sistematicamente distrutto ogni traccia della medicina occidentale e, affidandosi esclusivamente alle pratiche tradizionali, aveva ridotto i cosiddetti «ospedali della foresta» in anticamere della morte. Ai pazienti venivano dimezzate le razioni di cibo e la chirurgia era praticata da giovani contadini khmer rossi che dovevano «fare esperienza di medicina applicata».

«Un giorno ho visto come una ragazza di 17 anni veniva portata all'ospedale. Era sana e credeva di andarci a fare l'infermiera. Invece l'hanno costretta a prendere un sonnifero e ho visto come due giovani 'dottori' la legavano a un tavolo e la tagliavano a pezzi. I pezzi li hanno poi seppelliti in giardino», racconta il dottor Hun Chhen Ly (cinque fratelli, moglie e due figli uccisi da Pol Pot), che ora lavora nell'ospedale riaperto di Battambang. E ha aggiunto: «Pol Pot era peggio di Hitler perché ha ucciso la propria gente».

Un problema comunque Pol Pot è riuscito a risolverlo: quello della lebbra. Nel giro d'un paio di settimane ha fatto sterminare tutti i lebbrosi.

Il nuovo governo cerca da un anno di rimettere in piedi un sistema sanitario, ma le difficoltà sono immense. In tutto il paese ci sono solo 56 medici (nel Battambang, una provincia di 830.000 abitanti, chi opera è un ex infermiere) e anche le medicine che arrivano grazie agli aiuti internazionali finiscono per essere distribuite un po' a caso, «come fossero caramelle», dice un esperto straniero venuto a proporre un progetto assistenziale. «A questo punto l'unica cosa da proporre è di dar da mangiare alla gente.»

Gli scheletri ambulanti che nell'ottobre del 1979 fuggivano ancora a migliaia attraverso il confine con la Thailandia non si vedono più, ma negli ospedali che ho visitato, quasi tutti i pazienti erano gravemente denutriti, come lo erano i bambini con le loro piccole pance gonfie e i capelli brunastri nei villaggi lungo le strade della Cambogia occidentale. «Dietro al ritorno alla normalità si nasconde la bomba a scoppio ritardato della fame», diceva l'esperto.

I conti son presto fatti. Nel 1979 il riso è stato piantato solo su un quarto del terreno coltivabile del paese. Il raccolto, che doveva bastare fino all'autunno prossimo, più o meno è già consumato e, peggio ancora, la gente si sta mangiando le sementi per il raccolto di fine anno. Prima di dicembre la Cambogia ha quindi bisogno di ricevere dall'estero 260.000 tonnellate di riso.

«Sotto Pol Pot siamo sopravvissuti mangiando la foresta. Torneremo a farlo», mi diceva una donna (marito, due sorelle e un figlio persi nelle fosse comuni) che assieme ad un gruppo di altre vedove gestisce ora l'unico albergo di Siem Reap. Vari esperti stranieri che lavorano in Cambogia sostengono invece che se la gente torna a mangiare, come ha fatto nei quattro anni passati, foglie, lucertole, ratti e qualsiasi cosa che calmi lo stomaco, i cambogiani rimarranno deboli e malaticci e di nuovo non saranno in grado di coltivare il riso per la prossima stagione. Il circolo vizioso della fame non finisce più.

Una delle principali ragioni per il mancato ritorno alla normalità nell'agricoltura è il disastro causato da Pol Pot nel sistema d'irrigazione del paese. Illudendosi di poter ricostruire la rete idrica che aveva permesso ai cambogiani dell'antico regno di Angkor di fare tre raccolti l'anno, i khmer rossi avevano messo milioni di persone ai lavori forzati per la costruzione di dighe, canali e serbatoi che si sono dimostrati assolutamente inutili ed ingegneristicamente sbagliati. Il vecchio sistema delle acque è stato completamente distrutto e in molte parti del paese quello di Pol Pot s'è sfaldato con le grandi piogge. Viaggiando attraverso la Cambogia, si vedono questi mozziconi di enormi, inutilizzabili canali che come delle larghe autostrade di polvere tagliano l'orizzonte. Migliaia di persone sono morte inutilmente a costruirli.

Nel 1975 la provincia del Battambang aveva 500 pompe

d'acqua: ne sono restate cinque; aveva 1000 trattori, ne sono rimasti 60. Buoi e bufali sono stati mangiati e quelli sopravvissuti bastano appena per arare un terzo della terra coltivabile.

Dopo i quattro anni della spaventosa tempesta polpottiana, la Cambogia si sta ancora assestando. Un popolo disperato, inebetito, di vedove, orfani e pochi uomini terrorizzati vagola per il paese cercando di rimettere insieme i cocci di un enorme disastro e di riprendere il filo perduto della vita. Sono in cerca di parenti persi, di cibo, di casa, di qualche cosa da recuperare e con cui ricominciare a vivere.

Il cigolio non cessa mai. Anche di notte, nonostante un teorico coprifuoco, lente file di carrette tirate da buoi e cariche di persone passano scricchiolando per le strade buie della capitale. La piazza dinanzi alla vecchia stazione ferroviaria è diventata un enorme bivacco impiastricciato di rifiuti e di escrementi, dove la gente aspetta per giorni l'improbabile arrivo di un treno per il Nord o il Sud del paese: la Cambogia oggi ha in tutto due locomotive.

I mezzi di trasporto sono il grande problema. Da una settimana, davanti al vecchio cinema di Stato 400 orfani sudici, malaticci, affamati, aspettano assieme ad alcune donne che dei camion li portino a Kampot. Sono arrivati a piedi da Pursat dove erano stati spediti dai khmer rossi nel 1975 insieme alle loro famiglie. Gli uomini sono morti tutti e loro cercano ora di tornare ai loro villaggi.

A volte, durante le operazioni di rastrellamento in cerca di khmer rossi nelle regioni più remote del paese, l'esercito vietnamita incontra gruppi di orfani che sopravvivendo nella giungla si sono ridotti quasi allo stato animale. Li riaccompagnano fino ad una strada principale e dicono loro di tornare ai loro villaggi. Ma quali? Quei villaggi quasi sempre non esistono più.

I sopravvissuti di famiglie diverse spesso si mettono assieme per formarne una nuova. Le madri cercano di sposare le figlie già a quindici anni, ma non si trovano uomini. «Perché non le fate sposare con uno dei soldati vietnamiti?» ho chiesto decine di volte durante il mio viaggio e ogni volta ho ricevuto la stessa risposta: «Uno *youn*? Mai e poi mai!» «*Youn*» è il nome dispregiativo che i khmer usano per i vietnamiti.

Dalla fine dell'impero di Angkor, sette secoli fa, i khmer hanno continuato ad indebolirsi, i vietnamiti a rafforzarsi. Per necessità geopolitiche, per garantire la loro stabilità e la loro economia, i vietnamiti hanno sempre cercato di estendere la loro sfera d'influenza su tutta la penisola indocinese. A metà Ottocento erano sul punto di spartirsi la Cambogia con i thailandesi e di coronare un sogno mai apertamente dichiarato. Li fermò la Francia che fece della Cambogia un suo protettorato e del Vietnam una colonia.

Oggi, a un secolo di distanza, la storia ha riportato i vietnamiti sia in Laos che in Cambogia e la propaganda di Hanoi, trasmessa quotidianamente dagli altoparlanti a pile (l'elettricità manca ancora in gran parte del paese), parla della «militante solidarietà» fra i tre popoli indocinesi e dell'amore dei vietnamiti per i khmer.

«Sì, ci amano come la volpe ama la gallina», commenta un vecchio funzionario del governo di Lon Nol (l'intera famiglia sterminata da Pol Pot) che oggi si guadagna da vivere comprando e rivendendo al mercato di Toutampon di Phnom Penh. Per i vietnamiti, i khmer sono un popolo primitivo, mentre i khmer considerano i vietnamiti crudeli, ottusi ed ipocriti: «Dicono una cosa e ne intendono un'altra».

A Phnom Penh, tra montagne di rifiuti e fetida verdura marcia, si sta ricreando l'atmosfera dei tempi passati. Accucciata per terra, la gente mangia una zuppa di vermicelli o dolcini di riso colloso. Le donne vendono di tutto, dal sapone, alle pile, ai libri raccolti per strada, agli anelli con gli zaffiri rossi. Le ragazze cuciono camicie e sarong dai colori sgargianti – viola, rosso, azzurro, verde – per dimenticare il nero imposto a tutti dagli uomini di Pol Pot.

«Se vedo qualcuno vestito di nero comincio a tremare come un uccello caduto nello stagno», dice Neag Savann (marito, una figlia e due sorelle finiti nelle fosse comuni). Non sembra invece darle fastidio di vivere tra i teschi ammassati nel villaggio di Toul Kok, dove subito dopo la conquista di Phnom Penh i khmer rossi uccisero almeno 30.000 persone. «I vivi mi fanno più paura dei morti», dice, fiera del suo nuovo sarong a fiori

acquistato al prezzo di sei polli. I cambogiani cercano di eliminare le tracce che ricordano il passato. Pur poverissimi, si disfanno degli economici e comodi sandali fatti di tubolare che mettevano sotto Pol Pot, per passare a quelli di plastica, costosi e colorati, di provenienza thailandese.

Tutte le merci che si trovano oggi in Cambogia arrivano dalla Thailandia attraverso il « Sentiero di Heng Samrin », come lo chiamano gli stranieri. Lunghe colonne di ciclisti pedalano ogni giorno per questa strada che da Kompong Cham arriva a Sisophon, a soli 28 km dal confine thailandese, e tutti hanno un po' d'oro in tasca. Al ritorno sono carichi di sigarette, stoffe, orologi, batterie, radio, sandali e bibite. Non si muovono se non in gruppo e uno su venti ha con sé un fucile.

« Nelle foreste soprattutto ci sono tanti banditi », mi diceva uno di loro incontrato in un'« area di sosta » fuori Kompong Cham. « Il più grande pericolo è forare e rimanere indietro da soli. »

L'andata dura cinque giorni, il ritorno sei, ma il guadagno vale il rischio. Un sarong comprato a Sisophon per cinque dollari ne vale dieci a Kompong Cham e da tredici a quindici a Phnom Penh. Ogni ciclista riesce a portare un carico di 40 chilogrammi. I più sono contadini senza risaie e impiegati senza lavoro che però hanno trovato una bicicletta: un miracolo, dato che Pol Pot le aveva requisite tutte per farle arrugginire nei depositi. Ora le si possono comprare, in genere senza freni, per tre decimi di un'oncia d'oro. Fatto questo investimento, è facile mettere insieme il capitale per finanziare il traffico pendolare tra il confine thailandese e il centro della Cambogia.

Chi nel 1975 aveva sotterrato i suoi oggetti di valore, oggi li ritira fuori per fare affari. Un'oncia d'oro prestata a un ciclista per dieci giorni frutta il dieci per cento di interessi. Molti di questi « banchieri » che operano tra Kompong Cham e Phnom Penh sono i superstiti di una comunità di 300.000 cinesi che da generazioni era vissuta in Cambogia.

« Il capitalismo sta rinascendo dalle ceneri del comunismo di Pol Pot », notava un esperto straniero a Phnom Penh. Il governo non ostacola questo mercato nero, anzi, sembra ritenere vitale che il «Sentiero di Heng Samrin» rimanga aperto. L'afflusso continuo di merci serve a garantire il valore della nuova moneta di cui la gente ancora diffida.

I commercianti che attraversano la frontiera thailandese e tornano indietro con merci destinate al mercato di Sisophon, le devono pagare in oro ai thai. A parte la moneta vietnamita, il dong, l'oro rimane il mezzo di pagamento più gradito dai cambogiani.

La nuova professione è quella di «maestro pesatore d'oro»: nei mercati la esercitano uomini che con dei bilancini pesano pezzi di braccialetto o le maglie di una catenina. In cambio ricevono una sigaretta dal venditore e una dal compratore. Con un pacchetto intero si comprano due chili di riso.

A Sisophon, tappa finale del «sentiero di Heng Samrin», la febbre dell'oro impazza. L'antica città, ancora deserta e in rovina, è occupata dall'esercito vietnamita. Una vecchia farmacia è stata riadattata a piccola prigione per i civili vietnamiti, catturati mentre cercavano di scappare in Thailandia. Fuori dal perimetro della città, su uno spiazzo senza l'ombra di un albero, la gente aspetta davanti a merci accatastate in semplici catapecchie. Mentre i ciclisti le caricano, le guardie del corpo di ricchi commercianti, con la pistola nascosta sotto la camicia, si guardano attorno con occhio circospetto. Ufficiali vietnamiti comprano cassette stereo, orfani chiedono la carità davanti ai bancarelli che vendono coca-cole ghiacciate a chi gliele paga in oro.

Ci vorrà del tempo prima che l'industria cambogiana sia in grado di produrre tutto quello che i commercianti thailandesi stanno vendendo in cambio di tutto l'oro della Cambogia. Delle 80 maggiori industrie che esistevano in Cambogia nel 1975, nel 1980 solo la metà aveva ripreso a lavorare e nessuna a piena capacità. Manca l'elettricità, mancano le materie prime, i pezzi di ricambio, le attrezzature.

«Non ce la farete mai senza aiuti dall'estero», continuano a ripeter gli esperti stranieri venuti ad esaminare la situazione dell'industria nel paese.

Agli stranieri di qualsiasi nazionalità viene sempre chiesto aiuto. La Cambogia entro la fine di maggio ha bisogno di almeno 60.000 quintali di sementi, ha bisogno di tutto. Le fabbriche sono ferme per mancanza di carburante, di pezzi di ricambio, di materie prime. «Il Suo governo potrebbe mandarci delle chiavi cinesi?» mi ha chiesto Hoc Lim (30 persone della sua famiglia trucidate), direttore tecnico di una fabbrica tessile a Kompong Cham. Nelle scuole riaperte i bambini stanno seduti per terra. «Se vuole aiutarci ci mandi dei chiodi così ci fabbrichiamo dei banchi», mi diceva un maestro in un sobborgo di Phnom Penh.

Nella provincia di Kompong Cham, 9000 ettari erano coperti di piantagioni di cotone prima del 1975. Oggi quelle terre inaridiscono incolte sotto il sole. Pol Pot ne aveva fatto un uso diverso.

All'ingresso della città di Kompong Cham, a sinistra della strada che conduce al vecchio aeroporto, i campi sono coperti da un terribile tappeto: ossa, ossa, ossa a perdita d'occhio. Teschi, infiniti, anonimi teschi senza fori di pallottola, sfracellati tutti a colpi di bastone. Molti sono piccoli come un pugno: i teschi di bambini. «Un colpo di zappa, un colpo di ascia, un colpo di bastone», sussurravano gli *chhlopp*, le spie di Pol Pot, per far capire a quelli in loro balia che non erano degni nemmeno di una pallottola. Eccoli là, i teschi fracassati! Sui campi di Kompong Cham giacciono 50.000 persone: soldati e funzionari di Lon Nol con le loro famiglie; studenti, insegnanti, gente la cui unica colpa era quella di essere andata a scuola.

Com'è potuto succedere?

«Lavoro qui perché cerco una risposta. Ho letto montagne di documenti, ma la risposta non l'ho trovata», mi dice Ing Pech, 53 anni (cinque figli e due fratelli giustiziati), incontrato nel vecchio liceo Tuol Sleng che da Pol Pot era stato trasformato nel principale centro di sterminio di Phnom Penh. Attraverso le camere di tortura di questo edificio, ora diventato museo, sono passati tra il 1975 e il 1978 almeno 20.000 cambogiani. Ministri di Lon Nol e dello stesso Pol Pot, ambasciatori e alti funzionari accusati di «tradimento», erano legati su letti di ferro, dove venivano picchiati e torturati con l'elettroshock, o rinchiusi in minuscoli cubicoli dove morivano, incatenati, senza mai ricevere cibo.

Il 5 gennaio 1979, due giorni prima dell'ingresso dell'esercito vietnamita a Phnom Penh, i khmer rossi sterminarono in tutta fretta i prigionieri ancora vivi, inclusi due americani catturati in mare aperto a metà 1978.

Ing Pech riuscì a nascondersi. «La nostra vita era come quella di un capello. Al mattino c'era, la sera non c'era più», racconta. Era stato detenuto a Tuol Sleng come «spia della Cia» ma era sopravvissuto perché sapeva accomodare i camion con cui i khmer rossi portavano le loro vittime.

«Sento ancora le urla nella notte. A volte credo che quelle urla mi faranno diventar sordo. Per questo ho chiesto di lavorare qui. Voglio cercare di capire come sia potuto succedere.»

Grazie ad una macabra burocrazia della morte, quasi ogni prigioniero aveva il suo dossier con data d'ingresso nella prigione, resoconto delle confessioni, delle torture, e data della sua esecuzione. D'ognuno c'è una foto scattata prima di morire. 1200 sono le foto di bambini, molti giovanissimi, eliminati solo perché membri di famiglie sospette.

«Caro compagno Duch, non sprecare troppa carta. Prendi i dati soltanto dei prigionieri più importanti. Per gli altri bastano un paio di righe. Stai attento con quelli che mentono. Stai in guardia. Cordialmente, f.to Khieuv», scrive, in una lettera del 5 novembre 1977, il ministro della Difesa di Pol Pot, Son Sen (nome di battaglia «Khieuv»), a Duch, il direttore della prigione. Son Sen è ancora ministro nel governo di Pol Pot che, pur spodestato e rifugiatosi nella giungla, continua ad essere riconosciuto a livello internazionale come il governo legittimo della Cambogia.

Duch, che prima dell'arrivo dei vietnamiti è riuscito a fuggire insieme a Pol Pot e ai suoi uomini armati, aveva incollato in una sorta di diario una sua foto con la moglie e i figli cui aveva fatto seguire, pagina dopo pagina, le foto dei torturatori e dei killer della prigione.

Insieme a un team di cinque persone, Ing Pech ha redatto la lista dei giustiziati e rivestito le pareti di tre stanze del Museo di Tuol Sleng con le loro foto. Tanta gente, cui i khmer rossi hanno «portato via» dei congiunti e che cerca ora di capire dove siano finiti, comincia la sua ricerca qui. Lentamente, con gli occhi sbarrati, sfogliano questo catalogo della morte sperando di non riconoscere nessuno.

Sento ancora le urla nella notte (II)

Der Spiegel, 14 aprile 1980

Mesi dopo la fine del regime di Pol Pot, dei 1356 operai che nel 1975 lavoravano nella fabbrica tessile di Kompong Cham solo 410 si sono ripresentati all'appello. Dei trentasette tecnici ne sono sopravvissuti quattro. Pallidi, scheletrici, facili al pianto, gli operai tornati ai loro posti di lavoro non riescono a dimenticare il passato. Forse perché lo stesso direttore della fabbrica, Chea Cham Chea, fino al 1978 era stato un khmer rosso.

Chea, che continua a indossare il pigiama nero, era andato coi khmer rossi nel 1970 da contadino, diventando prima combattente, poi commissario politico. Dopo la vittoria dei khmer rossi nel 1975 ha continuato ad avanzare di grado, finché nel maggio 1978 la sua unità, come tutte le altre della « Zona militare 203 », che nel Sudest del paese confina con il Vietnam, venne coinvolta in un putsch contro Pol Pot.

La rivolta, fomentata dai vietnamiti e guidata da So Phim, il comandante della « Zona 203 », fallì. Truppe devote a Pol Pot accerchiarono i ribelli, giustiziarono So Phim e, su ordine di Pol Pot, sterminarono sistematicamente tutti i suoi seguaci con le loro famiglie. Chea riuscì a scappare in Vietnam. Nel gennaio del 1979 tornò in Cambogia insieme alle truppe di Hanoi e gli fu affidata dal nuovo governo la direzione della fabbrica tessile di Kompong Cham.

« E durante i massacri del 1975, 1976 e 1977, lei dove si trovava? » gli ho chiesto. I vecchi operai e i quattro tecnici che si erano riuniti nel suo ufficio abbassarono lo sguardo, imbarazzati. Il loro impaurito silenzio mi dava già una risposta: Chea era sempre rimasto nella zona di Kompong Cham e aveva avuto probabilmente a che fare con le fosse comuni lungo la strada per l'aeroporto.

«Appena due anni fa mi avrebbe ridotto in concime se avesse saputo chi ero stato. Ora mi chiede di dargli una mano», mi spiega un ingegnere di un'altra fabbrica che, nascondendo di aver studiato all'estero, aveva fatto il pedalatore di risciò sotto Pol Pot.

Dovunque si vada nell'odierna Cambogia, nelle fabbriche, nelle amministrazioni locali o provinciali, la struttura del potere è sempre la stessa: al vertice ci sono uno o due quadri comunisti affidabili; sotto di loro lavorano i funzionari e i tecnici del governo di Lon Nol scampati ai massacri dei khmer rossi. Pol Pot aveva a tal punto distrutto l'intellighenzia e tanto sistematicamente epurato le proprie fila che i vietnamiti dovettero per forza impiegare nel nuovo regime cambogiano elementi di quello vecchio.

Persino nel governo centrale è entrata gente dal passato «sospetto». Lo stesso presidente della Repubblica popolare della Kampuchea, Heng Samrin, fino al maggio 1978 era stato un piccolo comandante provinciale dei khmer rossi nella «Zona 203»; il funzionario del protocollo invece, che mi ha condotto da lui per un'intervista, era ancora quello che, sempre nel Palazzo presidenziale di Chamkamun, nel 1973 mi aveva accompagnato dal maresciallo Lon Nol. Hun Sen, il ventinovenne ministro degli Esteri del nuovo regime, fino al 1978 militava coi khmer rossi della «Zona 203», mentre l'importante direttore dell'Informazione alle sue dipendenze è ancora quello che da direttore della Sicurezza controllava il mio passaporto quando in passato arrivavo all'aeroporto di Phnom Penh.

Il governo di Heng Samrin, che oggi regge il paese, è composto da un'accozzaglia di sopravvissuti di tutti i massacri: una sorta di mostro politico che i vietnamiti hanno messo assieme tenendolo a battesimo con chi era disponibile. Senza i vietnamiti si sfalderebbe nel giro di un giorno. Alla testa del governo e delle amministrazioni provinciali ci sono dei giovani e spesso modesti quadri politici comunisti scampati alle epurazioni di Pol Pot; sotto di loro non si trovano che vecchi anticomunisti, funzionari di Lon Nol sopravvissuti ai massacri dei khmer rossi.

« I comunisti mi usano perché hanno bisogno di me. Ma per quanto ancora? » si chiede un ex industriale di Phnom Penh, oggi assunto al ministero del Commercio. Molti tecnici e intellettuali del vecchio regime condividono le sue apprensioni ed alcuni approfittano del clima di relativa libertà instaurato da Heng Samrin per andarsene.

A febbraio sono scappati in Thailandia quattro funzionari di uno stesso ministero con quel che restava delle loro famiglie. Ma non solo gli anticomunisti del vecchio regime temono le rappresaglie di un regime che è comunista e vuole restarlo. Anche i quadri comunisti al vertice del potere diffidano gli uni degli altri. Gli uni, fino al maggio 1978, quando scapparono in Vietnam per scampare alle purghe di Pol Pot, erano stati khmer rossi; gli altri, chiamati « khmer-vietminh », sono i vecchi militanti del Partito comunista indocinese di origine khmer che già nel 1954 si sono rifugiati in Vietnam, hanno fatto carriera in Vietnam e solo un anno fa sono tornati in Cambogia al seguito dell'esercito di occupazione vietnamita.

Al Grand Hôtel di Siem Reap una mattina ho sentito per caso come durante una conferenza politica il nuovo governatore della provincia diceva ai suoi collaboratori: « Ci sono ancora nemici nelle nostre fila, ci sono agenti di Pol Pot che cercano di eliminarci. Dobbiamo stare all'erta, dobbiamo essere pronti ad annientarli! »

Il governatore stesso non è mai stato un khmer rosso, è un comunista normale. Già nel lontano 1954 aveva lasciato la Cambogia per passare venticinque anni nelle scuole militari e di Partito del Vietnam. Nel gennaio del 1979, dopo che i vietnamiti avevano invaso la Cambogia, è tornato nel suo paese per assumere il comando di una delle regioni strategicamente più importanti. Appartiene alla corrente comunista dei khmer-vietminh, quella di khmer formati e addestrati a Hanoi che da sempre si sono opposti a Pol Pot e hanno goduto della massima fiducia dei vietnamiti. Tra il 1973 e il 1978 Pol Pot li aveva fatti catturare e giustiziare quasi tutti. Ne sono sopravvissuti solo alcune centinaia, tra cui il governatore di Siem Reap. Questi già hanno in mano tre importanti ministeri del nuovo governo e occupano posizioni chiave nelle province e soprattutto nel nuovo esercito cambogiano.

Il nuovo ministro della Difesa, Pen Sovann, pare sia il capo dei khmer-vietminh nonché il segretario del Partito comunista della Kampuchea che si è appena ricostituito pur rimanendo ancora clandestino. Pen ha vissuto a lungo in Vietnam, vi ha fatto gli studi universitari e si è sposato con una vietnamita. È lui « l'uomo forte » del nuovo regime e sarebbe lui il rivale del presidente Heng Samrin se si arrivasse a una prova di forza tra le due correnti comuniste.

I khmer-vietminh hanno un vantaggio sull'altro gruppo: non possono essere accusati di aver partecipato ai massacri di Pol Pot e di aver voltato gabbana nel 1978, come invece hanno fatto Heng Samrin e tutti gli altri ex khmer rossi che oggi fanno parte del governo di Phnom Penh. I khmer-vietminh sono legati a Hanoi e controllano già il nuovo esercito cambogiano in cui aumentano ogni giorno gli ufficiali usciti dalle accademie militari vietnamite.

Il nuovo governo di Phnom Penh esiste e funziona, ma non potrebbe sopravvivere, eterogeneo com'è, se fosse abbandonato a se stesso. « Ex khmer rossi, ex khmer-vietminh, ex seguaci di Lon Nol ed ex sihanoukisti: sono tutti di origini e ideologie talmente diverse che è impossibile metterli assieme », mi diceva a Phnom Penh un consigliere altolocato di Hanoi. « Noi vietnamiti siamo la colla che tiene assieme questo paese. »

Nella Cambogia di oggi i vietnamiti sono ben più che la colla. Sono tutto, sono dappertutto. Il Palazzo reale nel centro di Phnom Penh è chiuso. L'uomo che ne ha le chiavi è un vietnamita. Sono vietnamiti i soldati che fanno la guardia al tesoro di

Sihanouk bevendo il tè sotto un ritratto di Ho Chi Minh che è appena stato riappeso nell'anticamera. Un esercito vietnamita di 200.000 uomini si batte contro quel che resta dei khmer rossi di Pol Pot; occupa il centro di tutte le città della provincia ancora abbandonate; sorveglia i ponti, le dighe, gli aeroporti, le centrali elettriche del paese, oltre ai due alberghi di Phnom Penh dove risiedono i pochi stranieri. Ci sono consiglieri vietnamiti civili in ogni ministero, ogni dipartimento, ogni città cambogiana e sono vietnamite persino le guardie del corpo di Heng Samrin, il presidente della nuova Repubblica popolare della Kampuchea, fondata un anno fa.

« Quando i cambogiani sapranno cavarsela da soli li lasceremo fare », dice, un po' imbarazzato, un consigliere di Hanoi.

Il caso della Posta centrale è tipico. C'è un solo consigliere vietnamita ma, guarda caso, è incaricato dell'ufficio « arrivi e partenze ». Per il momento i cambogiani non possono neppure telefonarsi senza che i vietnamiti li ascoltino: telefoni e radio non funzionano ancora e l'unico modo di comunicare fra Phnom Penh e le province è attraverso i telefoni militari dell'esercito di Hanoi. La lingua vietnamita sta gradualmente diventando la seconda lingua della Cambogia. Corsi speciali di vietnamita vengono tenuti nei ministeri e persino il lasciapassare con cui viaggio in Cambogia è scritto in vietnamita e... francese!

Nonostante sia massiccia, la presenza vietnamita in Cambogia è però discreta e poco provocatoria. Soprattutto a Phnom Penh i vietnamiti sembrano poco invadenti. La loro ambasciata, situata proprio di fronte alla rappresentanza della Repubblica Democratica Tedesca, non ha issato la bandiera. La maggior parte degli alti funzionari, compreso l'ambasciatore Ngo Dien che era già vissuto in Cambogia dal 1954 al 1962, parlano il khmer e sanno comportarsi secondo gli usi e costumi cambogiani.

I soldati dell'esercito di occupazione hanno l'ordine di non fraternizzare con la popolazione e soprattutto di non sposare ragazze khmer. L'esercito vietnamita non si serve del riso che le organizzazioni internazionali mandano alla Cambogia. Ogni giorno si vedono colonne di vecchi camion provenienti da Hanoi che attraversano la capitale traballando sotto carichi di rifornimenti per le truppe vietnamite concentrate lungo il confine con la Thailandia. Negli orti attorno alle loro caserme i vietnamiti coltivano le verdure di cui hanno bisogno e spesso li si vedono lungo i fiumi o i laghi a far rifornimento di pesci, ora di nuovo abbondantissimi.

Anche se i cambogiani ammettono quasi a una voce che l'esercito di Hanoi li ha salvati da Pol Pot, come tanti altri popoli costretti al vicinato anche questi da secoli si disprezzano e si uccidono a vicenda. Fra la gente già rifanno capolino i vecchi sentimenti antivietnamiti. «Mi sono guardata attorno in casa e non ho ritrovato neppure un cucchiaio», mi diceva Tram Sayon (padre e due fratelli uccisi da Pol Pot), riferendosi al fatto che dopo la conquista di Phnom Penh i vietnamiti hanno portato via tutto quel che trovavano. Per tre settimane camion militari coperti da teloni sono partiti dalla Cambogia in direzione del Vietnam carichi di radio, frigoriferi, motociclette e altro. Oggi c'è chi dice che le auto e le macchine per cucire donate dal Vietnam alla Cambogia non sono altro che la refurtiva cambogiana riverniciata a Saigon e spedita indietro.

«Tanta gente a Phnom Penh ha già dimenticato che li abbiamo salvati da Pol Pot», commentava un consigliere vietnamita.

Al momento le attività di guerriglia che Pol Pot sta portando avanti «contro gli invasori vietnamiti e le loro marionette» si limitano alle zone della giungla lungo il confine thailandese in cui gli arrivano armi e viveri. Ma per tenere vivo il ricordo dei tempi di Pol Pot, il governo sta organizzando mostre di disegni e quadri dipinti da gente scampata alle fosse comuni ed erige enormi cartelloni con terribili scene di esecuzioni. Le stesse scene ricompaiono anche nei libri di testo per le scuole elementari della Cambogia, arrivati freschi di stampa da Saigon,

239

con in più un capitolo sui crimini della «cricca di Pol Pot e Ieng Sary».

Nelle campagne, dove i seguaci di Pol Pot si sono organizzati in piccoli gruppi clandestini, le fosse comuni che continuano a venire alla luce un po' dappertutto ricordano quanto è necessaria la presenza vietnamita e quanto illusorio sperare che le truppe di Hanoi si ritirino presto. «Abbiamo la nostra milizia, ma se i nostri uomini non ci bastano possiamo sempre chiamare in aiuto i vietnamiti che sono poco lontani da qui», mi diceva Heng Buorseng, unico superstite di una famiglia di dodici persone, che fa il maestro a Vot Toul, un piccolo villaggio sulla Strada nazionale n. 6 a sud di Kompong Thom.

Nel 1975 c'erano 170 famiglie a Vot Toul; ne sono rimaste tre. 583 abitanti sono stati uccisi. Debbo aver avuto l'aria scettica perché la gente mi ha detto di seguirla. Ad appena un chilometro da una pagoda distrutta c'erano due grandi pozzi rigurgitanti di scheletri.

«I miei fratelli sono lì», diceva con tono assente il maestro.

Poi è arrivato un uomo anziano che con la mano mi ha tirato un colpo sulla nuca dicendomi che così, usando un bastone, i khmer rossi ammazzavano la gente. Un altro, come isterico, mi chiedeva perché il mondo non li aiutava a catturare Pol Pot e a ucciderlo. A quindici chilometri c'erano i campi di sterminio del distretto. Lì, lungo il fiume, sono state trucidate 50.000 persone spedite da Phnom Penh. « Fino all'anno scorso i contadini di Vot Toul non potevano nemmeno abbeverarci i loro bufali », mi diceva una contadina. « Durante la stagione delle piogge l'acqua era nera e saponosa, un misto di sangue e cervella. »

Heng sostiene che nella vicina foresta si nascondono ancora mille khmer rossi sotto il comando di Son Sen, il ministro della Difesa di Pol Pot. Fiaccati dalla fame e dalle malattie, alcuni di loro si sono recentemente arresi.

La Cambogia è sempre stata un paese di leggende e fantasmi. Si dice che molti secoli fa i cinesi eressero la collina al centro di Phnom Penh sopra il Naga, il gigantesco serpente a sette teste, simbolo della nazione khmer, perché l'imperatore cinese aveva sentito dire che il Naga stava per uscire da sottoterra a divorare la Cina. Oggi, ogni collina, ogni fiume, ogni pianura, ogni pozzo, ogni stagno è popolato da nuove terrificanti storie di fantasmi, tutte legate ai massacri e alle fosse comuni di Pol Pot.

Sulla collina di Kirirom, una cittadina a 12 chilometri dalla città di Battambang, un grande Buddha supino sorride coi suoi occhi senza sguardo nella penombra di una magnifica caverna di stalattiti. Dinanzi a lui sono sparsi, l'uno sull'altro, fra gli stessi bastoni con cui sono stati massacrati, centinaia di corpi mummificati di uomini, donne e bambini, tutti ancora nei loro stracci neri, tutti con le braccia legate col fil di ferro dietro la schiena. I khmer rossi li portavano davanti al dio della Misericordia e li schernivano: « Chiedigli aiuto, vediamo cosa può fare per te! »

E il sereno sorriso del Buddha era l'ultima visione che le vittime avevano del mondo.

Si può seguire il cammino che i condannati dovevano percorrere quando dalla pagoda, che era stata la loro prigione, venivano condotti al luogo dell'esecuzione, guardando dalle finestre della pagoda sulla pianura, una delle più fertili della Cambogia, punteggiata qua e là dai ventagli neri delle palme da zucchero.

« Come può la natura essere tanto bella quando io sono tanto triste? » ha scarabocchiato qualcuno con mano tremante su un muro. « Addio Kirirom. Addio senza ritorno. » Un altro, firmandosi Hon Sang, ha lasciato un messaggio per una donna. « Ti amo ma non lo saprai mai, perché tu sei una stella e io un verme che sta per essere schiacciato. »

« I cinesi erano soliti venire qui due volte la settimana per controllare le operazioni di sterminio », dice Ing Pech, il ricercatore nella prigione di Tuol Sleng, sciorinando la propaganda vietnamita, ormai diventata standard, che è stata la Cina a indurre Pol Pot a compiere i massacri ed a promettergli che per ogni traditore cambogiano ucciso loro gli avrebbero mandato trenta « cinesi buoni » per aiutarlo a costruire una Cambogia forte di cui lui, Pol Pot, sarebbe stato l'imperatore.

Per quanto assurda, questa spiegazione dei massacri viene continuamente ripetuta dalla gente più diversa nelle varie parti del paese.

Una cosa è certa: i cinesi sapevano benissimo cosa stava succedendo sotto Pol Pot. La loro ambasciata a Phnom Penh, oggi una foresteria del ministero della Difesa, distava solo di un blocco dalla prigione di Tuol Sleng. « Sentivano urlare i torturati », dice Ing Pech. Come potevano i 20.000 consiglieri che Pechino aveva nel paese non accorgersi dell'olocausto che avveniva dinanzi ai loro occhi? Pare che alcuni di loro siano andati dall'ambasciatore cinese, e addirittura da Wang Dongxin, membro del Politburo cinese, quando venne in visita a Phnom Penh, per esprimere i loro dubbi sulla politica dei massacri. Ma gli sarebbe stato risposto di tacere perché quello era « un affare interno della Cambogia ».

Oggi la propaganda vietnamita ha gioco facile nell'equiparare Pol Pot alla Cina e nel convincere i cambogiani che senza l'aiuto di Pechino i khmer rossi non avrebbero mai potuto fare quello che hanno fatto. Sta di fatto che dopo la presa di Phnom Penh nell'aprile 1975, Pechino ha appoggiato Pol Pot, da sempre preferito dai cinesi ai capi khmer rossi più moderati; e che siccome lo consideravano il loro migliore alleato contro i vietnamiti (visti già allora come marionette dell'Unione Sovietica), gli hanno dato aiuti abbondanti e lo hanno rifornito di armi sofisticatissime. Facendoli passare dal vecchio porto di Kompong Som o dal nuovo aeroporto di Kompong Chhnang interamente ricostruito da loro, i cinesi hanno consegnato a Pol Pot mezzi corazzati, aeroplani e pezzi di artiglieria da 130 millimetri.

« Per attaccare il Vietnam, Pechino ha equipaggiato ventitré divisioni khmer », mi diceva un alto funzionario vietnamita a Phnom Penh. La risposta dei cinesi è che le armi dovevano servire ai cambogiani per difendere il loro paese dai tentativi dei vietnamiti di conquistarlo.

Gli uomini di Pol Pot non erano però in grado di usare il materiale bellico che arrivava dalla Cina. I vietnamiti lo hanno ritrovato in gran parte ancora intatto o addirittura ancora imballato. È con quelle armi cinesi ritrovate che il nuovo governo di Phnom Penh equipaggia oggi il proprio esercito pro-vietnamita. Solo un MiG-17 è stato tenuto da parte e viene esposto, insieme ad altre armi di provenienza cinese, davanti al teatro nazionale della capitale per mantenere vivo nei khmer il ricordo « del piano cinese di usare la Cambogia come trampolino di lancio per la conquista di tutto il Sudest asiatico ».

« Lei sa, signore, che c'è stato un genocidio in Cambogia? » mi chiede, svagato e assente, il giovanissimo funzionario della dogana all'aeroporto di Phnom Penh (i genitori, due fratelli e una sorella uccisi sotto Pol Pot), dove sono l'unico passeggero in arrivo. Maneggia per un po' il mio passaporto, in verità senza guardarlo. I suoi occhi sono persi nel vuoto, come quelli di tantissimi cambogiani che uno incontra in questo paese devastato. Improvvisamente, i ventilatori della sala d'attesa si mettono a frullare grazie ad uno sprazzo di corrente che ha ripreso a circolare nei fili che penzolano lungo i muri. Le vecchie tende di mussola bianca svolazzano, si impigliano nelle pale, i ventilatori stracciano a pezzi le stoffe che ondeggiano rumorosamente dal soffitto. Il doganiere non si muove, il suo sguardo resta fisso nel vuoto.

«Non fa niente», «tutto s'è già rotto, tutto s'è già rotto in Cambogia...»

Indeboliti da quattro anni di fame, traumatizzati da quattro anni di terrore, i cambogiani sopravvissuti ai massacri di Pol Pot sono oggi come un popolo di zombi che andrebbe curato con una vasta terapia di massa. Hanno perso l'orgoglio d'essere cambogiani («mi auguro solo di non rinascere khmer nella mia prossima vita», mi son sentito dire più volte); hanno vergogna d'essere sopravvissuti («portarono via mio marito e non ebbi neppure il coraggio di chiedere perché. Sapevo che avrebbero portato via anche me», racconta una donna) e non riescono a credere che i loro incubi siano finiti. È per questo che hanno bisogno di essere lasciati in pace, di essere solo sfamati perché possano lentamente ritrovare la normalità della vita.

Invece li travolge il rullo compressore della macchina propagandistica di Hanoi. Nessuno le sfugge. Ogni funzionario, ogni studente, tra breve ogni cittadino deve frequentare i corsi politici organizzati dai vietnamiti che per i quadri alti durano da tre a otto mesi, con uno stage a Hanoi. Il contenuto è sempre lo stesso: marxismo-leninismo, storia della rivoluzione indocinese, analisi del regime criminale di Pol Pot, giustificazione della presenza vietnamita in Cambogia. «La situazione è irreversibile», la gente si sente martellare nella testa. «Qualsiasi alternativa al presente regime comporterebbe il ritorno di Pol Pot.»

Per le strade enormi cartelloni con orride scene di massacri polpottiani tengono viva la paura del passato, mentre la voce metallica degli altoparlanti fa capire che la federazione indocinese, dominata da Hanoi, è ormai un dato di fatto.

«I tre popoli dell'Indocina devono coalizzarsi contro gli imperialisti e i reazionari cinesi, perché sono come le gambe di un treppiede su cui poggia una pentola. Se una gamba cede o si rompe, la pentola si rovescia», è la lezione dei corsi politici. Ai corsi vengono dati dei voti e quelli coi voti più alti ottengono i posti di lavoro migliori. Il risultato è sorprendente. Dovunque nel paese persone di estrazione ed educazione diversa ripetono gli stessi slogan a pappagallo.

La principessa Sisovath Sorithivong Monivong (marito e tre figli persi sotto Pol Pot), che dal cugino, il principe Sihanouk, era stata soprannominata Lola («chiacchierona» in khmer) e che recentemente è stata eletta membro del Fronte unito per la salvezza nazionale, oggi fa lezione di marxismo-leninismo, parlandone con la stessa familiarità con cui fino al 1975 aveva parlato del pericolo comunista: «I vietnamiti sono venuti a proteggere i nostri sonni. È bene che rimangano perché ci vuole molto tempo prima che ricresca l'albero che Pol Pot ha segato».

I tetti ricurvi delle pagode, le guglie in pietra degli stupa fra i ventagli neri delle palme da zucchero da secoli facevano parte del paesaggio cambogiano; le tonache arancioni dei bonzi appartenevano al ritmo dei colori indossati dalla gente. Pol Pot ha eliminato tutto questo. Le pagode furono smantellate per recuperarne i mattoni e le tegole o trasformate in prigioni; i bonzi furono costretti a sposarsi o uccisi. Dei 28.000 bonzi attivi in Cambogia nel 1975 se ne sono ripresentati solo ottocento. «Riciclati» dai vietnamiti durante i corsi di rieducazione, rivestiti di nuove tonache arrivate dal Laos, questi bonzi cominciano ora a restaurare qualche pagoda. «Buddhismo e socialismo credono negli stessi valori, sono acqua della stessa fonte», mi diceva il Venerabile Tep Veng, capo del Buddhismo ricostituito. Era stato mandato a Mosca e ne era tornato convinto che c'è una gran libertà di religione nell'Urss.

Fra la gente, la rinascita religiosa è spontanea, genuina. I contadini dissotterrano dalle macerie i Buddha mutilati e li rimettono assieme; le mamme legano al collo dei figli piccole immagini dell'Illuminato perché li protegga. La gente erige tettoie di paglia, costruisce un altare e si raccoglie in preghiera. La superstizione fa parte della vita cambogiana e soprattutto nelle campagne molti credono che Pol Pot sia stata la punizione inflitta ai khmer per la loro vita peccaminosa.

« Abbiamo dovuto scontare i peccati di qualche vita anteriore », dicono i contadini nelle campagne. E un ex studente di legge che oggi lavora a Phnom Penh mi ha confidato in tutta serietà: « Seppi che i khmer rossi erano spacciati quando una notte, nella foresta di Pursat, sentii gli uccelli gridare: 'Ah Pol Pot! Ah Pol Pot!' Capii allora che la nostra espiazione era compiuta ».

« Ah », nella lingua khmer, significa maledetto.

Sento ancora le urla nella notte (III)

Der Spiegel, 21 aprile 1980

La Cambogia di Pol Pot – il primo paese che ha abolito la moneta e ucciso un terzo della sua popolazione per purificare il resto – non si spiega né con gli argomenti della propaganda di Hanoi, né con le vecchie superstizioni dei cambogiani e neppure con le conclusioni, tanto frequenti fra gli occidentali, che è stata «follia pura».

C'era una gran logica nella follia di Pol Pot. Innanzitutto Pol Pot era un rivoluzionario. Come tale voleva costruire una «società nuova» e sapeva di poterlo fare solo dando vita a un «uomo nuovo». Per arrivarci ha preso una scorciatoia facendo una immediata e sistematica tabula rasa di tutto ciò che era vecchio.

Quando i khmer rossi presero Phnom Penh nell'aprile 1975, solo due dei sei o sette milioni di cambogiani abitavano in zone già controllate dalla guerriglia. Solo questi sarebbero stati utili, e quindi salvi, nella nuova società. Gli altri, quelli vissuti sotto il regime pro-americano di Lon Nol e quindi affetti dai valori borghesi e decadenti dell'Occidente, andavano eliminati. Ma non subito. In un primo tempo dovevano dar mano a costruire le infrastrutture della nuova Cambogia. Da qui la deportazione dei cittadini nelle campagne dove venivano messi a lavorare nelle risaie e nella costruzione di dighe e canali per i nuovi progetti d'irrigazione.

La prima ondata di massacri, subito dopo la vittoria, travolse gli ufficiali dell'esercito e gli alti funzionari del governo di Lon Nol, nonché i capi religiosi; seguirono i soldati semplici, gli impiegati del vecchio regime e chiunque desse segno di un minimo di opposizione.

Poiché, secondo la concezione di Pol Pot, la nuova società non doveva trovare alcun punto di riferimento nel passato, furono eliminati tutti quelli che avrebbero potuto farlo risorgere; e per cancellarne persino la memoria collettiva, fu ordinata la chiusura di scuole, biblioteche, chiese e pagode; la distruzione dei libri; i massacri di insegnanti, intellettuali e, teoricamente, di chiunque sapesse leggere o scrivere e quindi fosse portatore di quella terribile malattia chiamata passato.

Non appena questo piano fu chiaro, ci furono forti proteste all'interno dei khmer rossi stessi, cui Pol Pot fece seguire nuove epurazioni, sistematiche come quelle precedenti, all'interno dei ranghi degli stessi rivoluzionari. Durante un'assemblea a Stung Treng, nel febbraio 1975, in cui fu deciso che dopo la vittoria sarebbe stato ordinato lo sgombero delle città, Hou Youn, ministro degli Interni di Pol Pot e fidato rivoluzionario della prima ora, si disse contrario a questo piano. Pol Pot costrinse il compagno al suicidio e ne fece sterminare la famiglia. Nell'aprile 1977 Hou Nim, ministro dell'Informazione nel governo di Pol Pot, anche lui vecchio rivoluzionario, si oppose alle uccisioni in massa. Fu arrestato e torturato nella prigione di Tuol Sleng dove si suicidò tagliandosi le vene con un cucchiaio rotto. Anche il ministro dei Lavori pubblici di Pol Pot fu consegnato al boia.

I quadri ostili a Pol Pot cercarono aiuto in Vietnam. Pare che già nei primi mesi dopo la presa di potere dei khmer rossi ci siano stati vari putsch contro Pol Pot, tutti falliti, sostenuti da Hanoi. Dopo ogni tentativo insurrezionale Pol Pot ordinava a Ta Mok, l'accolito che è ancora al suo fianco nella giungla lungo il confine thailandese, di eliminare insieme alle loro famiglie tutti i khmer rossi sospetti di aver partecipato alla congiura. Migliaia e migliaia di khmer rossi finirono così nelle fosse comuni in cui loro stessi avevano poco prima gettato le vittime dei propri massacri.

Non si saprà mai quante vite sia costato il perverso esperi-

mento. Considerando che non c'è persona oggi in Cambogia
che non abbia perso un familiare, che quasi ogni villaggio aveva
la sua prigione e il suo campo per le esecuzioni, considerando
che si trovano fosse comuni dovunque si vada, la stima di tre
milioni di cambogiani uccisi o morti di fame tra il 1975 e il

1978 non dovrebbe essere esagerata. Secondo i calcoli delle organizzazioni internazionali arrivate a Phnom Penh, oggi nel paese ci vivono quattro milioni di cambogiani. Questi quattro milioni, più le qualche migliaia di cambogiani scappati all'estero e gli 800.000 che stanno vegetando nei campi profughi della Thailandia, sono quel che rimane dei sette, otto milioni di khmer che vivevano nel paese nel 1975.

Alla luce di queste considerazioni pare cinico che la maggioranza dell'Onu, e quindi dell'Occidente, continui ad indignarsi dell'invasione vietnamita e a riconoscere il regime di Pol Pot come il legittimo rappresentante della Cambogia, confermandogli il seggio all'Onu. Se il Vietnam non avesse invaso la Cambogia, se non avesse rovesciato il regime dei khmer rossi, il sanguinoso esperimento dell'«uomo nuovo» sarebbe continuato, o per lo meno sarebbero continuati i massacri.

L'idea folle del leader dei khmer rossi era che la razza khmer, non più robusta come ai tempi di Angkor, era degenerata a causa dei matrimoni misti con vietnamiti e cinesi, corrompendosi ulteriormente nel contatto coi colonialisti francesi e gli imperialisti americani. Temprata dalla macabra selezione pseudo darwiniana del massacro, la razza sarebbe risorta, sana e forte: una prospettiva assolutamente spaventosa.

Il raccapricciante esperimento è stato troncato dall'invasione vietnamita, appoggiata dal piccolo esercito di ex khmer rossi della «Zona militare 203» composto di 10.000-15.000 cambogiani che si erano opposti ai metodi di Pol Pot ed erano scappati in Vietnam. Pol Pot è fuggito nella giungla. Nel giro di un anno i vietnamiti hanno conquistato il completo controllo militare del paese, mentre il governo di Heng Samrin, messo al potere da Hanoi, si è imposto in ogni città, distretto e villaggio.

Invadendo la Cambogia, i vietnamiti hanno salvato la gente dal terrore. Le comuni sono state sciolte e persino i villaggi modello – lunghe file di costruzioni su palafitte, tutte alte e grandi uguali, destinate alla élite dei khmer rossi – stanno oggi nel paesaggio come campi di concentramento deserti. La gente preferisce tornare al villaggio in cui è nata per ricostruirci le sue capanne.

Se fino al 1975 Pol Pot aveva trovato un grosso appoggio nelle campagne che lui controllava da anni, con l'aumentare delle purghe e delle carneficine questo appoggio gli è venuto a mancare. Gli anziani dei villaggi, anche quelli diventati khmer rossi, hanno sofferto sotto Pol Pot come tutti gli altri cambogiani; hanno perso i parenti, uccisi perché vivevano nelle città, e i figli, uccisi perché sospettati di far parte di unità khmer rosse ostili al regime khmer rosso.

Gran parte dei soldati di Pol Pot, e senz'altro i *chhlopp*, le giovanissime spie, « l'uomo nuovo » lo incarnavano già. I più terribili erano i bambini di dieci anni, a quanto dicono i sopravvissuti. Si nascondevano sugli alberi, stavano dietro alle capanne ad origliare cosa diceva la gente, la denunciavano ed erano persino autorizzati a ucciderla. « Per loro era un gioco come acchiappare una farfalla o uccidere una lucertola », mi diceva una donna scampata ai massacri. Per terrorizzare la popolazione, i khmer rossi si servivano di questi « uomini nuovi », di questi bambini cresciuti senza mai venire esposti ai valori tradizionali del paese, senza avere un'idea del buddhismo, senza aver mai giocato se non al gioco reale della guerra e degli ammazzamenti. Una decina di questi giovani bastava a un comandante khmer rosso per tenere in pugno un villaggio di migliaia di persone.

Molti di questi bambini sono oggi fra i « fedelissimi » che hanno seguito Pol Pot nella giungla, alcuni vengono ancora catturati. La nuova politica è di rieducarli perché anche loro, come gli altri cambogiani, sono « vittime di Pol Pot ». In un villaggio della provincia di Pursat le autorità hanno dovuto mandare la milizia a proteggere una giovane donna dagli abitanti che la volevano linciare. Era stata una delle *chhlopp* più malvagie e s'era spesso vantata d'aver ammazzato con le proprie mani più di mille persone.

« Perché la volete uccidere? Può ancora fare dei cambogiani », hanno detto i miliziani. La donna è ancora viva.

« Se ognuno si mette a guardare nel passato dell'altro, ricominciamo ad ammazzarci a vicenda e alla fine in Cambogia non ci resteranno che vietnamiti », è come un funzionario di

Kandal (tre figli e un fratello massacrati da Pol Pot) m'ha spiegato la politica della riconciliazione.

Ogni tanto questa politica comporta delle sorprese. Rim Rom, il mio interprete, era sconcertato d'incontrare in un mercato di Phnom Penh il khmer rosso che era stato a capo della sicurezza nel suo villaggio. L'uomo si è scusato con lui di tutto quel che aveva fatto, imprecando amaramente contro Pol Pot, responsabile della morte di suo padre. Ma Rim Rom mi ha poi spiegato che era stato l'uomo stesso a uccidere il padre « perché credeva ancora nella religione ».

Oggi il leader dei khmer rossi si trova a dover combattere una guerra di guerriglia senza alcun appoggio popolare: un'impresa senza speranza. « Pol Pot ha imparato male la lezione di Mao », mi diceva un osservatore straniero. « Invece di stare nell'acqua coi pesci, l'ha bevuta tutta. »

Confinato nelle zone della giungla fra Cambogia e Thailandia dove gli arrivano armi e viveri, Pol Pot sta portando avanti azioni di guerriglia « contro gli invasori vietnamiti e le loro marionette ». Secondo i vietnamiti dispone ancora di 15.000 soldati fedeli, tutto quel che gli resta del suo esercito e dei suoi « uomini nuovi » che continuano a combattere nei Monti Cardamomi nella Cambogia occidentale, nonché di un centinaio di altri che qua e là rendono insicuro il paese.

Ad Angkor mi è stato detto di non allontanarmi dalla zona dei grandi templi. Tra Kompong Cham e Kompong Thom, il luogo di nascita di Pol Pot, mi è stato consigliato di non usare la strada più corta attraverso il bosco nelle montagne, ma quella più lunga attraverso la pianura aperta. A Skoun ho trovato due camion dell'Unicef saccheggiati e incendiati da « banditi ». Ma durante l'intero mio soggiorno in Cambogia non ho né visto né sentito parlare delle grandi battaglie che, secondo le agenzie radio cinesi, i khmer rossi starebbero dando ai vietnamiti. Né ho trovato segno della massiccia offensiva dell'armata vietnamita contro i resti delle forze di Pol Pot arroccate lungo il confine, prevista per prima della fine della stagione secca.

« E perché dovrebbero dar la caccia a Pol Pot? » si chiedeva un dipendente dell'Onu a Phnom Penh. « Pol Pot serve ai vietnamiti. Finché c'è lui a seminare il panico con la minaccia di un suo ritorno al potere, la presenza dei vietnamiti in Cambogia è giustificata. »

I khmer rossi continuano a godere della protezione dei cinesi. Nello scorso marzo Khieu Samphan è stato ricevuto a Pechino con gli onori riservati a un capo di Stato e ha preso il posto di Pol Pot al vertice del suo governo: un'operazione puramente cosmetica per ridare credibilità a un regime diventato notorio per la sua politica assassina. A tutti gli effetti, Pol Pot rimane il capo del Partito e dell'esercito. Hua Guofeng, il capo del Pc cinese, gli ha appena garantito nuovi aiuti militari.

I cinesi raggiungono i khmer rossi passando per la Thailandia, benché Bangkok sostenga di mantenere la neutralità nei confronti dei conflitti interni cambogiani.

« Abbiamo camminato nella giungla per cinque giorni. Arrivati al confine con la Thailandia abbiamo montato un campo e ci siamo messi ad aspettare », ricorda Kaem That, un soldato dei khmer rossi di ventiquattro anni che ho incontrato per caso all'ospedale di Battambang. Gravemente denutrito e ammalato di malaria, si è arreso ai vietnamiti. La sua unità militare aveva avuto l'ordine di proteggere i rifornimenti cinesi che dalla Thailandia arrivano alle basi di Pol Pot. « Prima sono arrivati gli autocarri civili », ha raccontato. « Hanno scaricato il riso e il nostro capo li ha pagati in oro. Poi sono arrivati i camion militari. Hanno scaricato pesanti casse di armi e munizioni e il nostro capo li ha pagati col riso acquistato poco prima. » Secondo lui, i commercianti che vendono il riso ai khmer rossi sono cinesi residenti in Thailandia; mentre i militari che portano loro le armi sono thailandesi. Il riso è quello che le organizzazioni internazionali mandano per i rifugiati; le armi, che in verità dovrebbero essere consegnate ai khmer rossi gratuitamente, provengono dalla Cina.

Intanto, sentendosi protetto dalla presenza vietnamita, il governo di Heng Samrin ha cominciato a incoraggiare la rinascita della tradizionale cultura khmer che Pol Pot aveva voluto eliminare. È stata riaperta la Scuola reale di ballo; all'Istituto delle belle arti, vicino al Museo di Phnom Penh, gli studenti hanno cominciato a dipingere quadri e riproduzioni; radio Phnom Penh ha ripreso a trasmettere la monotona musica classica khmer che per quattro anni non si era più sentita.

Eppure tutti questi segni di una restaurazione non stanno ancora ad indicare che la società cambogiana ritornerà ad essere come quella di prima della guerra. I contadini possono sì tornare ai loro villaggi, ma le risaie non saranno più di loro proprietà; nei mercati fioriscono gli affari, ma la gente continua a sentirsi dire che si tratta di un momento di transizione prima che i nuovi negozi di Stato cominceranno a funzionare. La Cambogia è e rimane un paese comunista e i comunisti vietnamiti, che seguono l'orientamento di Mosca, faranno di tutto perché rimanga fondamentalmente tale.

« Una camicia bianca può essere tinta di nero, ma una camicia nera, lavandola, non ritorna bianca », mi diceva uno studente della nuova facoltà di Medicina, dando voce alla rassegnazione di tanti tecnici e intellettuali che lavorano per il regime ma non ne condividono la politica.

Se si domandasse ai cambogiani sopravvissuti cosa sognano di fare, è probabile che quasi tutti quelli che parlano il francese vorrebbero andarsene in Francia, mentre quelli che parlano l'inglese preferirebbero emigrare negli Stati Uniti, in Canada o in Australia. Gli altri, soprattutto i contadini, vorrebbero tornare ai tempi in cui la Cambogia era neutrale, non coinvolta in nessuna guerra, in cui nessuno pativa la fame e Sihanouk era il benevolo dittatore. I suoi ritratti, tirati fuori dagli immondezzai, rimandano alla visione di un'epoca lontana.

In realtà, nessuno domanderà ai cambogiani che cosa sognano di fare. Contro di loro ha deciso la storia dell'ultimo decennio, col colpo di Stato contro Sihanouk, i devastanti bombardamenti americani, la spietata guerra civile, le uccisioni in massa di Pol Pot e la liberazione vietnamita. Ha deciso contro di loro anche la geografia. I vietnamiti sono decisi a rimanere in Cambogia, non tanto per assecondare i sogni egemonici dei sovietici, la cui presenza in Cambogia si riduce ormai a qualche medico e qualche esperto, ma perché i vietnamiti hanno da sempre sognato di dominare l'Indocina. La politica di Pol Pot ha semplicemente facilitato l'avverarsi di quel loro sogno.

I vietnamiti sono giunti in Cambogia da «liberatori». Sotto la loro occupazione i cambogiani hanno potuto ricominciare a fare una vita normale.

«Non sarà la soluzione ideale, ma cercarne un'altra comporterebbe solo altre tragedie», dice un americano che lavora per un'organizzazione religiosa a Phnom Penh. «Questa gente che non ha trovato la forza di ribellarsi contro le fosse comuni, come può ribellarsi contro i vietnamiti che l'hanno salvata?»

L'ostilità nei confronti dei vietnamiti si esprime per il momento in barzellette e pettegolezzi che i cambogiani si raccontano fra loro. Sta circolando una storiella secondo cui in una pagoda distrutta di Kratie sarebbe stato rinvenuto un antico manoscritto con una profezia di grande attualità. «Dopo una grande guerra, il paese sarà dominato dai corvi neri e poi conquistato da un esercito che viene da Oriente.» Molti, specie fra i contadini, vedono nei corvi Pol Pot e la sua gente vestita di nero, e vedono nei vietnamiti l'esercito venuto dall'Est.

Altre voci che circolano a Phnom Penh dicono che da Hanoi sono arrivate migliaia di manette in previsione di arresti di massa; che nella pagoda di Takla, vicino all'aeroporto, i vietnamiti hanno già eretto una ghigliottina per giustiziare i cambogiani che si oppongono alla loro presenza.

Tutte queste dicerie fanno capire come nei cambogiani sia ancora viva la tradizionale ostilità verso i vietnamiti, come facilmente potrebbe risvegliarsi, e infatti sono state prese molto sul serio dal governo. Il ministro degli Esteri, Hun Sen, ne ha discusso ai più alti livelli e ha inviato due uomini di fiducia alla pagoda per controllare come stavano le cose. Il loro rapporto è stato accolto con gioia: non si vedeva ghigliottina da nessuna parte!

Al momento sono le voci di altri animali ad inquietare i vietnamiti e il governo di Heng Samrin. Nelle chiare notti di luna migliaia di rane hanno cominciato a gracidare, annunciando l'avvicinarsi dei monsoni. Con l'inizio della stagione delle piogge i contadini dovrebbero tornare nelle risaie a impiantare i germogli per il prossimo raccolto. Ma i germogli spesso non ci sono.

Il problema principale della Cambogia oggi è quello della sopravvivenza e i vietnamiti se lo giocano bene ripetendo: «Se volete vivere avete bisogno di noi. Se ce ne andiamo ritorna Pol Pot».

In uno degli splendidi bassorilievi di Angkor gli scultori khmer di secoli fa rappresentano un uomo che all'inizio della vita ha da scegliere fra due diversi cammini. Uno lo porta alle gioie del nirvana; l'altro alle pene dell'inferno.

«Abbiamo ormai da tempo passato quel punto», mi dice una donna, sopravvissuta solo con una figlia d'una famiglia che era stata di sei persone. «Siamo già in fondo all'inferno. Non ci resta che scegliere fra due modi di morire. Se andiamo nella foresta ci mangia la tigre. Se entriamo nel fiume ci divora il coccodrillo.»

LA POLITICA DEI RIFUGIATI

Malati, malnutriti, impauriti, intrappolati fra due eserciti in armi sono arrivati all'ultima stazione: una lunga striscia di terra riarsa, punteggiata da alberi rinsecchiti. 250.000 uomini, donne, tantissimi bambini, ostaggi della politica internazionale, separati dalla loro gente da una frontiera politica, divisi fra di loro da ancor più profonde frontiere di odio, vendetta e terrore: relitti umani di una tragedia che non è finita: la Cambogia.

DER SPIEGEL: HO VISTO SIHANOUK A PECHINO SUBITO DOPO IL MIO RI-TORNO DALLA CAMBOGIA. MI PARE CHE CI SIANO COSE INTERESSANTI IN CIÒ CHE DICE, SPECIE NEL CONTESTO DEL MOMENTO: NESSUNA SPERANZA DI SCONFIGGERE I VIETNAMITI; L'ASSURDITÀ DELLA GUER-RA... SO CHE NEGLI STESSI GIORNI SI TROVAVA A PECHINO UN REPOR-TER DI «STERN» CHE HA ANCHE INCONTRATO SIHANOUK. PER FAVORE CONTROLLATE QUELLO CHE HA SCRITTO E CIÒ CHE SIHANOUK GLI HA DETTO. COME AL SOLITO, LA CONVERSAZIONE SI È PROTRATTA PER ORE. HO TRASCRITTO QUI I BRANI PIÙ INTERESSANTI.
T. TERZANI.

Intervista inedita, maggio 1980

TERZANI: *Monseigneur,* a Phnom Penh ci sono dei poster che La mostrano con le mani macchiate di sangue. Secondo la propaganda vietnamita, Lei si è fatto complice dei khmer rossi permettendo che continuassero a massacrare cambogiani. Cosa ne dice? In passato Lei stesso ha accusato i khmer rossi di genocidio. Ora si allea con loro nel Fronte unito. Ha cambiato idea?

SIHANOUK: No, il principe cangiante non è cambiato. I khmer rossi sono terribili. Hanno fatto cose terribili, ma ora combattono contro l'occupazione vietnamita del mio paese. So che il mio popolo li odia, li teme; so che se il popolo della Cambogia dovesse scegliere tra il protettorato vietnamita e il ritorno di Pol Pot sceglierebbe il protettorato. Ma ci sono altri, intellettuali e politici che vivono fuori dalla Cambogia e che non conoscono bene la vera situazione del paese, dei superpatrioti che mi accuserebbero di tradimento se non mi unissi a loro nella lotta contro il Vietnam. Perciò, che fare? Per me è drammatico, è una tragedia. Non voglio che si versi altro sangue cambogiano, il mio popolo non ne può più. D'altra parte non posso neppure fare a meno di essere parte del Fronte unito, visto che c'è gente che vuole combattere: combattere per me! Al confine thailandese ci sono circa 2000 sihanoukisti con pochi fucili e munizioni umidicce che chiedono d'essere aiutati. Non sono stato io a creare il loro movimento, in verità lo disapprovo, penso che sono degli irragionevoli. Ma non posso abbandonarli, devo trovare armi, medicine, soldi per loro e la Cina ha promesso di aiutare.

TERZANI: Quale sarà il Suo ruolo nel Fronte?

SIHANOUK: Non voglio esserne il presidente. I superpatrioti vogliono combattere? Io li aiuterò. Ma non voglio figurare nella storia come il responsabile di un altro versamento di sangue cambogiano. Perciò farò parte del Fronte come semplice membro, non come capo.

TERZANI: Cosa si aspetta da questo Fronte?

SIHANOUK: Non la vittoria. I vietnamiti hanno sconfitto i francesi, hanno sconfitto gli americani. Allora, come possiamo sconfiggerli noi? I vietnamiti conoscono la Cambogia come le loro tasche perché vi hanno combattuto durante gli ultimi trent'anni. Non li possiamo battere sul terreno, ma possiamo creare loro sufficienti difficoltà da indurli a prendere in considerazione il tavolo dei negoziati. Non è che una speranza. Speriamo che Hanoi accetti un compromesso politico con neutralizzazione del paese, con elezioni generali sotto la supervisione internazionale e con la partecipazione di tutti i partiti: quello di Heng Samrin, quello di Pol Pot, quello di Son Sann e degli altri. Ma ci saranno problemi.

Ci sarebbero problemi anche se il Vietnam dovesse accettare la risoluzione delle Nazioni Unite e ritirare tutte le sue truppe domani. Se lo immagina? I vietnamiti se ne vanno, ma ci rimane l'esercito di Heng Samrin, l'esercito di Pol Pot e l'esercito di Son Sann. Avremmo immediatamente un'altra guerra civile. Chi la fermerebbe? I Caschi blu? La Cambogia diventerebbe come il Libano, intrappolata in una guerra senza fine. No, non sono ottimista sul futuro del mio paese.

TERZANI: E il futuro di Sihanouk come sarà?

SIHANOUK: Il mio popolo pensa ancora a me perché i vecchi tempi sotto Sihanouk sono stati i migliori che abbia mai conosciuto. Da quando Lon Nol mi ha rovesciato non c'è più stata né pace né prosperità. Non sono un uomo perfetto, io, ho fatto degli errori, ma penso di essere il meno peggio dei pessimi capi che la Cambogia ha avuto dopo la mia partenza. La mia gente non mi dimenticherà.

L'anno prossimo andrò nelle zone di frontiera per incontrare i gruppi della resistenza, se la Thailandia me lo permetterà. Nel frattempo aspetto. Per me questo non è il momento di entrare nell'arena, visto che legalmente i khmer rossi continuano a rappresentare lo Stato cambogiano e che il loro governo è riconosciuto dalle Nazioni Unite. La Cina ha voluto la formazione del Fronte unito e lo ha voluto subito, in modo da rafforzare la posizione della resistenza antivietnamita prima della conferenza internazionale sulla Cambogia. Per questo sono entrato a far parte del Fronte. Non lo ostacolo, ma non posso assumervi un ruolo di leader. Sono in minoranza. La maggioranza pensa che il Fronte vincerà. I khmer rossi dicono che fra due anni avranno liberato due quinti del paese. Bene! Ancora tre anni e nel 1984 avremo la liberazione di Phnom Penh. Complimenti, complimenti! Son Sann dice che fra quattro anni i vietnamiti saranno sconfitti. Complimenti, batto le mani! Ognuno dice, «Vinceremo, vinceremo!» E io come un pappagallo ripeto: «Vinceremo, vinceremo!»

TERZANI: Mi dicevano a Phnom Penh che Lei ha mandato un messaggero a Hanoi per sondare le possibilità di un compromesso e che la risposta che ha ricevuto è stata: « Lei lasci la Cina, vada in Francia e ci rimanga. Poi se ne riparlerà ». È vero?

SIHANOUK: No. Non ho mandato nessuno a Hanoi. Dopo le mie quattro lettere a Pham Van Dong, alle quali lui non ha neppure risposto, non voglio più avere nulla a che fare con loro. Ho detto alla Cina e a chiunque altro che non ci sarà riconciliazione con Hanoi, che non tornerò nella Repubblica popolare di Heng Samrin... Naturalmente non ci tornerei neppure se tornassero al potere Pol Pot e Khieu Samphan, non sono così stupido.

TERZANI: E dove vivrà?

SIHANOUK: Se la Cambogia non sarà liberata vivrò in Cina e morirò in Corea. Vicino a Pyongyang ho già trovato una bella collinetta circondata di pini e con vista su un lago. Le mie ceneri possono essere messe là, così il Sihanouk morto si divertirà ancora.

Bangkok – Da dietro un cespuglio sbuca un signore, magro, ben vestito, con occhiali cerchiati d'oro ed un gran sorriso. « Benvenuto in Cambogia », dice, tendendo la mano.

Tutto attorno è foresta. Fra gli alberi intravedo delle fortificazioni e dei bunker protetti da enormi tronchi. Un gruppo di giovani in uniforme mimetica e alcuni funzionari in civile si tengono a distanza e lasciano che « Sua Eccellenza il Presidente » Son Sann faccia gli onori di casa in territorio cambogiano « liberato ».

« Per il momento controlliamo solo zone lungo la frontiera, ma abbiamo l'appoggio di gran parte della popolazione e simpatizzanti nello stesso governo di Heng Samrin », dice.

L'ultima volta che avevo visto Son Sann era nel 1973 a Phnom Penh, quando cercava di trovare una soluzione fra Sihanouk e Lon Nol per mettere fine alla guerra americana. Non essendoci riuscito, era andato ad abitare a Parigi. Adesso è alla ricerca di una nuova e forse ugualmente impossibile soluzione che metta fine allo sterminio della razza khmer. Per il momento la sua Cambogia non è molto grande e siccome, insieme a un collega americano, io sono il primo giornalista a visitarla, mi sono impegnato a non rivelare esattamente dove si trova.

« Ai vietnamiti sarebbe poi facile venirci a bombardare », dice Son Sann indicando il cielo.

Una telefonata di un suo emissario a Bangkok aveva fissato l'appuntamento in una cittadina di confine, a 350 chilometri dalla capitale thailandese: « Alle due all'ultima casa ». Ma solo alle quattro e mezza è arrivato un bussino Volkswagen bianco, con a bordo una donna e cinque taciturni personaggi. Con loro abbiamo fatto una trentina di chilometri, poi abbiamo piegato verso il confine su una strada sterrata. Ai vari posti di blocco dell'esercito thailandese l'uomo seduto accanto all'autista faceva solo un cenno e il bussino proseguiva. Ad un torrente, che segna il limite della Thailandia e l'inizio della Cambogia, siamo scesi e abbiamo camminato a piedi per mezz'ora. Due camion militari avevano scaricato decine di balle di riso, provenienti dagli aiuti internazionali per la Cambogia, e gruppi di contadini khmer le stavano caricando sui loro carri tirati da grossi buoi che poi si avviavano lungo le piste della foresta.

«Vengono da ogni parte del paese a rifornirsi da noi e così manteniamo i contatti», dice Son Sann.

Esattamente un mese fa, ad una riunione di vari rappresentanti di gruppi della resistenza antivietnamita in Cambogia, è stato fondato il «Fronte nazionale di liberazione del popolo khmer», Son Sann è stato eletto presidente e il generale Dien Del, ex comandante della seconda divisione dell'esercito di Lon Nol, è stato nominato capo di stato maggiore delle Forze armate «khmer sereika» (liberazione khmer).

«Abbiamo alcune migliaia di uomini in armi», dice Son Sann. «Ma quella che cerchiamo è una soluzione politica. Finora il mondo ha avuto da scegliere fra il regime assassino dei khmer rossi e quello fantoccio di Heng Samrin imposto da Hanoi. Ora noi ci proponiamo come l'alternativa per un governo legittimo della Cambogia che possa essere riconosciuto da tutta la comunità internazionale.»

Il programma del Fronte prevede una cessazione immediata delle ostilità per permettere ai vari organismi internazionali di portare aiuti alla Cambogia; il ritiro delle truppe vietnamite dal paese; elezioni generali sotto supervisione dell'Onu; e una neutralizzazione della Cambogia garantita dalle grandi potenze.

E Sihanouk?

«Può tornare a essere capo della Cambogia, se il popolo lo desidera», risponde Son Sann. Ma il generale Dien Del, presente al nostro incontro, scuote la testa. Secondo lui Sihanouk appartiene al passato, nessuno vuole il suo ritorno.

Lungo il centinaio di chilometri di frontiera cambogiana, a nord e sud di Aranyaprathet, ci sono una mezza dozzina di gruppi e «presidenti»: la soluzione per il futuro della Cambogia. C'è un «principe» che ha con sé 70.000 persone e giura lotta eterna ai vietnamiti; c'è un ex colonnello di Lon Nol con una intelligente donna, un tempo direttrice della Banca Nazionale di Phnom Penh, che si dice fedele a Sihanouk (il gruppo si chiama Mulinaka); c'è un altro ex ufficiale di Lon Nol, il cui campo è chiamato 007, che dice di avere con sé 10.000 persone di cui almeno 4000 soldati khmer serei. Più a sud ci sono invece i resti dell'esercito di Pol Pot (secondo alcuni dai 10 ai 20.000 uomini) attorno ai quali si sta stringendo la morsa militare dei vietnamiti.

Di tutti questi «presidenti» delle «Repubbliche nella Cambogia libera», quello con maggiori possibilità di suscitare popolarità all'interno e appoggi internazionali è Son Sann.

Fin dove si estenda il reale controllo delle forze di Son Sann è difficile dire. Nelle poche ore che ho passato nella «sua» Cambogia, non ho visto che qualche chilometro quadrato di foresta, gruppi di contadini ben nutriti e qualche soldato. Sulle reali chance di questo gruppo ho grandi dubbi.

Sembravano averne anche alcuni dei personaggi attorno a Son Sann. Quando, calata la sera, mentre gli uomini ai falò preparavano la cena io ho fatto il giro delle strette di mano prima di rimettermi in cammino verso la Thailandia, qualcuno mi ha salutato dicendo: «Arrivederci a Phnom Penh»; Son Sann, più semplicemente ha detto: «Venga presto a ritrovarci qui»; e un altro, ridendo, ha aggiunto: «... oppure a Parigi!»

PECHINO – Per anni il ricordo di un uomo mi ha ossessionato. Ora, sfogliando un giornale americano, lo rivedo ed il pensiero delle vittime mi raggela. Ieri in Cambogia, ora in El Salvador.

Nel 1973 eravamo tutti e due a Phnom Penh: lui, dal palazzotto bianco dell'ambasciata Usa a dirigere la guerra; io, da giornalista a raccontarla. A volte c'incontravamo ed io ne uscivo regolarmente scosso: colto, elegante, brillantissimo, lui era il simbolo di quella logica che distruggeva l'Indocina cercando di salvarla. « I comunisti non capiscono che la forza. Trattare con loro non vale. L'unico modo è batterli. Se non li fermiamo qui, in Laos, in Vietnam, dove li fermeremo? » diceva.

Dalla sua stanza ad aria condizionata nella missione diplomatica Usa a Phnom Penh, dove era il numero due, segnava sulle carte i quadrati di terreno su cui la notte mandava i B-52 a bombardarli a tappeto. Le carte erano vecchie, non tenevano conto degli spostamenti dei profughi che la guerra faceva ed a volte quella notturna pioggia di terrore cadeva su dei semplici contadini invece che sui khmer rossi.

Vittime innocenti? Forse sì, qualcuna, ammetteva lui, ma i massacri fatti dai comunisti sono ben più terribili.

Lentamente i B-52 vennero a bombardare sempre più vicino a Phnom Penh e nell'aprile 1975 i khmer rossi, che lui aveva creduto così di fermare, entrarono nella capitale cambogiana non a portare la pace, come io avevo creduto, ma ad instaurare un regime di terrore. Forse c'eravamo sbagliati tutti e due, ma il terribile è che lui, e la logica che rappresentava, da quella vicenda non hanno imparato nulla e la storia si ripete ora con agghiacciante puntualità.

Quell'uomo, Thomas Enders, ora vicesegretario di Stato per gli affari interamericani, è di nuovo al fronte e ricombatte la stessa guerra.

« Se dopo il Nicaragua anche El Salvador cade nelle mani di una violenta minoranza, chi nell'America centrale non vivrà con la paura? Quanto ci vorrà prima che i vitali interessi strategici degli Stati Uniti, il canale di Panama, le vie marittime, le riserve di petrolio, siano messe in pericolo? » ha detto dinanzi ad una commissione del Congresso.

La logica è quella di allora, uguali le conseguenze. Invece dei B-52, Enders manda in El Salvador gli elicotteri; giustifica i massacri dei soldati governativi facendo, come faceva in Cambogia, la tara sulle vittime; presenta Duarte, come allora Lon Nol, come la « nostra » unica speranza; esclude l'intervento diretto dei *marines*; crea una grossa cortina fumogena di legalismo ritirando un consigliere americano perché, contrariamente alle istruzioni, portava il fucile invece che la pistola.

Tutto come allora, tutto già visto dieci anni fa, ma lui crede di avere ancora ragione: « Siete soddisfatti ora dei vostri khmer rossi? » disse ironicamente Enders ad un comune amico che come me aveva creduto giusta la lotta dei guerriglieri cambogiani, quando i massacri di Pol Pot vennero poi a scioccare il mondo.

Ma i massacri commessi dai khmer rossi dopo il 1975 non hanno dato affatto ragione ad Enders, non giustificano i massacri commessi dai suoi B-52, così come oggi non giustificano i massacri commessi dai suoi elicotteri e dai soldati di Duarte in El Salvador.

Nel 1970, quando gli americani appoggiarono il colpo di Stato contro Sihanouk, i khmer rossi erano una piccola minoranza nella giungla, i più prestigiosi dei loro dirigenti erano degli intellettuali di sinistra moderati, cresciuti nelle università francesi. Furono proprio le bombe di Enders che contribuirono ad allargare il movimento. Più contadini morivano, più guerriglieri entravano nelle file della lotta; più continuava la guerra, più si abbrutiva la linea politica degli uomini nella giungla e più venivano messi in disparte i moderati. Finché alla fine emerse Pol Pot, un mostro.

Nel 1973 in Cambogia c'era stata una piccola possibilità di negoziare la fine della guerra. Sihanouk, alleato per forza dei khmer rossi, aveva mandato dei segnali di pace, ma Enders e l'allora suo capo, Kissinger, rifiutarono di prendere in considerazione ogni segnale. Trattare coi comunisti non valeva la pena. E così si arrivò alla fine senza compromessi del 1975.

Ora la storia si ripete ed Enders dovrebbe saperlo: i guerriglieri salvadoregni un giorno vinceranno. Ma più elicotteri Enders avrà mandato per fermarli, più morti e massacri ci saranno stati, e più duro e inumano sarà il regime che quelli metteranno in piedi al posto di quello ora favorito da Washington.

Dal 1975 in poi ho passato varie settimane nei campi profughi della Thailandia a sentire dai superstiti le storie raccapriccianti dei delitti commessi dai khmer rossi. Nel 1980 ho visto con i miei occhi i campi seminati di ossa, le camere di tortura, le devastazioni umane che i guerriglieri andati al potere hanno commesso. Eppure non sono riuscito ad accettare che avevo torto, non sono riuscito a credere che al tempo della guerra il giusto era con gli americani e non con i guerriglieri, ed il ricordo di Enders, della sua stanza ad aria condizionata dove segnava sulle carte gli obiettivi dei B-52 mi è sempre stato presente.

Ora lo rivedo all'opera e mi raggelo.

BANGKOK – Una fossa profonda serpeggia per la giungla, attraversa le radure, scavalca le colline. È la frontiera fra due universi. Da una parte c'è uno dei paesi più felici dell'Asia: la Thailandia; dall'altra il più tragico, il più disperato: la Cambogia.

Nella stagione delle piogge questa fossa si riempie di acque; nella stagione secca si riempie di gente in cerca di scampo e di cibo. Durante tutto l'anno, spie d'ogni regime, guerriglieri di varie colorazioni, emissari di piccole e grandi potenze, trafficanti d'oro e di medicinali, di legnami e d'armi, vanno e vengono, ognuno con una sua missione da compiere.

Dal 1970 la Cambogia è una pedina nel complicato e mutevole gioco internazionale. La guerra qui è nell'interesse di capitali lontane che si combattono per procura. Da Mosca a Pechino, da Washington ai paesi del Sudest asiatico, ognuno ha in ballo una posta cui non vuol rinunciare.

Il campo di battaglia è rappresentato ora da questa striscia di terra lungo il confine, il cui controllo varia con le stagioni. A dicembre, con l'aiuto del maltempo, un gruppo di guerriglieri cambogiani anticomunisti, armati e finanziati dai cinesi, hanno «liberato» un villaggio tenuto dalle truppe khmer-vietnamite, armate e finanziate dai sovietici. Un mese fa, col sole, l'esercito di Hanoi si è ripreso l'area occupata, ha spazzato via uno dei centri della resistenza anticomunista ed ha spinto folle di civili cambogiani a rifugiarsi nella fossa-frontiera.

Costruita originariamente dai thailandesi per difendersi dai carri armati, la fossa è ora diventata riparo, cloaca e tomba per masse di nomadi in questa guerra stagionale che continua a mietere vittime ad un ritmo di 150 morti al mese.

Tenuti in vita dall'aiuto delle organizzazioni umanitarie internazionali, costantemente presi fra due fuochi, intrappolati dai vari gruppi armati che se ne contendono l'appoggio e i maschi giovani da reclutare, 220.000 profughi vagolano nell'insicuro limbo del confine. Non essendo riusciti a farli rientrare nell'interno della Cambogia, i vietnamiti li spingono verso la Thailandia; al confine, i thailandesi li bloccano nella fossa per non alimentare il numero dei disperati nel loro territorio. Quando le piogge riprendono a maggio, i guerriglieri torneranno all'attacco ed i vietnamiti si metteranno sulla difensiva. A novembre la situazione si rovescerà di nuovo... Potrebbe durare così all'infinito, perché per ora di tutte le formule proposte per risolvere il « problema cambogiano », nessuna si è dimostrata capace di superare la prova dei fatti.

Ed i fatti sono questi: la Cambogia è oggi occupata dalle truppe vietnamite. Nessun popolo, certo, ama vedersi occupato da un altro; ma come dicono i cambogiani, « quando la casa è in fiamme, anche l'alluvione è benvenuta ». Calorosamente accolti a suo tempo, i vietnamiti sono infatti ancora ampiamente tollerati.

E la Cambogia? È come se la sua guerra servisse un po' a tutti fuorché a lei. Grazie alla minaccia di Pol Pot, i vietnamiti continuano a giustificare la loro occupazione del paese; grazie alla minaccia cinese contro il Vietnam, i sovietici continuano a tenere la mano sulla gola di Hanoi; grazie alla minaccia vietnamita nel Sudest asiatico, la Cina continua a costruire ponti con la regione (se si eccettua l'Indonesia, che ancora rifiuta i rapporti diplomatici dopo il fallito colpo di Stato appoggiato da Pechino nel 1965). Né i recenti colloqui per la normalizzazione dei rapporti tra Cina ed Urss sembrano comprendere un compromesso sulla questione cambogiana.

« Le truppe vietnamite debbono ritirarsi dalla Cambogia », dicono infatti i cinesi, dicono le Nazioni Unite, dice Sihanouk, dicono in tanti. Ma tutti sanno che se i vietnamiti se ne vanno dalla Cambogia, questo non sarebbe che l'inizio di un nuovo, immenso massacro. I debiti di sangue fra khmer rossi e popolazione civile, fra khmer rossi e repubblicani, fra sihanoukisti e hengsamriniani, fra questi e tutti gli altri, possono solo essere ripagati col sangue.

Per tenere a bada i vari gruppi, in Cambogia occorrerebbe una forza internazionale di controllo, forte almeno quanto quella vietnamita che oggi occupa il paese. E quali paesi vi contribuirebbero? Chi pagherebbe? Naturalmente la Cambogia dovrebbe avere il diritto all'autodeterminazione e i khmer dovrebbero scegliersi il governo che vogliono. Il problema è come arrivarci.

Per il momento, nessuna via sembra aperta e sul tragico destino dei cambogiani, che invero sembra stare a cuore a pochi, si riversa solo la retorica propagandistica di chi continua a fare i propri giochi, se non i propri affari.

Confusi fra le migliaia di profughi che vivono attorno alla fossa-frontiera, gruppi di guerriglieri anticomunisti tagliano legname pregiato in Cambogia da vendere ai commercianti di Bangkok; agenti cinesi ed americani si scambiano informazioni sulle truppe vietnamite; contrabbandieri vanno e vengono attraverso il confine con l'autorizzazione dei soldati thailandesi, che a loro volta ne sono ricompensati con una parte della merce; un medico americano, in licenza pagata dal Dipartimento di Stato, va in giro per la giungla a prelevare pezzi di pelle dai cadaveri e sangue dai feriti, in cerca di prove della «pioggia gialla», il gas che i vietnamiti userebbero contro le forze della resistenza. E infine, un ex ufficiale americano delle forze speciali, finanziato da alcuni attori di Hollywood, cerca, nel territorio controllato dai vietnamiti, le tracce di quei prigionieri di guerra americani che secondo lui sarebbero ancora in vita laggiù.

La pace in Cambogia è proprio ancora lontana.

TIZIANO TERZANI CREDIT CARD IT/12811/IT
CALLING ITALY TELEX: 620660 REPU
PER DIRETTORE E SIGNORINI
CARISSIMI,
SEGUE IL PEZZO SULLA CAMBOGIA RIPENSATA AVENDO VISTO «THE KIL-
LING FIELDS» («URLA DEL SILENZIO»). NEL FILM VI RICORDERETE UNA
SCENA IN CUI QUALCUNO DICE A SYDNEY: «ALLORA VOI GIORNALISTI VI
ERAVATE SBAGLIATI SUI KHMER ROSSI, EH?» QUESTA VORREBBE ESSERE
UNA MIA RISPOSTA/CONFESSIONE/SPIEGAZIONE. «SÌ, C'ERAVAMO SBA-
GLIATI. ED ECCO PERCHÉ.» SAREBBE BELLO CHE QUALCUNO RILAN-
CIASSE LA PALLA DELLA MIA PROVOCAZIONE ALLA SINISTRA, CHE SI RI-
FIUTA DI STUDIARE IL POLPOTTISMO E CHE SBRIGA IL TUTTO COME
UNA ABERRAZIONE. POTREBBE NASCERNE UNA INTERESSANTE POLEMI-
CA. SULLA SITUAZIONE ALLA FRONTIERA OGGI E SULLA «IMMORALITÀ»
DEL CONTINUARE GLI AIUTI «UMANITARI» AI RIFUGIATI, CIOÈ ANCHE
AI KHMER ROSSI, SCRIVERÒ UN COMMENTO DOPODOMANI. SU QUEL
CHE SEGUE VEDETE VOI. SALUTI CARISSIMI. TIZIANO.

La Repubblica, 29 marzo 1985*

HONG KONG – Vivi ne avevo visti solo due e per pochi secondi. Li avevano catturati i soldati governativi e li stavano tortu-
rando quando Sydney, Pran ed io arrivammo in un avamposto
isolato del fronte, a pochi chilometri da Phnom Penh. Facem-
mo appena in tempo a renderci conto di quel che succedeva, a
scattare un paio di foto che i soldati ci cacciarono via. Mentre ci

---

* Testo integrale dell'articolo «C'eravamo sbagliati», pubblicato in *in
Asia*, cit.

allontanavamo sentimmo due colpi di pistola. Anche quei due khmer rossi erano diventati come tutti gli altri loro compagni che vedevamo quasi ogni giorno: dei cadaveri anonimi, sfigurati; delle vittime, ai nostri occhi di allora, di una guerra che gli americani avevano imposto alla Cambogia nel tentativo di vincere o almeno di districarsi da quella che stavano perdendo in Vietnam. Era la primavera del 1973.

La sera, attorno alla piscina dell'Hôtel Le Phnom dove ci si ritrovava a smaltire le emozioni, le paure e le frustrazioni della giornata, si discusse, come sempre, dell'assurdità di quella guerra e della stranezza del nostro ruolo di giornalisti, *voyeur* impotenti della distruzione di un paese e dell'abbrutimento di un popolo a cui tutti ci sentivamo legati ogni giorno di più. Avendo ancora negli occhi le immagini dei loro cadaveri disseminati nelle risaie dai bombardamenti americani, o abbandonati al margine delle strade dai soldati governativi (che a volte toglievano loro il fegato per mangiarlo e così acquisire la loro forza), i khmer rossi, partigiani di una Cambogia contadina che si difendeva dall'intervento della superpotenza Usa, che si opponeva al regime corrotto ed inefficiente messo al potere dal colpo di Stato organizzato dalla Cia, ci sembravano l'unica via d'uscita dall'incubo della guerra. Fossero arrivati loro a Phnom Penh, il conflitto sarebbe finito. Senza più protettori stranieri, né dall'una né dall'altra parte, i cambogiani si sarebbero intesi fra di loro e la Cambogia avrebbe ritrovato la sua pace di paese povero, ma indipendente. Allora la pensavamo così.

Come molti altri giornalisti che lavoravano in Indocina, io ero contrario a quella guerra. Del resto, come si poteva essere altrimenti? La figura del proconsole americano Thomas Enders, che da una stanza ad aria condizionata dell'ambasciata Usa dirigeva le micidiali missioni dei bombardieri; l'esercito governativo che reclutava bambini e compilava liste di soldati inesistenti per gonfiare il numero delle truppe e consentire agli ufficiali di intascare gli stipendi pagati da Washington; la spaventosa corruzione dei funzionari (compreso il fratello del presidente Lon Nol, noto per rubare armi e munizioni dalle caserme per poi rivenderle ai khmer rossi), erano cose che avevamo sotto gli occhi.

E qui era una parte dell'assurdo: la guerriglia restava misteriosa e sconosciuta, mentre gli americani si lasciavano osservare e giudicare. Chiunque arrivasse a Saigon a quei tempi con una lettera di presentazione di qualsiasi giornale del mondo, veniva accreditato e nominato formalmente maggiore dell'esercito americano, così da poter andare in ogni settore del fronte godendo della precedenza sugli aerei militari e sugli elicotteri. Eppure, non si poteva essere dalla parte degli americani.

Da qui, per contrasto, la implicita «simpatia» per gli altri: i partigiani, i khmer rossi, quelli che noi vedevamo solo morti, solo come vittime.

Chi erano davvero i khmer rossi? «Assassini sanguinari, accecati dall'ideologia marxista-leninista», dicevano i diplomatici americani e gli agenti della Cia che pullulavano in mezzo a noi.

Ma noi non ci facevamo influenzare. Anzi, proprio perché quei giudizi venivano da loro, tendevamo a pensare esattamente il contrario. Ricordo una volta in cui l'ambasciata americana ci fece sapere che i khmer rossi erano entrati di notte in un villaggio governativo a qualche decina di chilometri da Phnom Penh ed erano ripartiti dopo averne ucciso sistematicamente tutti gli abitanti, compresi donne e bambini. Se volevamo vedere coi nostri occhi quel «massacro comunista», bastava che andassimo sulla strada numero tale fino al chilometro tale e poi voltare, eccetera. Ci andai e ricordo benissimo di aver girato in mezzo a quelle decine di cadaveri sgozzati, impalati, maciullati, cercando di convincermi che non potevano essere stati uccisi dai guerriglieri, che magari quella gente era rimasta vittima dei bombardamenti americani ed era poi stata messa lì, «usata» per così dire, in modo da farci credere alla storia del massacro comunista.

Un'altra volta un agente della Cia mi raccontò, con molti particolari, che i khmer rossi, per far vedere che nelle zone «liberate» tutti i cambogiani dovevano considerarsi uguali, avevano costretto gli abitanti di una cittadina a smantellare i piani delle case più alte ed a segare i tetti delle capanne che svettavano sulle altre, così che nessuna abitazione fosse più alta di un'altra. Come crederci?

Neppure il fatto che di tutti i colleghi che avevano raggiunto le forze guerrigliere nessuno era tornato a raccontare come fossero in realtà i khmer rossi, fu sufficiente a farmi anche solo sospettare che ci fosse qualcosa di spaventoso al di là delle linee.

Dall'inizio della guerra nel 1970, trentatré giornalisti erano scomparsi nelle zone tenute dai khmer rossi: un prezzo altissimo pagato alla ricerca della verità. Alcuni erano, come si diceva allora, dei *war freaks*: giovani attratti dall'avventura, venuti a capire se stessi, più che la guerra, e che spesso rischiavano eccessivamente per uno *scoop*; ma altri erano professionisti seri, che coscientemente avevano cercato di stabilire contatti con i khmer rossi per poter raccontare la loro parte della storia. Koki Ishihara, traduttore di George Orwell in giapponese e corrispondente dell'agenzia stampa Kyodo a Phnom Penh, annunciò chiaramente ad alcuni amici dove aveva intenzione di andare ed un giorno passò le linee. Non lo si rivide mai più; eppure per anni si continuò a pensare che era vivo e che stava con i guerriglieri. Io stesso avevo deciso di entrare in una zona «liberata» della Cambogia, passando per il Laos, assieme al corrispondente dell'Afp (l'agenzia stampa francese) da Vientiane, Marc Filloux. Avevo fatto la stessa cosa con i vietcong nel Sud Vietnam e mi pareva logico non «coprire» la guerra solo dalla parte americana. All'ultimo momento ebbi paura; Marc partì da solo e svanì. Soltanto qualche anno più tardi alcuni profughi raccontarono di aver visto uno straniero bastonato a morte come spia, poco dopo aver passato il confine.

L'idea che i khmer rossi fossero dei brutali, metodici assassini non mi aveva mai sfiorato. Così, quando Phnom Penh, che avevo lasciato da poco, cadde nelle loro mani, dalla Thailandia cercai di raggiungere quei colleghi che, come Sydney, erano rimasti in città per raccontarne la «liberazione». Attraversai a piedi il ponte di confine fra Aranyaprathet e Poipet e mi inoltrai, sempre a piedi, in Cambogia, finché non fui catturato e messo contro un muro dai primi, veri khmer rossi che avessi mai visto: un gruppo di giovani dalla pelle riarsa usciti dalla giungla. Mi resi conto d'aver a che fare con gente dura e fanatica, ma ancora non capii. Dopotutto si fecero persuadere a lasciarmi andare ed a riaccompagnarmi alla frontiera.

Verso il novembre di quell'anno 1975, ondate di profughi cambogiani cominciarono ad arrivare in Thailandia narrando storie di massacri e di fosse comuni dove i khmer rossi facevano «scomparire» migliaia di persone. Alcuni raccontavano che per smascherare i «nemici di classe» e riconoscere gli intellettuali, i khmer rossi mettevano gli uomini in fila e chiedevano loro di salire su un albero di cocco. Chi sapeva arrampicarsi fino in cima veniva considerato proletario e mandato a lavorare nei campi di riso; chi non ci riusciva veniva eliminato. Come crederci? Sembrava una parodia delle selezioni naziste di ebrei nei campi di sterminio. Altri profughi dicevano che i khmer rossi, oltre agli apparecchi radio, alle immagini religiose, alle suppellettili, distruggevano tutte le pentole e gli utensili di cucina che trovavano in casa della gente. Come credere che dei partigiani togliessero al popolo quel poco che possedeva? Lo si capì dopo, quando risultò chiaro che i khmer rossi volevano frantumare il nucleo familiare, impedire che la gente, cucinando in piccoli gruppi, cospirasse. Così obbligarono tutti a mangiare nella mensa comune, dove potevano essere controllati.

Passai intere settimane andando avanti ed indietro lungo la frontiera, nei vari campi, a parlare con persone provenienti da parti diverse del paese che raccontavano più o meno le stesse storie. A poco a poco mi resi conto che quello che i profughi mi dicevano erano solo i dettagli di un grandioso piano dell'orrore che i khmer rossi, ed i loro protettori cinesi, stavano mettendo in pratica in Cambogia. Quel piano lo capii nella sua totalità solo col tempo, dopo essere stato in Vietnam, dopo aver visitato la Cambogia, dopo aver visto pozzi, caverne, dighe piene di scheletri, dopo aver camminato attraverso campi dove era impossibile non calpestare le ossa di migliaia e migliaia di persone che erano state soffocate, bastonate, abbandonate.

I khmer rossi non sono stati una aberrazione, sono i figli ideologici di Mao Zedong. Sono stati allevati e tenuti a battesimo in Cina; e in questo la Cina ha enormi responsabilità. Pechino sapeva ed approvava. I grandi massacri di Phnom Penh fra il 1975 ed il 1979 ebbero luogo nel liceo Tuol Sleng, a poche decine di metri dall'ambasciata cinese, dove non solo si potevano sentire le urla delle vittime, ma si tenevano i conti della gente che veniva via via eliminata. Durante gli anni che ho trascorso a Pechino ho saputo di un diplomatico cinese ricoverato in un ospedale psichiatrico: era stato assegnato a Phnom Penh e, testimone e complice dell'olocausto, era impazzito.

William Shawcross nel suo libro *Sideshow* individua le radici della brutalità dei khmer rossi nell'essere stati vittime della brutalità dei bombardamenti a tappeto americani; ma questa può solo essere stata una aggravante. La verità, come dicevo, è che i khmer rossi sono il prodotto di una ideologia. Pol Pot non è un pazzo; quello che ha tentato di fare in Cambogia è la quintessenza di ciò che ogni rivoluzionario vorrebbe realizzare: una nuova società.

La stessa cosa, ad esempio, aveva cercato di fare Mao con la rivoluzione culturale. L'operato di Pol Pot fa più impressione, sembra più disumano, solo perché Pol Pot ha ridotto i tempi di realizzazione, è andato direttamente al nodo della questione.

Come tutti i rivoluzionari, Pol Pot aveva capito che non si può fare una società nuova senza prima creare degli uomini nuovi, e che per creare degli uomini nuovi bisogna eliminare innanzitutto gli uomini vecchi, distruggere la vecchia cultura, cancellare la memoria. Da qui il progetto dei khmer rossi di spazzare via il passato con tutti i suoi simboli e con i portatori dei suoi valori: la religione, gli intellettuali, le biblioteche, la storia, i bonzi. Ciò avrebbe permesso di allevare uomini senza memoria, di tirare su bambini simili alle pagine bianche su cui scrivere quello che Angkar, il Partito comunista, voleva.

Se i vietnamiti non avessero invaso la Cambogia nel 1978, questo straordinario, sacrilego esperimento sarebbe anche riuscito, perché una nuova generazione di cambogiani fedeli, nuovi, di bambini che non avevano famiglia, a parte quella di Angkar, l'Organizzazione, il Partito comunista, stava crescendo.

Quel che ancor oggi è interessante, è che la sinistra, che ha sostenuto ideologicamente la guerriglia indocinese durante la guerra con gli Stati Uniti, non ha preso posizione, non ha preso sul serio il fenomeno Pol Pot, non ha cercato di spiegarselo e lo ha liquidato come se si trattasse semplicemente di una folle deviazione.

Si era fatto praticamente lo stesso con la rivoluzione culturale cinese, prendendo per buono quello che oggi Deng Xiaoping vuole farci credere, cioè che gli anni di caos, di torture e di uccisioni sarebbero stati semplicemente l'aberrazione di quattro personaggi, la cosiddetta Banda antipartito. E invece individuare le radici della rivoluzione vuol dire individuare le origini del « polpottismo » e dei khmer rossi: che stanno, appunto, nell'ideologia.

Il dramma della Cambogia continua e le difficoltà di capire restano, ora che i khmer rossi sono diventati nuovamente « le forze di resistenza » e i governi occidentali danno loro appoggi politici e materiali.

Qualche giorno fa, in un campo di khmer rossi in territorio thailandese, a pochi chilometri dalla frontiera cambogiana, dove autocarri delle Nazioni Unite portavano acqua e viveri, ho visto donne e ragazzi della guerriglia partire per la giungla con scatole di pesce « dono degli Stati Uniti » sulla testa. Il comandante del campo, un quadro dei khmer rossi della prima ora (di quelli coinvolti nei massacri), a cui avevo chiesto cosa pensava della cifra di due milioni e più di morti al tempo in cui i khmer erano al potere, mi ha risposto sorridendo: « Basta parlare del passato. Parliamo piuttosto del presente, del fatto che i vietnamiti occupano il nostro paese... »

Davvero bisogna smettere di parlare del passato, visto che solo da poco abbiamo incominciato a discuterne?

Passano altri sei anni...

Corriere della Sera, 28 aprile 1991*

PHNOM PENH – Gli assassini continuano a uccidere, i poveri continuano ad aver fame e i ricchi diventano sempre più grassi e potenti. La Cambogia è un'altra scoraggiante prova che al mondo non c'è giustizia e che l'umanità ha perso la capacità d'indignarsi.

Il mondo non si è curato minimamente delle sofferenze di questo piccolo, struggente paese e non ha fatto nulla per mitigarne le pene. Al contrario. Guidati dagli Stati Uniti, i paesi occidentali hanno negato l'esistenza politica della Cambogia, hanno isolato il paese e gli hanno imposto un devastante embargo economico che ancora contribuisce a prolungarne le sofferenze.

L'orrore continua. Pol Pot e i suoi luogotenenti, dai loro ben protetti rifugi in territorio thailandese continuano a dirigere contro la Cambogia una guerriglia che ogni anno fa migliaia di vittime. Nessuno dei grandi responsabili dell'olocausto cambogiano ha finora pagato per quel delitto. Invece di essere portati dinanzi a un tribunale internazionale, i dirigenti khmer rossi – per una strana logica che ignora ogni decenza – vengono regolarmente invitati alle conferenze internazionali sul «problema cambogiano» e le stesse Nazioni Unite considerano questi assassini come indispensabili protagonisti del futuro del paese.

Nonostante tutto, la Cambogia vive. Phnom Penh sembra a prima vista una città fiorente, piena di gente indaffarata. Dalla mattina alla sera la capitale è assordata dallo strombettare delle

---

* Dal 1988 inizia la collaborazione con il *Corriere della Sera*.

macchine, dal tintinnio dei risciò, è avvolta dalle zaffate che una ininterrotta fiumana di motorini si lascia dietro. I mercati e i negozi sono pieni di roba. Dappertutto c'è oro: in vendita su innumerevoli bancarelle; al collo, ai polsi, alle dita della gente.

Cosa è successo al povero bambino affamato che nell'ultimo decennio era diventato il simbolo della Cambogia? Quel bambino è ancora lì, solo che oggi mendica accanto a belle, luccicanti automobili. Vecchia povertà e nuova ricchezza, mendicanti e milionari: questa è Phnom Penh oggi, uno specchio di tutte le contraddizioni della natura umana abbandonata a se stessa.

La giornata comincia quando fa ancora buio e dozzine di guidatori di autobus e taxi annunciano, gridando per attirare clienti, i nomi delle loro lontane destinazioni: Battambang! Svay Rieng! Takeo! Le strade che da Phnom Penh portano nelle province sono infide e il viaggio è un gioco quotidiano con la morte. Guerriglieri, khmer rossi, banditi e spesso gli stessi soldati governativi, scontenti del loro soldo, fermano il traffico, sparano sulle macchine, uccidono i passeggeri o li derubano.

Ma la gente ci ha fatto l'abitudine.

Già all'alba, i ristoranti ad aria condizionata della capitale si riempiono di ricchi mercanti cinesi chini sulle loro ciotole di vermicelli. Schiere di contadine emaciate li guardano con occhi vuoti attraverso le grate di ferro. Sui marciapiedi, bande di ragazzi sporchi e denutriti si alzano dalle scatole di cartone in cui hanno pernottato e riprendono a mendicare e a razzolare nei cumuli di spazzatura.

Al tramonto, le sale da ballo della città accendono le loro luci suadenti. Gruppi di soldati mutilati si appostano lungo le entrate e presentano i loro moncherini allo sguardo assente di giovani ben vestiti, di funzionari governativi, commercianti e contrabbandieri che in compagnia di ragazze dal trucco grottesco si siedono attorno ai tavoli. Il parcheggio del Boeung Kak, oggi il nightclub più alla moda di Phnom Penh, pare un salone di esposizione per auto di lusso: Bmw, Mercedes, Volvo stanno accanto a nuovissime Toyota.

Anche quando a mezzanotte entra in vigore il coprifuoco, il brusio della città non cessa. Viene solo punteggiato dai fischi dei poliziotti che fermano le macchine e chiedono ai guidatori una «mancia» per lasciarli circolare.

Nella Cambogia di oggi non ci sono regole, non ci sono leggi. Solo il danaro conta. Con un grosso mazzo di riel si paga un buon pasto, con un sacco pieno di banconote una motocicletta trafugata dalla Thailandia. Le auto si comprano solo con dollari: 50.000 per una Mercedes ultimo tipo contrabbandata da Singapore; le case con l'oro: due chili per una villa. Nessuno ha il diritto a nulla ma tutto è disponibile. Un passaporto costa dai 200 ai 500 dollari; l'iscrizione di uno studente alla facoltà di Medicina circa 2000 dollari. La corruzione è diventata una forma di vita e con ciò il fossato fra ricchi e poveri si fa ancora più profondo.

«In passato la povertà era motivo d'orgoglio, oggi è motivo d'umiliazione», mi dice Kieu Kanaridh, il più noto giornalista cambogiano. «Gli onesti passano per stupidi.»

L'egoismo è ormai l'accettato movente di ogni azione. A pensare a tutte le tragedie attraverso le quali questo paese è passato negli ultimi vent'anni, è scoraggiante rendersi conto quanto sono state vane. Verrebbe da credere che l'esperienza d'essere sopravvissuti ai «campi della morte» avesse prodotto almeno un senso di comunione, di solidarietà fra la gente. Niente affatto.

«Ci ha semplicemente trasformati in animali della giungla», dice Kanaridh.

PHNOM PENH – Nella tremolante foschia della calura pomeridiana, i mitra dei due soldati all'imbocco del ponte mi paiono puntati contro la nostra macchina.

« Ci vogliono sparare? » chiedo con naturale preoccupazione.

« Se non lo fanno, vuol dire che sono dei nostri », risponde la guida del governo che mi è stata assegnata per accompagnarmi in viaggio attraverso la Cambogia. La macchina rallenta, la guida butta dal finestrino un pacchetto di sigarette, i soldati corrono per acchiapparlo ed il tutto finisce in una gran risata... fino al prossimo ponte.

La strada fra Phnom Penh e Kampot nel Sud del paese è di 48 chilometri. Il viaggio ci costa quattro dollari e due stecche di sigarette. « I soldati governativi sono malpagati e la gente deve mostrar riconoscenza per il lavoro che fanno », dice la guida. A volte la « riconoscenza » è giudicata insufficiente ed i soldati fermano le macchine e derubano i passeggeri. Chi cerca di accelerare e scappar via viene a volte annaffiato di pallottole. L'agenzia stampa ufficiale poi attribuisce questi incidenti ai « banditi ».

Il governo di Phnom Penh ha un esercito di circa 100.000 uomini, ma la disciplina ed il morale di queste truppe non sono più quelli degli anni passati ed i cambogiani hanno spesso da temere di loro come dei khmer rossi. La ragione è semplice: i soldati governativi sono reclutati ormai quasi esclusivamente fra i contadini delle campagne e fra di loro cresce la rabbia di essere i sacrificati, quelli che debbono affrontare i rischi della guerra, quelli che passano mesi nella giungla, che saltano per aria sulle mine, che restano mutilati, mentre la gente nelle città si arricchisce e riesce, grazie alla corruzione, a tenere i propri figli lontani dalla leva. Campagna contro città, poveri contro ricchi: una situazione simile a quella degli anni Settanta che portò i khmer rossi alla vittoria.

Come è stato possibile arrivare a questo? Come è possibile che una società azzerata dagli orrori di Pol Pot, senza più classi, riproduca le vecchie contraddizioni e rischi di far tornare al potere i vecchi assassini?

Anche di questo è in parte responsabile l'embargo occidentale.

Nel 1979 i cambogiani che uscivano dai « campi della morte » di Pol Pot, invece di mettersi a ricostruire il loro paese, come sarebbe stato giusto, dovettero mettersi a combattere una nuova guerra civile perché il mondo occidentale rifiutò di venire loro incontro e finì per dare aiuto ai loro nemici. L'invasione vietnamita era riuscita a rovesciare il regime di Pol Pot, ma non a eliminare i khmer rossi. Gli uomini responsabili del genocidio cambogiano si erano rifugiati nelle zone montagnose al confine con la Thailandia e da lì, con l'aiuto della Cina, avevano incominciato la guerriglia contro il nuovo regime di Phnom Penh ed i 200.000 soldati vietnamiti rimasti nel paese a sostenerlo. Presto ai khmer rossi si allearono due altri gruppi di guerriglieri, appoggiati dagli Stati Uniti e, indirettamente, da altri paesi occidentali: il gruppo repubblicano guidato da Son Sann, e il gruppo monarchico di Sihanouk.

La svolta avvenne nel 1989. Col mondo socialista in ritirata e l'Occidente che faceva pressione perché Phnom Penh cambiasse politica in cambio di una vaga promessa di riconoscimento e di aiuti, il regime di Heng Samrin e Hun Sen adottò una serie di riforme che hanno permesso la religione, abolito la struttura economica socialista, liberalizzato il commercio e reintrodotto la proprietà privata.

Il primo maggio 1989 sono nati i nuovi milionari della Cambogia. In quella data, chi occupava una villa, un appartamento o una semplice stanza ne è diventato il legittimo proprietario. Questo ha ovviamente favorito i funzionari del nuovo regime che per primi erano tornati a Phnom Penh ed erano andati ad occupare gli edifici più centrali e spaziosi. Alcune di quelle ville, cui è stata data una mano di bianco e una ripulita, vengono ora affittate agli stranieri che lavorano a Phnom Penh per somme che variano dai mille ai duemila dollari al mese: un patrimonio, se si considera che lo stipendio mensile di un funzionario governativo è di cinquemila riel, vale a dire otto dollari.

Lo stesso è avvenuto nelle campagne. I campi delle comuni sono stati distribuiti fra i contadini, creando enormi disparità fra quelli che hanno ricevuto terreni fertili e gli altri che hanno avuto pezzi improduttivi. La improvvisa fine del sistema socialista comunitario ha per giunta penalizzato i più deboli. È così che città come Phnom Penh si sono riempite di donne e bambini mendicanti.

La liberalizzazione ha dato il via a un boom economico, grazie al reinserimento nel mercato di vaste ricchezze che erano state nascoste. Le ricche famiglie del passato, che in attesa di tempi migliori avevano sepolto il loro oro, lo ritirano fuori e lo usano per fare affari. L'affare più redditizio è il commercio.

Siccome la Cambogia non produce alcun bene di consumo, l'importazione e la vendita di prodotti provenienti dall'estero è estremamente lucrativa.

Koh Kong, un piccolo arcipelago dinanzi alla costa sudoccidentale della Cambogia, vicino alla frontiera thailandese, è il più grande supermercato per oggetti d'importazione. Un'isola ha in deposito soltanto automobili; un'altra solo motociclette; una terza elettrodomestici ed elettronica. Navi provenienti da Singapore e da Bangkok scaricano quotidianamente i loro tesori a Koh Kong. Due volte la settimana un elicottero porta da Phnom Penh i compratori all'ingrosso. I pagamenti avvengono in oro. Diversamente dagli altri mercati cambogiani, dove il metallo prezioso viene pesato su dei piccoli bilancini, a Koh Kong si usano le normali bilance per il riso.

Il piccolo capoluogo provinciale di Koh Kong è punteggiato di belle residenze ad aria condizionata, ognuna con il proprio generatore.

« Qui, per essere considerati milionari bisogna avere almeno 5 milioni di dollari in contanti o in oro », dice un funzionario governativo.

A Koh Kong i milionari sono già duecento. Come nel resto del paese, si tratta di cambogiani di origine cinese. Già ai tempi di Sihanouk questa comunità aveva in mano l'economia del paese. Ce l'ha di nuovo e molti osservatori pensano che il governo di Phnom Penh sia « ostaggio » di questi uomini d'affari.

In un certo senso è così. Mentre i commercianti diventano sempre più ricchi e potenti, lo Stato diventa sempre più povero e perde d'autorità. Non esistono leggi che impongano tasse, non ci sono regole che stabiliscano priorità negli investimenti. In questo ambiente di totale *laissez faire*, i commercianti pensano esclusivamente ai loro profitti e non contribuiscono affatto alla ricostruzione delle infrastrutture del paese.

« È vero: abbiamo introdotto un'economia di mercato senza aver creato un sistema di tasse, senza aver messo in piedi delle istituzioni finanziarie », dice Ueh Kiman, il vice Primo ministro della Cambogia. « È rischioso, ma non avevamo altro modo per ovviare all'embargo e per avviare il commercio con i paesi nostri vicini. »

Una sera, alcune settimane fa, sul mercato di Battambang, la seconda città del paese, sono improvvisamente cadute una ventina di cannonate. Un centinaio di case sono andate in fiamme e più di venti persone sono morte. Le autorità della città hanno subito accusato i khmer rossi dell'attacco, ma la gente sul posto diceva che era stato l'esercito a sparare. Due giorni prima, alcuni soldati governativi erano venuti a riscuotere « un premio di riconoscenza » dai mercanti d'oro, ma erano stati accolti a fucilate dalla polizia e due soldati erano morti.

« Questa è la Cambogia, signor mio, questa è la Cambogia », ripeteva un vecchio fra le macerie fumanti della sua casa, mentre tutto attorno alcune centinaia di persone, fra cui moltissimi bambini, raspavano fra i resti dell'incendio in cerca di qualcosa di valore.

PHNOM PENH – Le notti non sono riposanti in Cambogia. Il buio brulica di fantasmi. Guardo la sagoma nera d'un cocco che svetta sugli altri e ricordo l'amico cambogiano che mi diceva: «I khmer rossi non sprecavano nulla. Usavano i morti come concime. Gli alberi alti sono quelli con più cadaveri sotto le radici». Quando potrà mai questo popolo ridormire senza paura, riguardare la natura senza che questa gli rammenti il terrore? Purtroppo la pace non sembra affatto alle porte.

Per anni pareva che l'unico ostacolo ad una soluzione politica del conflitto fosse il ritiro delle truppe vietnamite dal paese. Ora i 200.000 soldati di Hanoi sono partiti, ma la guerra non è finita. I khmer rossi di Pol Pot, i guerriglieri repubblicani di Son Sann e quelli monarchici di Sihanouk continuano a combattere per la «liberazione della Cambogia dall'invasore vietnamita».

Viaggiando attraverso la Cambogia oggi, non si incontrano né soldati né coloni vietnamiti. È vero che Hanoi ha i suoi osservatori militari nel paese; è vero che nella base aerea di Bien Hoa, a nord della città vietnamita di Hochiminh, i vietnamiti tengono alcune unità di pronto intervento da utilizzare là dove i khmer rossi diventassero troppo pericolosi. Ma non ci sono dubbi che la responsabilità di tener testa alla guerriglia è ormai nelle mani dell'esercito di Phnom Penh. La maggior parte dei vietnamiti che oggi si incontrano in Cambogia sono delle povere, ossute ragazze che vengono per lo più dal nord del Vietnam in cerca di fortuna: a Phnom Penh, la zona fra la vecchia ambasciata francese e l'antenna della televisione si chiama ormai «il quartiere speciale». Lungo una strada sconnessa, che corre lungo il lago, ci sono centinaia di queste ragazze impegnate nell'antica professione.

Che cosa tiene in vita la guerriglia di Sihanouk e Son Sann contro il governo di Phnom Penh?

Per anni pareva che fosse una questione ideologica: democrazia contro comunismo. Oggi non è più così. Nonostante quello di Phnom Penh sia un sistema a Partito unico, nonostante lo statuto del Partito parli ancora di marxismo-leninismo, il Partito di Hun Sen e Heng Samrin è, come dice l'ambasciatore ungherese a Phnom Penh, «il Partito comunista più anticomunista che abbia mai conosciuto». Il sistema economico che è stato introdotto nel paese è un assoluto *laissez faire* capitalista. La sola ideologia è la sopravvivenza. Negli uffici del governo sono ancora in mostra i ritratti di Marx, Lenin e Ho Chi Minh ma, come mi sono sentito dire da un governatore provinciale, «il tutto è ormai pura decorazione».

Sia il gruppo di Sihanouk (circa 8000 guerriglieri), sia quello di Son Sann (anch'esso di circa 8000 uomini) sia, in parte, anche quello dei khmer rossi (circa 20.000), sono indubbiamente interessati ad avere la loro mano sul fiume di dollari che gli Usa e altri paesi occidentali fanno arrivare per vari canali ai 300.000 cambogiani che vivono nei campi profughi in territorio thailandese. Questa è gente scappata dalla Cambogia nel corso degli ultimi dodici anni nella speranza di emigrare all'estero. I più non ci sono riusciti e col passare del tempo questi profughi sono diventati degli «ostaggi politici».

La stragrande maggioranza di questi rifugiati è alloggiata in otto campi in territorio thailandese, a pochi chilometri di distanza dalla Cambogia. Ogni campo è controllato da uno dei tre gruppi della guerriglia. I capi di questi gruppi hanno bisogno di popolazione per giustificare il loro ruolo politico e per poter reclutare giovani guerriglieri per i loro eserciti.

In territorio cambogiano ci sono poi delle zone cosiddette «liberate». Anche quelle si trovano sotto il controllo dei tre gruppi di guerriglia. In queste zone vivono circa 50.000 persone «liberate». Si tratta soprattutto di contadini che, rispetto agli altri cambogiani, oggi godono di un grosso vantaggio: a loro vanno gli aiuti americani.

In queste « zone liberate » gli Stati Uniti hanno costruito una strada, hanno allestito quattro ospedali e stanno per finirne un quinto che sarà uno dei più moderni e meglio equipaggiati della Cambogia. Per queste « zone liberate » gli Usa spendono circa 20 milioni di dollari all'anno. Niente invece per i sette o otto milioni di cambogiani che vivono sotto il governo di Phnom Penh.

Siccome i 300.000 cambogiani che si trovano in Thailandia non vengono chiamati « rifugiati » e non sono per questo sotto la protezione delle Nazioni Unite, il governo di Bangkok può rimandarli in Cambogia quando vuole. Sembra che i tre gruppi di guerriglia abbiano per questo optato per la strategia di ingrandire le « zone liberate » all'interno della Cambogia per insediarvi un giorno tutti i rifugiati che oggi si trovano ancora negli otto campi thailandesi.

« Sparano sui nostri villaggi e la nostra gente scappa; minano i campi e quando la gente cerca di tornare a casa finisce mutilata », dice Ith Loeur, il governatore di Banteay Meanchey, la provincia nel Nordovest della Cambogia confinante con la Thailandia. Sisophon, il capoluogo provinciale, è una sorta di città-cowboy gremita di uomini armati e di migliaia di poveri contadini che la guerriglia ha cacciato dalle loro risaie ora dichiarate « liberate ».

Nell'ospedale provinciale, a sette chilometri da lì, ci sono più feriti che letti. La maggior parte dei pazienti sono dei giovani soldati e dei bambini saltati per aria sulle mine. Si passa attraverso le loro sofferenze come attraverso un incubo: da oltre vent'anni queste sofferenze fanno parte della vita quotidiana del paese. È possibile mettervi fine? Nessuno sa per il momento in che modo.

Fin dal 1988 i capi delle diverse fazioni si sono incontrati più volte per trovare una formula che metta fine alla guerra. Tutti i tentativi sono falliti.

« Questi capi di fazioni si fanno la lotta da oltre vent'anni.

Loro, il problema della Cambogia non possono certo risolverlo. Sono loro stessi il problema», dice il rappresentante di un'organizzazione internazionale a Phnom Penh. Un intellettuale cambogiano lo dice in maniera più drastica: «Noi khmer non saremo mai in grado di risolvere i nostri problemi da soli. Abbiamo bisogno di un capo straniero, di uno che venga da fuori e che ci dica cosa fare. Abbiamo bisogno di essere messi sotto tutela».

Per quanto suoni strano, molti normali cambogiani la pensano così e si augurano una qualche soluzione che venga loro imposta dall'esterno.

Recentemente, i cinque rappresentanti del Consiglio di sicurezza delle Nazioni Unite (Stati Uniti, Inghilterra, Unione Sovietica, Francia e Cina) si sono messi d'accordo su un piano che alcuni osservatori considerano appunto come una forma di «tutela camuffata».

Questo piano prevede la creazione di un organo provvisorio di coalizione (il Consiglio nazionale supremo) in cui siano rappresentate tutte le quattro fazioni (inclusa quella dei khmer rossi di Pol Pot); prevede inoltre l'abolizione della struttura militare ed amministrativa delle fazioni in lotta (inclusa quella di Phnom Penh), nonché libere elezioni sotto l'egida di un organo speciale delle Nazioni Unite, l'Untac (Autorità temporanea delle Nazioni Unite in Cambogia). Questo organo dovrebbe amministrare la Cambogia transitoriamente, fino alla formazione di un nuovo governo. Circa 20.000 persone delle Nazioni Unite (la metà militari) dovrebbero essere stazionate nel paese e garantire l'esecuzione del piano.

«Nelle sale ad aria condizionata del quartier generale delle Nazioni Unite questo piano può sembrare buono. Qui non funzionerà mai», commenta un diplomatico dell'Est europeo.

Questo piano lascia una serie di domande senza risposta: in che modo può una piccola forza militare dell'Onu garantire un cessate il fuoco? In che modo può l'Onu garantire che i khmer rossi non manterranno i loro segreti depositi di armi? Perché il presente regime di Phnom Penh dev'essere abolito quando, benché debole, resta pur sempre il solo governo funzionante del paese? Come può un'amministrazione a breve tempo dell'Onu garantire che i khmer rossi non ritorneranno al potere? Soprattutto resta il problema morale: perché l'Onu dovrebbe dare ai khmer rossi legittimità internazionale e permettere a Pol Pot e ai suoi accoliti di presentarsi come candidati alle elezioni, come se l'olocausto non avesse mai avuto luogo?

« Non preoccupatevi », diceva recentemente con macabro sarcasmo un vecchio khmer ad un gruppo di stranieri a Phnom Penh. « Il problema cambogiano si risolverà quando non ci saranno rimasti che due cambogiani ed uno riuscirà ad uccidere l'altro. »

PHNOM PENH – Esuberante, la città ansima, strombazza, vive. Le strade sono intasate dal traffico, i mercati rigurgitano di gente e merci. Nella quiete dei templi, gruppi di donne pregano tra fumate di incenso.

A vederla dall'alto della mia finestra d'albergo, l'umanità che si muove svelta e rumorosa nel sole del pomeriggio sembra quella solita di un normale paese dei tropici. È possibile che queste siano davvero le prime ore di una nuova epoca per la Cambogia? Le prime ore di pace?

Nessuno osa crederci, ma la speranza è più forte di tutte le delusioni del passato. «Aspetto ancora un po' ad essere felice», dice una donna che da una bancarella di legno vende sigarette su una delle strade della città che come tutte le altre con ogni regime ha cambiato nome. «Se Sihanouk torna e torna senza Pol Pot, allora faccio festa.»

La Cambogia non ha un giornale quotidiano. La radio e la televisione trasmettono per lo più propaganda, ma la notizia dell'accordo di Pattaya in Thailandia, dove si sono riuniti i quattro capi delle fazioni combattenti, ha presto fatto il giro della città e la finora impossibile parola «pace» è improvvisamente rientrata nel vocabolario della gente.

L'accordo di Pattaya fra il governo di Phnom Penh, diretto dal Primo ministro Hun Sen, e le tre organizzazioni della guerriglia (i monarchici del principe Sihanouk, i repubblicani dell'ex Primo ministro Son Sann e i famigerati khmer rossi di Pol Pot) stabilisce alcuni punti che fino a poche settimane fa sembravano irraggiungibili.

Le parti si sono impegnate a cessare le ostilità a tempo indeterminato; a non ricevere più rifornimenti di materiale bellico dai loro rispettivi protettori; a far funzionare, come simbolo della sovranità cambogiana, il cosiddetto Consiglio nazionale supremo in cui le varie fazioni sono rappresentate; e a dare a Sihanouk, come capo di questo Consiglio, il compito di rappresentare la Cambogia alle Nazioni Unite.

Con questo meccanismo, la Cambogia esce dall'isolamento diplomatico in cui è stata relegata negli ultimi undici anni. L'embargo economico, imposto dagli Usa e dal resto dell'Occidente al regime di Phnom Penh, non ha più ragione di essere.

Che cosa ha sbloccato la situazione e permesso l'accordo?

Chiaramente la Cina. Per anni i dirigenti di Pechino hanno sostenuto diplomaticamente e rifornito militarmente i khmer rossi. Il fatto che Pol Pot e i suoi guerriglieri si fossero macchiati di uno dei più spaventosi crimini contro l'umanità di questo secolo nei quattro anni in cui erano stati al potere (1975-1979), non aveva creato alcun problema morale per i dirigenti cinesi, che usavano di questi vecchi assassini per continuare la loro guerra per procura contro il Vietnam e, in ultima analisi, contro l'Urss.

Ora, anche in ragione dei mutati schieramenti internazionali, la Cina ha finito per riconoscere quanto imbarazzante era diventato il suo appoggio dei khmer rossi ed ha ovviamente deciso, se non proprio di abbandonarli (questo lo si vedrà nei mesi a venire), almeno di prendere le distanze da loro. Da qui la nuova debolezza diplomatica di Pol Pot e la maggiore compiacenza della sua delegazione.

Fino a poche settimane fa i khmer rossi avevano insistito perché, nel quadro del piano di pace proposto dalle Nazioni Unite, le varie fazioni combattenti smobilitassero le loro forze armate e smantellassero i loro apparati amministrativi. Per il governo di Phnom Penh, l'unico che controlla la stragrande maggioranza del paese e che ha la forza militare per opporsi ad un ritorno dei khmer rossi al potere, la smobilitazione sarebbe stata una sorta di suicidio ed il Primo ministro Hun Sen si era fermamente opposto all'idea.

Ebbene, a Pattaya i khmer rossi hanno evitato di sollevare questo problema e la proposta di Sihanouk, che i vari gruppi mantengano per il momento il controllo di quel che hanno, è risultata essere un abile modo per salvare la faccia di tutti. Nella sostanza, Hun Sen ha vinto perché il mantenimento di quel che ha vuol dire il mantenimento del governo di Phnom Penh come il più legittimo, in quanto quello col più effettivo controllo sul territorio e sulla popolazione.

Un tale accordo non poteva avvenire senza il beneplacito della Cina che, ovviamente appesantita ancor oggi dal fardello di responsabilità per il massacro di Tian An Men, ha voluto almeno cominciare a togliersi di dosso quello di Pol Pot.

Praticamente, quel che l'accordo di Pattaya ha raggiunto è quel che molti cambogiani si auguravano e che molti osservatori stranieri vedevano come la più decente soluzione del problema cambogiano: l'isolamento dei khmer rossi ed un informale riallineamento delle alleanze, con Sihanouk e Son Sann non più opposti a Hun Sen, ma neutrali. La prossima riunione del Consiglio nazionale supremo suggellerà simbolicamente questo passo in avanti. La riunione, prevista per agosto a Phnom Penh, sarà presieduta da Sihanouk. Per il principe sarà uno storico ritorno.

Per molti cambogiani, che vedono ancora in lui il re-padre ed il simbolo di un tempo d'oro in cui il paese era in pace, il ritorno di Sihanouk riaccende la speranza di normalità. Una piccola folla di gente s'era riunita stamane a guardare la elegante sagoma del vecchio Palazzo reale, disabitato da più d'un decennio. Alcuni giardinieri erano intenti a tagliare l'erba. Davanti al Palazzo, sulla riva del fiume Tonle Sap, una squadra di operai lavorava a costruire il nuovo tempietto dove avrà finalmente casa lo spirito che protegge Phnom Penh. Era come se stesse per accadere qualcosa che era previsto da tempo.

« Dobbiamo far presto », diceva il caposquadra. « Ad agosto tutto deve essere finito. »

TERZANI / PHNOM PENH PER VICEDIRETTORE
GIULIO ANSELMI
EX TIZIANO TERZANI
PHNOM PENH 12.11.1991
CARISSIMO,
SONO NELL'HÔTEL MONOROM STANZA 306 RAGGIUNGIBILE PER FAX:
855-23-26149, MA ANCOR MEGLIO PER TELEGRAMMA URGENTE. ECCOTI
UN PEZZO PER PREPARARE L'ARRIVO DI SIHANOUK. DOMANI LA CRONA-
CA. RIMARRÒ QUI PER UN PO' E MI RIFARÒ VIVO IN SEGUITO. SPIACEN-
TE DI NON AVERTI VISTO. A PRESTO. CORDIALITÀ. TIZIANO TERZANI.

Corriere della Sera, 13 novembre 1991

PHNOM PENH – La speranza. Avevo sempre pensato fosse un
sentimento, qualcosa che si prova nel petto, un pensiero che sopravvive al di là di ogni logica, qualcosa di inspiegabile, di invisibile che è solo nella testa. Ma oggi, in questa città che d'un
tratto ha ritrovato lo splendore del suo passato, la speranza è
una cosa fisica, visibile, colorata, qualcosa che si tocca. La speranza è dappertutto, è nelle bandiere, nei fiori, nei ritratti, negli
striscioni, nelle uniformi, negli alberi appena potati, sulle facciate delle case appena ridipinte, nel rosso dei tappeti messi nelle sale di ricevimento, nella faccia della gente che sta per ore,
incredula, davanti ai cancelli delle ville in cui alloggiano i primi
soldati delle Nazioni Unite.

La speranza ha anche un odore: quello dell'incenso che i
contadini, venuti a migliaia dalle campagne, ora bruciano a
grandi mazzi davanti ai sorridenti Buddha d'ottone nel Tempio sulla Collina che domina questa commoventissima città,

oggi tutta agghindata e pronta per il suo grande appuntamento con la storia: il ritorno di Sihanouk.

Il vecchio re-dio-padre della Cambogia, deposto ed esiliato, torna in patria grazie all'accordo internazionale che lo rimette a capo dello Stato e che dovrebbe riportare la pace a questo piccolo paese d'Indocina martoriato per vent'anni dalle guerre altrui e lacerato dalla sua guerra civile.

È un'ora fatidica, non solo per la Cambogia, ma per tutta questa parte del mondo. Dal dicembre 1941, quando la flotta giapponese attaccò Pearl Harbor, l'Asia è stata ininterrottamente un continente in guerra e pallottole e bombe hanno continuato a mietere vittime in vari conflitti. La Cambogia era l'ultimo campo della morte. Con la fine della guerra qui, l'Asia potrà dirsi in pace per la prima volta in mezzo secolo.

Phnom Penh, questa straordinaria, suadente città alla confluenza del Bassac con uno dei più grandi fiumi del mondo, il Mekong, una città di grande armonia umana, in cui le pagode sono ancora oggi più alte delle palme e le palme più alte delle case, potrebbe diventare il simbolo di questa nuova era.

Ho visto questa città negli anni della guerra americana, fra il 1970 ed il 1973, quando centinaia di migliaia di rifugiati, scappati ai bombardamenti a tappeto dei B-52, venivano ad accamparsi lungo i marciapiedi del centro; l'ho vista lentamente strangolata dall'assedio dei khmer rossi, che il 17 aprile 1975 la presero in mano e per prima cosa la vuotarono in poche ore di tutta la sua popolazione, mandata allo sbaraglio nella giungla e nelle risaie; l'ho rivista, città fantasma, guscio vuoto, marcio e buio, poco dopo l'intervento vietnamita che nel 1979 rovesciò il regime di Pol Pot e mise al potere l'attuale governo di Hun Sen; e l'ho rivista varie volte negli ultimi dieci anni, di nuovo viva e popolosa, ma ancora misera, sporca, avvilita e scoraggiata dall'ingiusto embargo economico che i paesi occidentali avevano deciso di imporre a questa gente ed a questo governo, definito «fantoccio di Hanoi».

Arrivarci oggi è una enorme emozione, perché uno è immediatamente colpito dall'incredibile sforzo che questa città ha fatto per mettere da parte il passato, per coprire le tracce dell'orrore, per ridarsi la faccia che aveva quando la Cambogia era un paese relativamente ricco e felice, in pace con se stesso e con i suoi vicini.

Per Sihanouk tornare qui sarà come fare un salto indietro di venti, trent'anni, come tornare al tempo in cui lui era giovane, roseo, coi capelli nerissimi, come è negli enormi ritratti che sono appena stati issati ai grandi incroci della città. « L'abbiamo copiato dai ritratti che avevamo degli anni Sessanta », diceva la giovane donna architetto che per giorni ha diretto una squadra di pittori incaricati dell'opera.

Le strade sono spazzate, i marciapiedi marcati di bianco e gli alberi di ibiscus sono carichi di fiori. Ogni muro, dall'aeroporto alla città, ogni casa lungo il percorso verso il Palazzo reale è stato rimbiancato. L'erba di tutte le aiole è stata tagliata. La Banca Centrale, che i khmer rossi di Pol Pot avevano fatto saltare perché simbolo del materialismo borghese, è stata rifatta tale e quale e ridipinta dello stesso colore rosso vinaccia. Il vecchio edificio dove siederà il Consiglio nazionale supremo, composto da tutte le fazioni cambogiane, compresi i khmer rossi, e presieduto da Sihanouk, è stato restaurato e riportato allo stato in cui era quand'era la residenza del governatore francese dell'Indocina negli anni Trenta. Non è stata ricostruita la vecchia cattedrale, di cui i khmer rossi cancellarono persino le fondamenta. Al suo posto i sovietici, anni fa, hanno costruito una stazione di relay per un loro satellite e i cambogiani ridono dicendo che « è pur sempre rimasto un centro per comunicare col cielo ».

Il Palazzo reale è tornato splendido, con la sala del trono rimessa a nuovo, con le sue mura di cinta gialle e bianche, con migliaia di lampadine che la notte illuminano i suoi tetti dalle cime ricurve, come ali che stessero per spiccare il volo verso la luna.

Il tutto è stato fatto negli ultimi due mesi, lavorando 24 ore su 24, con grandi sacrifici e con soldi offerti da vari paesi, ma soprattutto dalla Francia e dal Giappone: la prima, perché tiene a riavere un ruolo politico in quella che fu una sua colonia persa nel 1954; il secondo, perché è determinato a riavere un ruolo economico in quella che era stata la sua «zona di coprosperità asiatica», persa con la Seconda guerra mondiale.

Il fatto è che nonostante i quintali di vernice e gli immensi lavori di restauro, il passato della Cambogia non può essere spazzato via e la Storia ha qui un suo particolare modo di tornare a bussare alle porte.

Sihanouk stesso è il simbolo di quel passato. Anche lui è da più di mezzo secolo al centro delle drammatiche vicende di questo paese, prima come re, poi, avendo rinunciato al trono, come uomo politico. Per questo il suo ritorno è pieno di significati.

Visto dalla massa dei contadini cambogiani come l'incarnazione della divinità, Sihanouk godeva di grande popolarità nelle campagne ed il suo prestigio servì enormemente a portare i khmer rossi alla vittoria del 1975 ed a stabilizzare il loro regime nei primi mesi al potere. «Chi vuole andare a salutare il principe Sihanouk salga su quel camion!» dicevano i khmer rossi, facendo finta che Sihanouk, formalmente loro capo di Stato, ma praticamente in condizioni di semi-prigionia nella Phnom Penh deserta, venisse in visita ufficiale in un villaggio. Tutti quelli che salivano sul camion non erano più rivisti. Considerati «nemici della rivoluzione», venivano eliminati, di solito a colpi di bastone.

Nel 1979, quando i vietnamiti invasero la Cambogia per rovesciare il regime di Pol Pot, un'operazione che non riuscirono a portare a termine fu quella di entrare nel Palazzo reale a «liberare» Sihanouk. Furono i cinesi a prenderlo ed a portarlo a Pechino dove, qualche tempo dopo, pur essendo lui stesso stato una vittima dei khmer rossi, finì per riallearsi con loro e rimettersi a capo di una coalizione di guerriglieri che, per più di un decennio, ha combattuto contro il governo di Phnom Penh.

Questo conflitto, con i cinesi dalla parte della guerriglia ed il Vietnam e l'Unione Sovietica dalla parte del governo di Phnom Penh, avrebbe potuto durare inconclusivamente ancora degli anni. È stata la comunità internazionale, svegliatasi alla tragedia di questo popolo, a far pressione sulle parti in causa e a dare alle Nazioni Unite la più delicata ed ambiziosa missione che l'Organizzazione internazionale abbia mai avuto dalla sua fondazione nel 1946: quella di amministrare temporaneamente la Cambogia, disarmare i vari eserciti e portare il paese alle sue prime libere elezioni nel 1993.

Per ora la presenza dei Caschi blu è limitata ad alcune decine di australiani e ad un centinaio di paracadutisti francesi. Se il piano di pace procede, a questi ne seguiranno almeno diecimila altri.

Se, se, se... I « se » sono al centro delle conversazioni fra i diplomatici dei vari paesi che riaprono qui le loro ambasciate, fra i 450 giornalisti venuti da mezzo mondo.

Per centinaia di migliaia di cambogiani che, nonostante la modernità della guerra di cui sono stati vittime, vivono ancora in un mondo di antiche favole e miti, in queste ore non ci sono « se », ma solo una palpabile, odorosa, visibile speranza.

CARISSIMO,

ECCOTI LA CRONACA, UN PO' RAGIONATA, DI OGGI. RESTO ANCORA E
MI FARÒ VIVO. TI SAREI GRATO SE MI FAI SAPERE SE RICEVI E PUBBLI-
CHI. SONO ALL'HÔTEL MONOROM STANZA 306 FAX: 855-23-26149.
SALUTI. T.T.

Corriere della Sera, 15 novembre 1991

PHNOM PENH – Ha baciato i generali ed i ministri, si è inchi-
nato davanti ai bonzi, ha raccolto i fiori profumati gettatigli
dalle ballerine ed ha pianto alla vista di decine di migliaia di
studenti e funzionari dello Stato, tutti nel loro vestito delle feste
che lungo la strada, sventolando ognuno una bandierina di carta, urlavano: «Sihanouk! Sihanouk!»

Il ritorno in patria del re-dio-padre della Cambogia è stato
formalmente trionfale, ma niente nell'accoglienza è stato lasciato al caso, niente è stato spontaneo ed alla fine dei conti tutto si
è svolto secondo il programma previsto dal governo di Phnom
Penh e secondo il rituale tipico di ogni regime socialista.

Nessuno dei contadini che erano venuti nei giorni scorsi nella capitale è riuscito ad avvicinarsi al percorso del corteo, nessuno degli abitanti lungo la strada ha potuto affacciarsi dalla
propria casa a vedere l'uomo da cui ora dipende la pace di questo misero paese. Porte e finestre dovevano star chiuse. Il popolo non era invitato alla festa. Solo chi era stato mobilitato dal
governo ed aveva ricevuto uno speciale cartellino da mettersi

sul petto aveva il diritto di mostrare il suo entusiasmo e di dare il benvenuto al vecchio re che tornava.

L'aereo cinese ha toccato la pista di Pochentong alle 10.52. Sihanouk è apparso al portellone alle undici in punto, come previsto; ha unito le due mani all'altezza della fronte in segno di saluto ed ha fatto un grande sorriso. Per lui era come entrare in un sogno. Un grande ritratto di sé giovane, coi capelli fitti e corvini, era appeso sulla facciata della torre di controllo: lo stesso che era lì, quando lui, ancora capo dello Stato, aveva lasciato quello stesso aeroporto nel marzo del 1970. Sono passati 21 anni e Sihanouk, ora coi capelli radi e bianchi, la faccia non più rosea come nel ritratto, era di nuovo lì, con una folla che come allora lo acclamava. Era commosso.

Su ordine degli altoparlanti, che nelle ore di attesa avevano trasmesso musica rock-and-roll, alcune migliaia di giovani delle scuole di Phnom Penh, in camicia bianca e gonna o pantaloni blu scuri, hanno fatto i loro urli di benvenuto e sventolato le loro bandierine di carta: la metà erano quelle rosse e blu con la sagoma dorata di Angkor Wat, simbolo del governo di Phnom Penh; l'altra metà erano quelle celesti con la sagoma bianca della Cambogia, simbolo del Consiglio nazionale supremo, l'organo di cui è presidente Sihanouk. Le stesse bandiere erano in mano alle decine di migliaia di persone messe lungo tutto il percorso fino al Palazzo reale.

Il messaggio di tutto questo era chiaro: il governo di Phnom Penh, formalmente uno dei quattro gruppi firmatari dell'accordo di pace, ma in pratica il solo, vero governo che amministra la stragrande maggioranza del paese (la guerriglia dei khmer rossi, dei repubblicani di Son Sann e dei seguaci di Sihanouk, ora sotto il comando del figlio, principe Ranariddh, ha il controllo di appena il 10 per cento del paese), riceve il vecchio re-dio-padre e lo restituisce alla sua gente.

Come a sottolineare questo messaggio, subito dopo Sihanouk e sua moglie, la principessa Monique, al portellone dell'aereo è comparso Hun Sen, il Primo ministro di Phnom Penh andato a Pechino a prendere il principe per riaccompagnarlo qui e dividere con lui la gloria di questo ritorno.

La banda militare ha intonato l'inno nazionale e Sihanouk, sul podio, ha fatto le sue prime lacrime alla vista di quel mare mosso di mani e bandiere e teste rivolte a lui. Lungo il tappeto rosso c'erano i ministri, il corpo diplomatico, i soldati delle tre armi di qui ed il piccolo contingente di soldati delle Nazioni Unite, arrivati nei giorni scorsi.

Mancava solo l'ambasciatore di Hanoi, Ngo Dien, per anni uno dei personaggi di maggiore rilievo e influenza in Cambogia. Il vecchio diplomatico, considerato qui una sorta di proconsole e che ha certo contribuito alla formazione politica di Hun Sen, aveva lasciato Phnom Penh ieri mattina all'alba senza alcuna cerimonia, quasi di nascosto, a bordo di un'auto privata diretta a Saigon. Non a caso: il Vietnam esce come il grande sconfitto dell'accordo di pace e Sihanouk, con dietro la Cina, deve aver imposto a Hun Sen, come condizione del suo ritorno, la rottura fra Hanoi ed il governo di Phnom Penh.

Ancora ieri notte, squadre di operai erano al lavoro a cancellare da Phnom Penh alcune delle tracce più visibili della presenza vietnamita qui ed a rimuovere i monumenti dedicati alla solidarietà fra i due popoli. Persino la bandiera vietnamita che sventolava sopra la stele che ricorda le decine di migliaia di soldati vietnamiti morti in Cambogia per combattere contro i khmer rossi, stamani non c'era più.

Mentre Sihanouk e la principessa Monique, seduti in due seggioloni reali con dietro Hun Sen e tutto il governo, assistevano ad un breve balletto di benvenuto, dall'aereo uscivano una ventina di abbronzatissimi, muscolosissimi giovani in sinistri abiti neri: erano gli agenti speciali nordcoreani che Sihanouk ha chiesto a Kim Il Sung come sue guardie del corpo. Non a caso: il principe ha ovviamente dei dubbi sulla sicurezza che gli possono garantire altri cambogiani e s'è portato dietro questi sudditi fedelissimi del dittatore comunista di Pyongyang che d'ora innanzi vivranno con lui a palazzo e lo accompagneranno dovunque andrà.

Finite le cerimonie ed i saluti all'aeroporto, Sihanouk è salito su una Chevrolet Impala bianca decappottabile e, con il Primo ministro Hun Sen al suo fianco, è partito per la città fra due ali ininterrotte di folla.

Sihanouk era commosso. Ogni tanto prendeva la mano di Hun Sen nella sua, salutava e buttava baci in aria. A volte era costretto ad asciugarsi le lacrime. Non aveva certo visto la città così ripulita, la gente così ben vestita quando era stato qui fra il 1975 ed il 1979 come capo di Stato dei khmer rossi, e poi come loro ostaggio. La Phnom Penh di allora era deserta ed i cambogiani che Sihanouk vedeva nelle campagne erano vestiti di un unico vestito nero, uguale per tutti.

Fra la gente l'atmosfera era di gioia. Era schierata sotto il sole dalle otto del mattino e appena aveva sventolato le sue bandiere correva ai camion con cui era arrivata per ripartire.

I normali cambogiani non c'erano. Il popolo era stato cacciato dalla polizia. Via i venditori ambulanti, via i fotografi, via le frotte di ragazzini che giocano di solito sul grande prato fra il fiume ed il palazzo, via le centinaia di risciò, moto e biciclette che col loro scampanellio battono il ritmo della vita di Phnom Penh.

Appena il cancello s'è chiuso ed anche da lì la folla è corsa ai suoi camion, la piazza è rimasta deserta, il palazzo, col suo nuovo abitante, silenzioso.

PER IL VICEDIRETTORE GIULIO ANSELMI
E REDAZIONE ESTERI
EX TIZIANO TERZANI
PHNOM PENH 17.11.1991
CARISSIMO,
NON SO SE RICEVI E PUBBLICHI. COMUNQUE L'ARRIVO DEI KHMER ROSSI MI PARE VALGA UN CENTINAIO DI RIGHE. ECCOLE. HO CAMBIATO CAMERA E SONO RAGGIUNGIBILE VIA FAX: 855-23-26149 «FOR TERZANI ROOM 505» OPPURE PER TELEGRAMMA «HÔTEL MONOROM PHNOM PENH, ROOM 505». CORDIALITÀ.
T.T.

Corriere della Sera, 18 novembre 1991

PHNOM PENH – Gli assassini, vestiti come dei normali uomini d'affari, sono tornati in questa città che fu il loro mattatoio.

Stamani alle 8.50, dieci khmer rossi in abito scuro, camicia bianca e cravatta, mescolati ad un gruppo di turisti stranieri diretti ad Angkor, sono scesi dall'aereo di linea proveniente da Bangkok ed hanno rimesso piede, per la prima volta in dodici anni, nella capitale cambogiana.

L'accordo di pace prevede che le quattro fazioni della guerra civile siano rappresentate nel Consiglio nazionale supremo, che ha sede a Phnom Penh ed è presieduto da Sihanouk. I khmer rossi sono una di queste fazioni e così stamani gli uomini di Pol Pot, responsabili del massacro di almeno due milioni di cambogiani su una popolazione di sei, hanno fatto legittimamente ritorno sulla scena del loro delitto.

La loro presenza qui è un simbolo delle aberrazioni della politica e della mancanza di moralità di questa soluzione di pace. La delegazione dei khmer rossi era diretta dal ministro della Difesa di Pol Pot, «Sua Eccellenza» Son Sen, come ora viene chiamato in quanto membro del Consiglio nazionale supremo. Gli altri erano consiglieri politici e guardie del corpo. Il secondo membro khmer rosso del Consiglio, Khieu Samphan, dovrebbe arrivare nei prossimi giorni.

L'atmosfera all'aeroporto di Pochentong stamani non era quella trionfale dell'arrivo di Sihanouk. Per i khmer rossi non c'era folla, non c'erano tappeti, non c'era musica. Non c'era neppure uno speciale schieramento di polizia. Quando «Sua Eccellenza» Son Sen ed i suoi seguaci sono scesi dalla scaletta, sono stati semplicemente travolti da un esercito di giornalisti, fotografi ed operatori televisivi che urlavano le loro domande.

Qualunque cosa «Sua Eccellenza» avesse da dire, nessuno l'ha sentita. Un grande aereo nordcoreano, che aveva appena scaricato un gruppo di soldati mandati da Kim Il Sung per la protezione di Sihanouk, era stato a bella posta parcheggiato dinanzi alla sala arrivi e «Sua Eccellenza» è dovuto passare proprio sotto i motori del jet che, guarda caso, proprio in quel momento messi al massimo della potenza, hanno fatto tremare la terra e volar via fogli e parole.

«Sua Eccellenza» è impallidito dinanzi a quella sconcertante accoglienza, ma ha continuato a sorridere. Un funzionario di basso rango del ministero degli Esteri del governo di Phnom Penh l'ha fatto entrare nel retro di una macchina nera che è corsa a tutta velocità verso la città, mentre le sue guardie del corpo sono state messe su un bussino bianco, guarda caso dell'Unicef, l'agenzia delle Nazioni Unite per la protezione dell'infanzia.

Il governo di Phnom Penh, formalmente una delle quattro fazioni dell'accordo, ma in verità quella che controlla la stragrande maggioranza del paese nella cui capitale i rappresentanti delle altre fazioni debbono ora venire, si è preso così la sua piccola rivincita sui suoi avversari. Ma ciò non toglie che la presenza di questi assassini in città, presenza legittimata dalla comunità internazionale, resta uno degli aspetti più sconcertanti dell'accordo di pace.

La prigione di Tuol Sleng, l'ex liceo dove migliaia di cambogiani sospettati di tradimento vennero interrogati e massacrati dai khmer rossi, è a poche centinaia di metri da dove «Sua Eccellenza» è ora alloggiato.

Tuol Sleng è oggi un museo, il «Museo del genocidio», con le sue pareti coperte dalle foto raccapriccianti di uomini, donne e bambini – tanti bambini – prese, con meticolosa cura, attimi prima dell'esecuzione di ognuno. «Sua Eccellenza» conosce bene quel posto perché la prigione era una di quelle sotto il suo comando e, fra i tanti documenti meticolosamente archiviati dai torturatori e non distrutti quando i khmer rossi lasciarono frettolosamente Tuol Sleng, uccidendo gli ultimi prigionieri, è stata ritrovata anche una nota del novembre 1977, scritta di pugno da «Sua Eccellenza», che ordina al comandante della prigione di non sprecare troppa carta nelle confessioni.

Per ora la popolazione di Phnom Penh, dove non esistono veri giornali e le uniche notizie vengono dalla radio e dalla televisione, fermamente controllate dal governo, non sa della presenza dei khmer rossi qui e non ci sono state dimostrazioni contro di loro.

Quel che invece gli organi della propaganda di qui continuano a sottolineare è il ritorno di Sihanouk, presentato sempre più come un successo della politica del locale governo. Sihanouk dal canto suo si presenta sempre più come l'alleato del locale governo e del suo Primo ministro, Hun Sen.

Ieri, durante il suo primo comizio sulla piazza del suo Palazzo reale, e poi durante la sua prima conferenza stampa (durata tre ore ed alla fine svoltasi alla luce dei flash delle cineprese perché il generatore del palazzo era andato in panne), ha detto che il posto di Primo ministro sembra fatto apposta per Hun Sen; che suo figlio, il principe Ranariddh, e Hun Sen avevano deciso di stabilire fra di loro una alleanza politica, e che tutto sommato lui, «papà Sihanouk», considerava sia Ranariddh che Hun Sen ugualmente figli suoi.

Fra le altre cose Sihanouk ha detto anche che la Cina gli ha offerto 300.000 dollari all'anno finché muore; che se i capi delle varie fazioni del Consiglio nazionale supremo glielo chiedono, lui è disposto a ristabilire la monarchia in Cambogia e ad essere di nuovo re.

Anche al buio Sihanouk aveva voglia di continuare a parlare, di raccontare dei suoi incontri coi grandi, di dare la sua versione della storia degli ultimi vent'anni e di divertire tutti con i dettagli sulla sua nuova corte, fatta di un consigliere cileno, tre cuochi cinesi, un medico, due generali thailandesi e dei gorilla nordcoreani.

Strano e confondente paese, questa Cambogia di oggi, in cui i marxisti-leninisti di ieri diventano i grandi avvocati del capitalismo; in cui un Primo ministro, ex guerrigliero antimonarchico, viene adottato come figlio dall'ex re; ed in cui gli assassini di alcuni anni fa tornano sui loro «campi della morte» col titolo di «Eccellenza».

I khmer dicono: « Non bisogna protestare contro il destino ».

Continuo a pensare che c'è qualcosa di indecente in una pace fondata sull'ingiustizia umana e una democrazia sulla ingiustizia sociale.

Corriere della Sera, 6 dicembre 1991

PATTAYA, Thailandia – La Cambogia avrà mai il diritto alla pace? Ce lo si chiede guardando per l'ennesima, deprimentissima volta i delegati delle varie fazioni della guerra civile entrare ed uscire dagli ascensori, navigare nei corridoi, nei ristoranti, nelle sale riunioni di questo lussuosissimo posto di mare sulla costa thailandese, mischiati alle coppie di vecchi turisti scandinavi venuti qui ad abbronzarsi prima del Natale, ed alle orde dei giapponesi impegnati nei loro organizzatissimi sex-tour.

Ancora una settimana fa sembrava che il piano di pace, faticosamente elaborato per la Cambogia dalle cinque grandi potenze ed approvato dalle Nazioni Unite, avesse rimesso la parola «speranza» nel vocabolario della lingua khmer. Ancora una settimana fa sembrava che, col ritorno del principe Sihanouk a Phnom Penh e l'arrivo dei primi Caschi blu delle Nazioni Unite, il meccanismo di pace s'era messo definitivamente in moto e che l'intera comunità internazionale era ormai impegnata a farlo arrivare in porto.

Poi, mercoledì scorso è venuta la battuta d'arresto, la crisi: Khieu Samphan, il rappresentante dei khmer rossi, è arrivato a Phnom Penh, una folla infuriata ha preso d'assalto la casa in cui era andato ad installarsi e per alcune ore quest'uomo, responsabile quanto Pol Pot del massacro di oltre un milione di cambogiani, ha avuto un assaggio di quella medicina del terrore che, per quattro anni, lui ed i suoi colleghi somministrarono all'intero popolo khmer. Prima di essere linciato ed impiccato con un filo di ferro ad uno dei ventilatori nella stanza in cui si era rifugiato, Khieu Samphan è stato, dovutamente, salvato e rimandato a Bangkok col suo seguito di assassini e di guardie del corpo.

Ma con questo il meccanismo di pace, così come è stato concepito ed imposto ai cambogiani dalle grandi potenze, s'era inceppato: la prima riunione del Consiglio nazionale supremo, l'organismo centrale del piano di pace, che avrebbe dovuto aver luogo a Phnom Penh sotto la presidenza di Sihanouk e con la partecipazione dei rappresentanti delle quattro fazioni in guerra, compresi appunto i khmer rossi, non poteva più svolgersi come previsto. La visita a Phnom Penh del ministro degli Esteri cinese, che avrebbe dovuto sanzionare il distacco, almeno formale, di Pechino dai suoi protetti khmer rossi, veniva rimandata a tempo indeterminato ed i primi contingenti di Caschi blu, mandati a prendere posizione nelle province, venivano richiamati nella capitale per tema che la guerriglia, congelata dal cessate il fuoco, potesse riesplodere violentemente.

Da qui la convocazione d'urgenza del Consiglio nazionale supremo in questa neutrale cittadina balneare della Thailandia, dove i cambogiani si sono incontrati in passato e dove, per due giorni, tutti i protagonisti del conflitto, compreso Khieu Samphan col suo graffio in testa, assieme ai rappresentanti delle cinque potenze, si sono trovati per salvare il piano di pace appena deragliato e rimetterlo sui binari.

La conferenza si è aperta all'ombra di un quesito che di per sé illustra la profonda contraddizione morale che è alla base dell'intero piano di pace. I khmer rossi avevano fatto sapere che sarebbero tornati a Phnom Penh solo se le Nazioni Unite avessero mandato uno speciale contingente di Caschi blu a proteggerli, ed il quesito che adombrava la conferenza era dunque questo: possono le Nazioni Unite, organizzazione intesa a rappresentare la legalità internazionale, impegnarsi a difendere i responsabili di uno dei più documentati crimini contro l'umanità di questo secolo? Sono disposti i paesi membri a contribuire ad uno speciale budget perché alcuni fra i più efferati assassini dei nostri tempi restino, impuniti, sotto la protezione delle Nazioni Unite?

I diplomatici hanno trovato una soluzione: i khmer rossi torneranno a Phnom Penh ed andranno ad abitare in una villa che sarà anche la sede degli uffici militari e civili delle Nazioni Unite in Cambogia: una protezione indiretta, insomma. E con questa formula la conferenza si è conclusa.

Resta il fatto che il piano di pace è fragile e che Phnom Penh è tornata ad essere il palcoscenico di manovre, intrighi e doppi giochi che annunciano molta più tempesta che bel tempo.

I khmer rossi puntano ora su una strategia di lungo termine. Pensano che il tempo sia dalla loro parte e non hanno tutti i torti. L'improvvisa liberalizzazione dell'economia, avviata dal governo di Phnom Penh nel corso degli ultimi due anni, ha creato enormi squilibri fra la popolazione delle città e quella delle campagne, ha aumentato in maniera offensiva la differenza fra i grandi ricchi e la massa dei grandi poveri in un paese dove la corruzione ed il nepotismo sono di nuovo elementi dominanti della vita pubblica.

Il ritorno di Sihanouk non ha fatto che rafforzare, con la speranza di pace, questa tendenza materialista, accompagnata dall'assoluta mancanza di preoccupazione per un minimo di benessere per le masse della gente. Con Sihanouk è tornato a Phnom Penh anche il suo vecchio seguito di cortigiani intriganti ed affaristi che non hanno perso tempo a rimettere le mani nella vecchia pasta ed a cercare di riaffermare i loro privilegi ed interessi.

Per quelli che si ricordano il passato, la Cambogia di oggi assomiglia stranamente a quella della fine degli anni Sessanta, quando Sihanouk e la sua corte dominavano dal Palazzo reale il paese e dei piccoli gruppi di giovani rivoluzionari di sinistra protestavano contro lo stato di povertà dei contadini, contro la corruzione dei potenti di Phnom Penh e fomentavano una rivoluzione contro Sihanouk. Fu lui stesso a dare a quei guerriglieri suoi nemici il loro nome: khmer rossi.

Sihanouk è oggi di nuovo nel suo palazzo e quelli sono di nuovo nella giungla. È possibile che la storia si ripeta?

A vederli, vestiti da uomini d'affari in mezzo alla folla dei turisti nel lusso balneare di Pattaya, questi assassini responsabili dell'olocausto cambogiano, trattati con diplomatica reverenza dagli ambasciatori dei Cinque grandi, avevano tutta l'aria di chi è disposto a ripeterla tutta, passo per passo.

Ed il resto del mondo?

Udienza privata con Sihanouk

Intervista inedita, 4 aprile 1992

PHNOM PENH, Palazzo Khemarin – Le guardie del corpo coreane non guardano nel mio sacco cinese con le macchine fotografiche. Le sorprendo dicendo *kamsahamida!** Sihanouk mi riceve in sahariana. Non c'è aria condizionata, solo dei ventilatori. Sediamo sotto un ritratto di lui giovane, magro ed alto. Dall'altra parte della stanza, in pendant, quello di Monique. Tutto è nuovo, i tappeti cinesi di poco gusto per terra, le poltrone stile Louis XIV fatte in Thailandia con fili d'oro e ricopertura di chinz. La bellezza è nell'aria di Phnom Penh, nel sole che batte sulla grande palma dei viaggiatori nel giardino, sul giallo ocra del palazzo appena ridipinto.

TERZANI: Dopo tante promesse di ritrovarsi a Phnom Penh, finalmente eccoci qua. Qual è stata la Sua impressione nel tornare?

SIHANOUK: La cosa che più mi ha colpito è che tutte le generazioni, compresa quella dei giovanissimi, mi amano, hanno fiducia in me. È commovente come mi dicono di vivere a lungo, cento, duecento anni. Il problema è sapere se vivrò a lungo o no. Dipende da Buddha.

TERZANI: Certo, anche Lei è mortale.

---

* Il saluto coreano.

SIHANOUK: Bisogna lavorare perché il dopo-Sihanouk non sia di guerra e di anarchia. Cominciamo col lavorare ai dieci sistemi di irrigazione che esistevano al tempo di Sihanouk e che furono distrutti dalla guerra. I contadini sono l'80 per cento della popolazione, per cui bisogna cominciare con l'aiutare i contadini. Importante è rifare le strade. I thai rifanno la strada da Poipet, gli inglesi rifanno un grande ponte nella zona di Battambang, gli americani rifanno la strada che va dalla frontiera della Thailandia alle due zone che gli Usa hanno sempre protetto.

TERZANI: Secondo Lei, il problema della corruzione è grave?

SIHANOUK: Se ne vedono molti esempi. Gente che vende caserme, proprietà dello Stato... L'opposizione fa molto rumore su queste vendite, ma per me ancora più importante è la distruzione delle foreste da parte delle quattro fazioni che va a mutare le condizioni ecologiche del paese. Fra dieci anni le generazioni nuove dovranno soffrire di carestie. Le acque dei nostri fiumi non sono più come un tempo, chiare, sono piene di fango perché non ci sono più alberi a tenere ferma la terra che viene trasportata nei fiumi dalle acque. Anche la pesca è terribile. C'è sempre meno pesce, anche nel mare. I cambogiani non mangiano pesce di mare, solo pesce di acqua dolce. Se questo finisce si potrà sfruttare quello del mare, ma anche quello ora è inquinato. Le elezioni costano ed allora tutti hanno bisogno di soldi e se la rifanno con le foreste.

TERZANI: Ora la provoco, *Monseigneur*. Varie forze hanno cercato di distruggere la Cambogia negli anni passati: gli americani, i vietnamiti, i khmer rossi, i thai. Io ho l'impressione che ora la pace distrugga quel poco che resta della Cambogia non distrutta dagli altri. Il paese è ora vittima di un attacco coloniale molto più sofisticato di quelli del passato. I thai si riprendono lentamente le province dell'Ovest, i giapponesi cercano di entrare nel controllo economico del paese...

SIHANOUK: I thai sono terribili. L'esercito thailandese occupa di nuovo praticamente Battambang. La occupa. L'opposizione mi segnala molti vietnamiti che si nascondono in abiti civili, che hanno armi. Mi dicono che ci sono milioni di vietnamiti. Il ministro degli Esteri della Thailandia, Sarasin, mi ha mandato una nota severa, molto severa, in cui esige tutte le immunità e i diritti per l'esercito thai in Cambogia. Le truppe thai – che non sono sotto l'Untac – esigono molti più diritti e privilegi di quelli dell'Untac. Io voglio un trattamento di egualità per le due truppe.

TERZANI: A Bangkok si dice che se uno vuole entrare in Cambogia, basta che chieda un lasciapassare all'esercito. Avete forse fatto dell'esercito thai il vostro consolato generale in Thailandia?

SIHANOUK: Che fare? I thailandesi mi considerano come un uomo che non ama la Thailandia. Allora non posso dire nulla. Perché la Cia mi ha deposto?

TERZANI: Lei crede ancora in quella teoria?

SIHANOUK: Certo. La Cia mi depose perché ero in pessimi rapporti con gli Usa, la Thailandia e il Sud Vietnam di Thieu. Avevo tre nemici terribili. Non perché sostenevo i vietcong, ma perché facevo una politica anti-Thailandia, anti-Saigon, anti-Usa. Allora, ora devo essere molto prudente. Certo che vedo che c'è una colonizzazione terribile della Cambogia da parte della Thailandia. D'altro canto, guardi il Giappone. Quando ha cercato di usare le armi per conquistare vari paesi non ha funzionato, ed ora, con l'economia, funziona bene. L'imperialismo militare ha portato il Giappone alla sconfitta ed all'umiliazione e a una pessima reputazione in tutta l'Asia per le loro crudeltà, che dura ancora. Ora il Giappone ha trovato un mezzo molto migliore per occupare il terreno che voleva avere: attraverso la tecnologia. Un gran successo. I thai copiano e fanno la stessa cosa. Ma debbo essere prudente, non voglio mettermi in disputa con quella gente perché altrimenti si potrebbe avere un altro colpo di Stato, con un altro Lon Nol. Non ho paura di essere rovesciato, ma le conseguenze per il mio paese sarebbero terribili.

TERZANI: Ma che succederà? Un giorno tutte le truppe Untac se ne vanno, ma i thai restano. Questo è un pericolo grave alla lunga.

SIHANOUK: È lei che lo dice, non io. Io non voglio dirlo, altrimenti i thai ricominceranno a mettersi contro di me. Sappia che le cose stanno così, ma che io non lo posso dire. Non è che mi metto in pensione, ma sono troppo vecchio per disputarmi ancora una volta con la Thailandia. Se ne occuperà l'Assemblea nazionale nuova. Sarà quella a decidere che cosa fare per mantenere l'indipendenza della Cambogia.

TERZANI: E la cultura, l'identità khmer? L'influenza culturale della Thailandia su un paese ferito e debole come la Cambogia rappresenta un gran pericolo, secondo me. Che ne pensa Lei?

SIHANOUK: Lei non è il solo, altri giornalisti anglosassoni negli incontri aperti, con 50, 100 giornalisti, mi dicono cose simili. Io non do interviste. A parte lei e Jacques Baeker, non ricevo nessuno. Io rispondo: non sono più il padrone della Cambogia. Negli anni Cinquanta e Sessanta proteggevo tutto, l'indipendenza, l'integrità territoriale. Le frontiere erano rispettate da tutti, i beni dello Stato erano protetti. Io nazionalizzavo e non svendevo nulla. E venivo chiamato Principe Rosa, comunisteggiante. Ora non dico più nulla. Siccome si fa il capitalismo, l'economia di mercato, non dico più nulla.

TERZANI: Alleanze, compromessi: ma la moralità dov'è? Lei è re ed ha delle grandi responsabilità verso il suo popolo. Allora, quali sono i princìpi che Lei insegna alla sua gente, princìpi da rispettare nella vita? Come si può educare il popolo cambogiano del futuro quando ora gli si insegna a chiamare « Eccellenza » gli assassini, quando gli si fa vedere che non c'è giustizia? Come si fa ad insegnare ai bambini di domani che non bisogna uccidere quando i grandi assassini sono rispettati?

SIHANOUK: Non abbiamo scelta. Fra due soluzioni non buone dobbiamo scegliere la meno peggio. Rifiutare i khmer rossi significa continuare la guerra civile. O si chiamano i khmer rossi nella comunità e li si obbliga a rispettare gli Accordi di Parigi ed a prendersi le loro responsabilità... Si metta al mio posto, lei, Terzani, si metta al mio posto. Lei è in grado di cacciare i khmer rossi? Posso solo rispondere alla sua domanda facendole questa domanda: lei, al mio posto vorrebbe ricominciare la guerra civile? Il popolo cambogiano capisce. Siete voi stranieri che non capite. Lo sappia, lo capisca!

TERZANI: D'accordo, non si potevano lasciare fuori i khmer rossi. Diciamo che siete stati capaci di fare questa trappola degli Accordi con cui i khmer rossi entrano per farsi contare, disarmare e sciogliere. Ma lei crede davvero che i khmer rossi sono così fessi? O non son fessi quelli che ora credono che i khmer rossi sono cambiati, disposti a diventare democratici, aperti? I khmer rossi hanno un piano più a lungo termine del Piano di pace dei Cinque grandi e degli Accordi di Parigi.

SIHANOUK: Sì, signor Terzani, vorrei tanto che lei fosse il capo dello Stato, il duce della Cambogia. Allora, se lei fosse il duce le piacerebbe creare un'altra guerra? Non è possibile! Allora, se lei mi dice di fare la guerra civile io dirò al mondo: *Monsieur* Terzani mi chiede di fare la guerra civile!

TERZANI: Io non voglio nessuna guerra, ma sono contro questa legittimazione dei khmer rossi, questo nuovo ordine del mondo in cui gli assassini diventano rispettabili. Non mi stanno bene a mano queste Nazioni Unite che diventano sempre più dittatoriali perché non c'è più il veto dell'Urss. Avremo una dittatura delle grandi potenze, cioè degli Stati Uniti, una dittatura fondata sulla mancanza profonda di una moralità comune. Prima, un certo equilibrio era garantito dall'antagonismo ideologico, ora non più. E le Nazioni Unite ora tirano contro Saddam Hussein, poi contro Gheddafi, domani contro il regime birmano... e poi?

SIHANOUK: In ogni caso, Gheddafi è ancora al suo posto; Saddam Hussein anche; la junta della Birmania è ancora là. E si chiede a me di fare una guerra civile...

PER IL CAPOREDATTORE GIUSTINIANI
EX TIZIANO TERZANI
BANGKOK GIUGNO 1992
CARISSIMO,
PER VARI VERSI LA CAMBOGIA TORNA D'ATTUALITÀ. OGGI SI APRE LA
CONFERENZA SULLA RICOSTRUZIONE A TOKYO, AL CONSIGLIO DI SICU-
REZZA SI RIPARLA DI MUTARE EVENTUALMENTE IL MANDATO DELLA
MISSIONE DI PACE. INSOMMA, POTREBBE ESSERE UNA BUONA OCCASIO-
NE PER RIPARLARE DI QUESTO TEMA ASIATICO IN MEZZO AI TANTI TEMI
EUROPEI CHE VEDO NEL GIORNALE. QUESTO È IL PRIMO PEZZO DI TRE.
GLI ALTRI DUE TI ARRIVANO NEL GIRO DELLE PROSSIME 24 ORE.
LASCIO BANGKOK PER UNA DECINA DI GIORNI. VADO A CAMBRIDGE PER
LA LAUREA DI MIA FIGLIA E SPERO DI FARE UN SALTO A MILANO. IN
QUEL CASO VI AVVERTO IN TEMPO SPERANDO DI VEDERVI.
CORDIALITÀ.
T.T.

Corriere della Sera, 20 giugno 1992

PHNOM PENH – L'uomo che mi siede accanto è un assassino, responsabile di centinaia di migliaia di morti, reo di avere usato degli esseri umani come cavie per uno dei più spaventosi esperimenti di ingegneria sociale tentati in questo secolo. Fosse un tedesco, accusato degli stessi crimini durante la Seconda guerra mondiale, sarebbe ricercato in tutto il mondo e dovrebbe nascondersi. Ma lui è cambogiano, è ora protetto dalle Nazioni Unite, viene chiamato « Eccellenza » e viaggia con una guardia del corpo nella prima fila dell'aereo che fa la spola fra Bangkok e Phnom Penh.

Il suo gomito sfiora il mio e mi sento travolgere da confusissime emozioni e pensieri. Che farei se mi trovassi seduto accanto a Mengele? Farei finta di niente? O urlerei: «È lui! Eccolo, è qui...»?

Perché i crimini dei nazisti sono stati riconosciuti per tali dall'intera comunità internazionale e quelli dei khmer rossi no? Forse perché le vittime degli uni erano degli ebrei, dei bianchi, e quelle degli altri erano dei semplici cambogiani dalla pelle scura? Forse perché a Norimberga i vincitori ebbero modo di imporre la loro giustizia ai vinti, mentre in questa maledetta guerra indocinese, finita senza una chiara sconfitta, ma solo con milioni di morti, nessuno è in grado di processare nessuno e la giustizia resta fra le tante speranze frustrate?

Khieu Samphan guarda distrattamente il paesaggio che ci scorre sotto, guarda le risaie che quando lui era al potere erano diventate i «campi della morte». Di tutta la gente che conoscevo in Cambogia agli inizi degli anni Settanta, non ho ritrovato che tre o quattro persone. Le altre sono tutte finite laggiù, a «fare da concime alle piante di cocco»: fu l'uomo che ho seduto accanto a coniare quell'espressione. Anche i «controrivoluzionari» dovevano, alla fine dei loro giorni, essere utili a qualcosa.

Ho un groppo alla gola e anche volessi non riuscirei ad urlare. Khieu Samphan è stato uno dei fondatori dei khmer rossi, è stato il più stretto collaboratore di Pol Pot, è l'intellettuale che ha razionalizzato il massacro di almeno un milione e mezzo di persone «per purificare la razza khmer e riportarla allo stato di forza e di grandezza dei tempi di Angkor», come diceva.

Mi viene in mente l'espressione «le mani macchiate di sangue». Guardo le sue, magre, dalle dita finissime, appoggiate al bracciolo. Dal 1976 al 1979 Khieu Samphan svolse la funzione di capo di Stato e quella di capo-boia nell'esecuzione di centinaia di migliaia di persone. Molti, alla fine, erano i suoi stessi collaboratori ed amici, accusati di cospirare contro Pol Pot. Li invitava a cena e li intratteneva con grande cortesia perché si sentissero a loro agio e potessero essere uccisi più facilmente assieme a tutti i loro familiari.

Nel 1979, quando i vietnamiti invasero la Cambogia e la liberarono dall'orrore dei khmer rossi, Khieu Samphan e gli altri responsabili dei massacri avrebbero potuto finire con una corda al collo, ma restarono impuniti perché alcune grandi potenze avevano bisogno di loro.

Khieu Samphan, scappato da Phnom Penh, si rifugiò assieme a Pol Pot ed agli altri capi-assassini nella giungla ai confini con la Thailandia e da lì cominciò la guerriglia contro il nuovo regime pro-Hanoi installatosi in Cambogia. Siccome i khmer rossi lottavano contro il Vietnam, i loro crimini vennero come amnistiati. I khmer rossi mantennero il loro seggio alle Nazioni Unite e la Cina, gli Stati Uniti e vari altri paesi occidentali dettero loro, direttamente o indirettamente, ingenti aiuti. Una vergogna! Ma così va il mondo.

Accanto ai khmer rossi, nella lotta contro il governo di Phnom Penh presto si schierarono i guerriglieri repubblicani dell'ex Primo ministro Son Sann e quelli monarchici di Sihanouk. I soldati per questi gruppi di guerriglia vennero facilmente reclutati fra i 350.000 profughi cambogiani che gli « aiuti umanitari » delle varie organizzazioni internazionali e dell'Occidente mantenevano nei campi lungo la frontiera con la Thailandia.

La guerra è andata avanti così per un altro decennio. Poi i Cinque grandi, membri del Consiglio di sicurezza delle Nazioni Unite, hanno deciso che questo conflitto doveva finire e, dopo lunghissimi negoziati, hanno imposto ai cambogiani un loro accordo di pace.

Questo accordo, firmato a Parigi nell'ottobre dell'anno scorso, ha legittimizzato i khmer rossi come uno dei partiti politici del paese ed ha dato a Khieu Samphan uno dei posti nel Consiglio nazionale supremo, una sorta di governo di coalizione transitorio presieduto dal principe Sihanouk.

Quando, cinque mesi fa, Khieu Samphan tornò per la prima volta a Phnom Penh nella sua nuova veste di « Eccellenza », una folla di gente che lo aveva riconosciuto dette l'assalto alla casa in cui era andato ad installarsi e cercò di impiccarlo ad un ventilatore. Ma anche allora Khieu Samphan se la cavò. « Aiutatemi voi, salvatemi!» piagnucolava con la faccia coperta di sangue rivolto ad un gruppo di giornalisti stranieri che erano entrati, assieme alla folla armata di bastoni, nella stanza in cui lui s'era nascosto.

Nei giorni che seguirono, a Bangkok, s'era discusso a lungo fra colleghi su come si sarebbe dovuto reagire a quell'appello. Alcuni dicevano che bisognava assolutamente intervenire per difenderlo; alcuni, che bisognava in ogni caso restare neutrali; altri, che sarebbe stato più giusto aiutare la folla con una propria bastonata.

Ero contento di non essere stato in quella stanza a dover prendere la mia decisione. Ma ora, con lui accanto, che fare?

Guardo la sua faccia liscissima, pallida, inespressiva; penso alle mille domande che dovrei fargli ma non riesco ad aprir bocca. Automaticamente prendo un pezzo di carta, scrivo chi sono e chiedo un appuntamento per una intervista. All'inizio della nota mi scopro a scrivere: «Eccellenza». Gli passo il foglio. Lui sorride, lo legge, prende la sua penna e risponde, anche lui per iscritto, con due frasi in calce. Mi ridà il foglio a due mani, con un gesto cortesissimo di ringraziamento. Mi scopro a rispondergli con un sorriso.

Sono contento che il volo è brevissimo e che l'aereo sta atterrando.

L'esperienza mi sembra la riprova di tutta l'assurdità della soluzione che le Nazioni Unite credono di aver trovato per la Cambogia: lasciando impuniti gli assassini, si finisce per trattarli come persone normalissime e lentamente l'orrore del passato viene dimenticato. Ad un piccolo compromesso ne segue uno più grande ed alla fine il tutto diventa una rivoltante indecenza.

«Lei vorrebbe continuare la guerra civile! Lei vuole che noi continuiamo a morire», mi urlava tre settimane fa Sihanouk, alla fine di una lunga conversazione in cui io chiedevo se riportare i khmer rossi a Phnom Penh non era come rimettere i lupi nell'ovile e se non sarebbe stata meglio una soluzione politica che escludesse i khmer rossi, o almeno i loro capi storici, responsabili di inaccettabili delitti.

« Lei dice così perché è straniero, ma i cambogiani sono più saggi di lei, capiscono che senza i khmer rossi non ci può essere pace », urlava Sihanouk. La sua voce rimbombava per le sale aperte del Palazzo reale nel centro di Phnom Penh, preoccupando le sue guardie del corpo nordcoreane. Ma a me veniva da ripetere le stesse domande: Che pace è quella fondata su una tale immoralità? E poi, è possibile la pace, è possibile l'armonia sociale senza un minimo di giustizia?

L'aereo si ferma davanti alla torre di controllo di Pochentong. Khieu Samphan viene fatto scendere per primo. Ai piedi della scaletta c'è l'ambasciatore inglese a salutarlo. Dei soldati delle Nazioni Unite stanno discretamente di guardia in lontananza. Che la comunità internazionale abbia deciso di mettere quest'uomo sotto la propria protezione invece che tradurlo dinanzi ad un tribunale è parte del compromesso-accordo di Parigi. Ma perché per giunta ignorare sempre di più le sue vittime?

Quello che Pol Pot, Khieu Samphan ed i khmer rossi hanno fatto alla propria popolazione, massacrandone almeno un terzo in nome di un loro sogno politico, non è da meno di quel che i tedeschi fecero nei confronti degli ebrei. Eppure, mentre la storia della Germania e della condanna dei suoi dirigenti criminali è stata messa al fondo della nostra coscienza, la storia dei massacri cambogiani viene ogni giorno di più ignorata, viene messa da parte e lentamente cancellata dalla memoria.

Le Nazioni Unite portano in questi giorni centinaia di militari e di funzionari civili, la cui missione è stabilire « la pace e la democrazia » in questo paese martoriato. Alla sera, molti di loro si ritrovano al bar del vecchio Hôtel Royal.

« Ah, lei è già stato qui e conosce il paese? » mi domanda, in francese, un giovane cartografo del Mozambico davanti ad un bicchiere di birra. « Sento spesso parlare di una khmer rossa. Mi dica, chi è quella donna? »

TERZANI / CAMBOGIA / SECONDA
PER IL CAPOREDATTORE GIUSTINIANI
EX TIZIANO TERZANI
BANGKOK 22.6.1992
CARISSIMO,
ECCOTI IL SECONDO E TERZO PEZZO CAMBOGIANO.
CORDIALI SALUTI.
T.T.

Corriere della Sera, 2 luglio 1992

PHNOM PENH – La stanza numero 304 del vecchio Hôtel Royal, nel centro di Phnom Penh, ha qualcosa di strano. La notte ci si sentono urla disperate di gente in pena. Se uno finalmente riesce ad addormentarsi, non ha che incubi di torture e di assassini. In portineria la chiave della stanza 304 non è mai là dove la si è lasciata.

I vecchi residenti dell'albergo coloniale, che con ogni regime ha dovuto cambiare nome e che solo ora ha ritrovato quello originario di quando i francesi lo costruirono, adorano raccontare la storia della stanza 304 ai nuovi arrivati. Di questi tempi, sono tutti funzionari delle Nazioni Unite venuti ad aiutare la Cambogia a dimenticare il suo passato di orrori ed a rifarsi un futuro. Fra di loro ci sono esperti militari, esperti di acquedotti, esperti di pubblica istruzione e di cloache, esperti di rifugiati e di strade, esperti di diritti umani e di alimentazione. Nessuno di loro è un esperto di fantasmi.

«Eppure, questo è il principale problema del paese», dice Ann Sopham, il direttore dell'albergo. «La Cambogia è piena di fantasmi.»

L'Untac sta ora prendendo in mano il destino di questo paese dove, accanto ad otto milioni di esseri viventi, ci sono le « anime vaganti » di tutti quelli che hanno subito una morte violenta e che, secondo le credenze dei buddhisti, non daranno requie finché non verranno adeguatamente rappacificate.

« Questa non è competenza dell'Untac », dice un esperto straniero. « I cambogiani parlano di fantasmi, noi magari di traumi. Il fatto è che questo è oggi un paese ferito nel suo profondo e quello di cui avrebbe più bisogno è una terapia psicoanalitica di massa. »

Le Nazioni Unite nei loro piani avranno anche tralasciato di occuparsi dell'anima khmer, ma l'operazione lanciata per salvare la Cambogia dalla sua spirale di miseria e di dolore è la più costosa (due miliardi e mezzo di dollari americani) e la più ambiziosa mai intrapresa dall'Organizzazione internazionale dalla sua fondazione nel 1946.

Mai prima d'ora l'Onu s'era prefissa un compito così ampio e così rischioso come quello di governare, pur a termine, un intero paese. L'Untac infatti, oltre a dover controllare il cessate il fuoco, rimpatriare i 350.000 rifugiati che vivono nei campi alla frontiera con la Thailandia, radunare i 200.000 soldati delle quattro fazioni in guerra, disarmarli e smobilitarli, deve anche prendere in mano l'amministrazione delle quattro fazioni, decidere la politica, rivedere le leggi, e dimettere i funzionari inetti.

L'Untac deve inoltre proteggere i diritti umani di tutti i cambogiani, deve educare l'intera popolazione alla democrazia e deve organizzare, in un clima di « assoluta neutralità », delle elezioni libere per la primavera dell'anno prossimo. Entro tre mesi dalle elezioni i 120 deputati della nuova Assemblea nazionale dovranno approvare una nuova Costituzione, i cui princìpi sono già stabiliti dalle Nazioni Unite, e dovranno nominare un nuovo Primo ministro. A questo punto si sarà all'estate del 1993 e l'Untac potrà ritirarsi dalla Cambogia, avendola lasciata in mano al primo governo democraticamente eletto nella storia del paese.

Un piano straordinario? Certo, almeno sulla carta. Molti degli esperti assunti dall'Untac, e che in questi giorni stanno arrivando da ogni parte del mondo, sono convinti che il piano funzionerà. « Siamo qui per dare alla Cambogia un futuro », dice un giovane politologo americano.

Il futuro viene pianificato in una vecchia villa coloniale affacciata sul fiume, che i francesi avevano costruito per i loro governatori generali dell'Indocina. Decine di computer, stampanti laser, fotocopiatrici e telefoni satellitari sono stati installati in fretta sotto le pompose volte dei saloni di ricevimento, lungo i corridoi aperti sul giardino e nelle stanze ovattate da nuovissime moquette. Nella luce azzurrognola dei Toshiba, accademici, giudici, giornalisti e diplomatici, che hanno lasciato temporaneamente i loro posti per venire a lavorare per l'Untac, a fianco degli usati funzionari-burocrati Onu, sono indaffarati a stilare nuove leggi, definire princìpi per le elezioni, fare piani per prendere in mano le dogane, cercare sistemi per combattere la corruzione e preparare programmi per una stazione radio dell'Untac.

« Fare il futuro d'un paese è un affascinante esercizio intellettuale. È un problema che di solito si affronta solo in teoria nelle aule universitarie, ma qui tutto è per davvero », dice un giurista francese. « È una occasione unica nella vita. »

Per i cambogiani, abituati fin dal secolo scorso ad essere governati da gente venuta da fuori, l'Untac è un'altra amministrazione straniera. La più benvenuta, la più adorata. « Untac, Untac... » bisbiglia la gente, come se quella fosse una parola magica, quando degli elegantissimi soldati indiani o dei sudatissimi marinai dell'Uruguay passano fra le bancarelle del mercato centrale assieme a dei grossi fanti del Ghana, dei duri *marines* malesi o dei pallidissimi paracadutisti francesi.

L'arrivo dell'Untac, con le sue centinaia di macchine tutte bianche con sui fianchi le due lettere « U.N. » e tutte le sue nuovissime, modernissime apparecchiature elettroniche, è stato visto dai cambogiani come una sorta di miracolo. « Untac è un nuovo dio », dice una dottoressa belga che lavora nell'ospedale di Siem Reap. « Con Untac la gente si sente sicura come mai si è sentita prima.» La presenza dell'Untac è un tale avvenimento che dei vietnamiti si fanno i 220 chilometri del viaggio Saigon-Phnom Penh tanto per «venire a vedere Untac». A molti neonati viene già dato un nome che suona cambogianissimo: Un Tac.

Terzani con Akashi, capo dell'Untac, e il comandante Sanderson.

Il capo di tutta questa operazione, «il governatore Untac», come molti lo chiamano, è un giapponese, Yakushi Akashi. Quando tutto l'apparato Untac sarà al suo posto – se mai lo sarà – Akashi avrà ai suoi ordini circa 22.000 persone: 16.000 militari e 6000 funzionari civili. Il suo «governo» è fatto di un generale australiano, comandante di tutte le forze militari; uno svedese, incaricato dell'economia; un americano per l'informazione; un neozelandese per i diritti umani; un brasiliano per i rifugiati; mentre un funzionario dello Zimbabwe è responsabile delle elezioni, ed un francese, dell'amministrazione civile. I suoi consiglieri politici sono un iraniano ed un bangladeshi.

« Una torre di Babele o una utopica città del Sole? » si chiede un giornalista khmer a proposito della Cambogia che uscirà da questo esperimento.

I cambogiani si fanno enormi illusioni sul futuro. Ai loro occhi Untac è così ricca e così potente che Untac risolverà tutti i problemi della Cambogia. Untac toglierà le centinaia di migliaia di mine nascoste nel terreno; scaverà pozzi e darà acqua a tutti i villaggi assetati. La voce che corre di questi giorni è che Untac darà un indennizzo per ogni gamba o braccio che la gente ha perso nella guerra; che Untac pagherà un premio di mille dollari ad ogni soldato che consegnerà il suo fucile e tornerà a casa sua.

L'indicazione più preoccupante che il piano di pace dell'Onu non funziona e rischia di finire nel nulla è venuta il 13 giugno, quando i primi soldati delle quattro fazioni avrebbero dovuto presentarsi ai centri di raccolta per essere disarmati dai Caschi blu e rimandati a casa: i guerriglieri khmer rossi non si sono fatti vivi.

Dinanzi agli schermi dei computer dell'Untac però i pianificatori del futuro cambogiano continuano comunque, con commovente zelo missionario, a formulare le loro utopie.

TERZANI / CAMBOGIA
PER GIUSTINIANI
O PER LA REDAZIONE ESTERI
CARISSIMO,
SONO TORNATO DA UN LUNGO VIAGGIO IN LAOS DI CUI SCRIVERÒ. MI
PARE ATTUALE UN COMMENTO SUGLI SVILUPPI CAMBOGIANI. CORDIA-
LITÀ E BUON ANNO DEL GALLO, QUI COMINCIATO IERI... UN ANNO IN
CUI, COME IL GALLO, SI DOVRÀ – DICONO QUI – RASPARE COL BECCO
E CON LE ZAMPE PER SOPRAVVIVERE. ALLORA AUGURI!
TIZIANO TERZANI.

Corriere della Sera, 6 febbraio 1993

BANGKOK – Le foglie di fico della diplomazia non bastano
più. L'operazione di pace delle Nazioni Unite in Cambogia
sta fallendo e con ciò si dimostra illusoria la speranza che l'Organizzazione internazionale, almeno così come è strutturata oggi, sia in grado di risolvere i grandi conflitti del momento e che
il «nuovo ordine» del mondo sia un ordine fondato su un minimo di giustizia e di decenza.

Con l'annuncio, ora formale, che i khmer rossi di Pol Pot
non parteciperanno alle elezioni previste per maggio, e con la
decisione delle Nazioni Unite di accettare questo rifiuto e di
procedere comunque al voto, la Cambogia viene condannata
ad essere praticamente divisa in due ed il paese, già profondamente avvilito da più di vent'anni di guerra, sta per essere gettato di nuovo nell'abisso di un conflitto civile.

Le ragioni del fallimento sono varie. Innanzitutto gli accordi
stessi, che stabilivano una precisa tabella di marcia per portare

il paese dalla guerra alla pace, ma che non prevedevano alcuna sanzione per chi non rispettasse le regole. I khmer rossi hanno violato gli accordi fin dal primo giorno della loro applicazione, rifiutando ad esempio di far entrare i funzionari dell'Onu nelle zone sotto il loro controllo, ma non hanno per questo subìto alcuna conseguenza.

Secondo gli accordi, il percorso di pace consisteva in varie tappe (disarmo dei combattenti; rimpatrio dei rifugiati; registrazione della popolazione; elezioni), ma solo il superamento di una poteva permettere il passaggio alla prossima. È bastato che i khmer rossi si rifiutassero, di nuovo impunemente, di disarmare i loro uomini, che tutto il castello di carta degli accordi è crollato.

La diplomazia ha preteso che questo fosse un problema da poco e che il processo di pace potesse andare avanti. Permettendo ai khmer rossi di non disarmare prima e di intraprendere poi, di nuovo impunemente, una escalation di attacchi contro i Caschi blu (con rapimenti e rilasci di gruppi sempre più numerosi di personale internazionale, col bombardamento di posti Onu e, recentemente, con l'uccisione di due impiegati Onu), le Nazioni Unite hanno abdicato a tutta la loro autorità e sono finite per essere poco più che degli impotenti ostaggi dei khmer rossi.

«Siamo qui a mantenere la pace, non ad imporla», dicono i funzionari Onu a Phnom Penh. Bastano queste distinzioni per spiegare a otto milioni di cambogiani che i Caschi blu, nella cui presenza avevano così tanto sperato, sono serviti solo a rafforzare la posizione degli uomini di Pol Pot.

Dall'entrata in vigore degli Accordi di Parigi, i khmer rossi hanno allargato le zone sotto il loro controllo (avevano il dieci per cento del territorio nazionale, ora ne hanno il venti), hanno acquisito sempre più legittimità internazionale, ed hanno guadagnato credibilità politica all'interno, presentandosi come l'unica forza veramente nazionalista e non corrotta.

La corsa è ora a trovare una formula per salvare la faccia.

PHNOM PENH – Le elezioni sono state una festa. Una grande festa, popolare e tranquilla, che né la pioggia né i khmer rossi con le loro bombe sono riusciti a rovinare. Già all'alba migliaia di persone, molte coi vestiti della domenica, le donne con delle belle gonne di seta colorata, facevano la coda dinanzi ai seggi elettorali sotto un cielo basso e pesante.

Venivano a gruppi di amici, a famiglie intere, pesticciando nel fango, coi bambini che tenevano in mano le sofisticatissime carte d'identità dei genitori rilasciate dall'Onu: carte impossibili da riprodurre perché con una scritta magnetica che solo una strana lampada dalla luce violetta riesce a leggere.

I seggi erano sistemati nelle scuole, nelle pagode, negli stadi. Soldati dell'Onu in assetto di guerra presidiavano gli ingressi; poliziotti dell'Onu, i più, disarmati ma tutti con dei pesanti giubbotti antipallottole, verificavano l'identità della gente e controllavano che nessuno entrasse con delle armi.

L'operazione di voto era questione di pochi minuti. Uno dava la propria carta di identità, tuffava l'indice della mano destra in un liquido che gli lascia per almeno una settimana una traccia apparentemente invisibile, ma che la magica lampada dalla luce viola riconosce immediatamente, prendeva un foglio con i simboli dei venti partiti, si dirigeva in una piccola cabina fatta di cartone, faceva col lapis la sua scelta e metteva il foglio in un'urna. Il tutto non era soltanto un atto politico; era anche un divertimento, una cosa insolita, uno spettacolo in cui ognuno aveva un suo ruolo e che nessuno voleva perdersi.

A parte il grande afflusso di votanti, l'altra sorpresa della giornata è stata la mancata grande offensiva dei khmer rossi contro le elezioni. Ci sono stati sì degli incidenti, ma assolutamente sporadici e marginali.

In qualche modo è come se fra i vari protagonisti di questo dramma cambogiano ci si fosse messi d'accordo perché l'ultima fase della presenza dell'Onu in Cambogia si svolga così come le Nazioni Unite vogliono e che il resto venga regolato fra cambogiani, una volta che i funzionari internazionali e i Caschi blu se ne siano andati.

Una cosa è certa. L'odierna « tranquillità » dei khmer rossi non è in alcun modo dovuta a una loro debolezza o a una loro incapacità a intervenire. Proprio ieri Akashi, il capo della missione Onu in Cambogia, ha rivelato che i khmer rossi hanno recentemente rafforzato i loro effettivi, passando con nuovi reclutamenti da 10.000 a 15.000 uomini; che questi uomini hanno giusto ricevuto nuove armi e uniformi e che alcuni dei loro nuovi comandanti sono da considerare ideologicamente più duri e più decisi a combattere dei loro predecessori. In altre parole, i khmer rossi sono oggi, ancor più di un anno fa, un'importante componente militare e politica del panorama cambogiano.

Per questo, sullo sfondo della bella festa odierna delle elezioni, resta, più pesante di tutte le nuove scariche di pioggia di ieri mattina, la nuvola nera della loro minacciosa presenza.

TERZANI / CAMBOGIA PER GIULIO ANSELMI
E LA REDAZIONE ESTERI
CARISSIMI, ECCOVI IL COMMENTO SUI FATTI CAMBOGIANI CONCORDA-
TO IERI. CORDIALITÀ.
TIZIANO TERZANI.

Corriere della Sera, 7 giugno 1993

PHNOM PENH – A vederli da lontano, forse gli avvenimenti di questo disgraziato paese non fanno alcun senso e l'osservatore frettoloso è spesso tentato dalla facile spiegazione che tutto quel che succede qui è da attribuire alla cosiddetta « follia » cambogiana. I piani dei genocidi di Pol Pot, che intendeva cancellare la vecchia Cambogia per crearne una nuova, così come le « bizze » di Sihanouk, che un giorno fa un governo ed il giorno dopo lo disfà, non sarebbero che delle tipiche espressioni di quella « follia ».

Niente è più falso di questa facile spiegazione. Da decenni la Cambogia è la posta di un gioco internazionale che le sfugge; è vittima di interessi e complotti altrui che non controlla. Dietro la apparente « follia » con cui reagisce c'è una grande, a volte affascinante logica.

Al centro del dramma cambogiano c'è la coscienza della sua debolezza. Stretta fra due vicini, forti ed espansionistici – la Thailandia ad ovest ed il Vietnam ad est – la Cambogia rischia da tempo di scomparire. Sarebbe finita già un secolo fa se non fossero venuti i francesi a stabilirci il loro « protettorato » ed a colonizzarla. Il problema non si risolse con la proclamazione dell'indipendenza nel 1953, né con la vittoria dei guerriglieri comunisti nel 1975, e rimane ancor oggi di drammatica attualità nella psiche khmer.

I khmer rossi temettero che la Cambogia sarebbe stata fagocitata dai vietnamiti e credettero di poterla salvare isolando il paese dal resto del mondo, eliminando fisicamente chiunque fosse caduto sotto influenze straniere e riportando la nazione alle tradizioni di Angkor. Il prezzo di questo esperimento fu il massacro di un terzo della popolazione.

Oggi la Cambogia rischia di nuovo di perdere la sua integrità, magari con la pace stessa, ed è per questo che l'uomo che incarna il sentimento nazionale, Sihanouk, si agita in maniera apparentemente sconclusionata per tenerne assieme le fila.

Gli Accordi di Parigi avevano previsto che i cambogiani andassero alle urne solo una volta che i vari eserciti in campo fossero stati disarmati e che il paese fosse stato pacificato. Ma così non è stato. I khmer rossi hanno rifiutato di rispettare gli accordi e le Nazioni Unite, pur di poter dichiarare la loro missione conclusa con successo, hanno insistito a fare le elezioni in un paese in guerra. Il risultato è stato una situazione di estrema pericolosità: il Partito senza fucili, il Funcinpec del principe Ranariddh, ha avuto la maggioranza dei voti; mentre quello con i fucili, il Partito popolare di Hun Sen, avrebbe dovuto fargli posto e restare indifeso dinanzi ai khmer rossi che restano armati.

Impossibile! Da qui la formula Sihanouk di fare un governo di coalizione mettendo assieme il Partito dei voti con quello dei fucili e dando a sé il posto di Primo ministro. Dopotutto non aveva Ranariddh durante la campagna elettorale detto che se avesse vinto avrebbe dato tutto il potere a suo padre?

Gli americani hanno bloccato la manovra sul nascere. A Sihanouk non è rimasto che far marcia indietro e darsi ammalato. Il gioco è ancora aperto.

Nonostante tutta la retorica di «successo» e «vittoria democratica» usata dai funzionari delle Nazioni Unite, l'operazione dell'Organizzazione internazionale è nel fondo fallita perché, pur con delle elezioni ben organizzate e concluse, l'Untac lascia il paese con il suo più grande problema, i khmer rossi, irrisolto e con in corso un avanzato processo di colonizzazione economica che l'Onu ha solo contribuito a proteggere.

Interessi thailandesi controllano ormai le principali banche, le linee aeree, le telecomunicazioni e l'industria turistica del paese. « Se i cambogiani non fanno attenzione, Phnom Penh presto non sarà che una stazione di servizio sull'autostrada Bangkok-Saigon », dice un economista straniero.

La presenza dell'Onu ha inoltre contribuito ad acuire le contraddizioni fra città e campagna, fra una piccola classe di super-ricchi e la grande massa dei poveri. « Con ogni cento metri fatti da una Mercedes, un khmer rosso avanza di un chilometro in direzione di Phnom Penh », si diceva un tempo. Il numero delle Mercedes, nuove e scintillanti, è aumentato notevolmente negli ultimi mesi.

Solo un uomo con una profonda coscienza nazionale, capace di imporre la propria volontà e di tener testa ai « protettori-sfruttatori » della Cambogia, può ancora sperare di salvare il paese. C'è solo un uomo in questa posizione, quello che non era candidato alle elezioni ma che resta, nonostante tutto, il personaggio più popolare del paese: Sihanouk.

Nonostante l'opposizione americana e le manovre per dargli al massimo un ruolo senza potere di capo di Stato addetto – come dice lui – « all'inaugurazione delle mostre di crisantemi », Sihanouk resta l'uomo più potente del paese e l'unico ormai in grado di evitare che la Cambogia ricada nell'unica vera follia senza alcuna ulteriore logica: la follia della guerra.

Il gioco del principe ammalato

Der Spiegel, 28 giugno 1993

BANGKOK – Solo un dio può fare miracoli. Quando la settimana scorsa Sihanouk comunicò al suo «stimatissimo e amatissimo popolo cambogiano» che aveva trovato la soluzione per un compromesso pacifico per il futuro del paese, dimostrò quel che fin dal 1970, quando perse il potere, aveva sempre cercato di dimostrare: lui è il divino sovrano nella tradizione buddhistica di Angkor; la Cambogia è di sua proprietà; i cambogiani sono i suoi figli, e non esiste soluzione per il paese senza di lui.

Questo non era esattamente quello che le Nazioni Unite avevano avuto in mente con il loro intervento nel paese da due miliardi e mezzo di dollari, con le loro elezioni «libere ed egalitarie», con la loro propaganda sulla «democrazia di stampo occidentale», con le loro dichiarazioni su chi nelle elezioni aveva vinto e chi perso. Ma alla fine anche l'Onu ha dovuto accettare le realtà cambogiane.

Un mese Sihanouk ci ha messo per imporsi. È stato un mese di complotti e controcomplotti, di minacce e inganni; un mese di comportamenti tipicamente sihanoukiani – oggi una dichiarazione, domani la sua smentita; oggi una decisione, domani il suo contrario – comportamenti apparentemente folli, ma in verità basati su una logica rigorosa e una precisissima meta: il proprio ritorno al potere.

Quando il 22 maggio Sihanouk atterrò a Phnom Penh col volo che veniva da Pechino, era una figura esautorata, il capo di Stato nominale di un paese che si trovava alla vigilia di elezioni organizzate dall'Onu, da cui doveva emergere un Parlamento che nel giro di tre mesi avrebbe deciso la Costituzione, il governo e la posizione di potere dello stesso Sihanouk.

Esattamente un mese dopo, il 21 giugno, tutto era risolto. Sihanouk, il vero vincitore delle elezioni organizzate dall'Onu alle quali non aveva partecipato, stava seduto nella sala del trono, di nuovo autorevole capo di Stato e capo supremo dell'esercito, a distribuire altissimi onori militari ai suoi nuovi generali. Il paese aveva un nuovo governo di coalizione; le basi della Costituzione erano state poste (probabilmente con lui nello stesso ruolo di De Gaulle nella Quinta Repubblica francese), e Sihanouk comunicava al suo popolo che presto sarebbe andato a Pechino e Pyongyang per rimettersi in salute.

È stata una battaglia dura che spesso ha dovuto combattere da solo. I suoi avversari erano soprattutto quelli del passato: gli

Sihanouk con diplomatici occidentali a palazzo.

americani e le Nazioni Unite che, a dire di alcuni osservatori, in Cambogia sono pilotate dagli americani.

Quando il 3 giugno Sihanouk fece un primo tentativo di formare un governo di coalizione che seppellisse la lite scoppiata fra il Funcinpec (il Partito realista di suo figlio, il principe Ranariddh) e il Ccp (Partito popolare comunista) di Hun Sen, per evitare che si creasse un vuoto di potere pericoloso per il paese, gli Stati Uniti sventarono questa soluzione con 38 parole battute su carta semplice, senza data né firma (un *non-paper*, in gergo diplomatico, un non-documento), il cui punto principale cadde come una mannaia: « *We are opposed...* » ci opponiamo.

Sihanouk si sentì giocato ancora una volta « dai miei vecchi amici della Cia », come ama chiamare gli americani. In risposta al *non-paper* americano ritira la propria proposta, si dichiara ammalato e aspetta che i fatti dimostrino che, a dispetto dei risultati elettorali, la sua soluzione è la sola possibile. È convinto che la via verso la stabilità interna della Cambogia non può che passare attraverso una coalizione fra Hun Sen e Ranariddh, mentre sarebbe pericoloso proclamare il risultato elettorale come la sconfitta di un Partito (quello del Ccp di Hun Sen col 38 per cento dei voti) e la vittoria dell'altro (il Funcinpec di Ranariddh col 45 per cento dei voti). È per questo che aveva annunciato la formazione del suo « storico governo di coalizione » ancor prima che Untac avesse accertato i risultati elettorali ufficiali.

Come si può mettersi a parlare di « vincitori » e « vinti » in un paese che per 23 anni ha attraversato una straziante guerra civile? Come non temere che questa contrapposizione sfoci in nuove sanguinarie vendette?

La Cambogia non ha mai fatto l'esperienza della democrazia; è un paese che non ha un sistema giudiziario, non ha tribunali, non ha alcuna salvaguardia dei diritti civili. Se la « maggioranza » prendesse il potere sulla base dei 250.000 voti con cui Ranariddh ha battuto Hun Sen, chi proteggerebbe allora la « minoranza »? Non è già abbastanza sintomatico il fatto che pochi giorni dopo la proclamazione dei risultati elettorali da parte di

Untac, il diplomatico in capo di Pol Pot, Khieu Samphan, abbia esortato il popolo cambogiano ad assassinare «i sei traditori capitali del regime di Hun Sen»? E come si può sperare che la gente del Ccp, che combatte da quindici anni contro i khmer rossi, ceda ora il potere e le armi al Funcinpec – chiamato anche il Partito dei Dentisti – i cui capi sono per lo più persone emigrate a Parigi e con un passaporto francese in tasca?

I giorni passano. I capi dei partiti litigano, i diplomatici e i funzionari di Untac tremano. Quando il 12 giugno il principe Chakrapong, figlio maggiore di Sihanouk e alleato di Hun Sen, annuncia la secessione delle province orientali del paese, sembra che la Cambogia sia sull'orlo di una nuova catastrofe, di una nuova guerra civile. In realtà, dietro le quinte l'ammalato Sihanouk sta giocando le sue carte.

Il 14 giugno il gioco comincia a rivelare che Sihanouk lo sta vincendo. Quando i 120 delegati appena eletti (58 del Funcinpec del principe Ranariddh, 51 del Ccp di Hun Sen, 10 del Partito buddhistico di Son Sann e 1 dei radicali di destra) si riuniscono sotto il tetto a pagoda del vecchio edificio parlamentare, il loro primo passo è di dichiarare all'unanimità Sihanouk capo di Stato, con pieni e specifici poteri. Nessuno osa votare contro.

Per Sihanouk questa decisione ha un significato storico: lo ricolloca là dove stava il 18 marzo 1970, quando il putsch ispirato dagli americani lo aveva rovesciato.

Il giorno dopo siamo al secondo atto. Sihanouk invita i 120 delegati nella sala del trono e li informa, fra l'altro, che «Sua altezza reale, il principe Ranariddh, è d'accordo con me sul fatto che in queste elezioni dell'Onu non ci sono né vincenti né perdenti...»

Ranariddh, seduto in prima fila, congiunge le palme delle mani come per la preghiera e s'inchina mormorando le deferenti parole: «*Pom cha, pom cha...*» così è, così è.

Nel giro di poche ore si snoda tutto il resto. Colpo su colpo, Sihanouk fornisce le risposte alle domande su cui la gente dell'Untac e i diplomatici stanno rompendosi la testa. Chi amministra la Cambogia durante il periodo di transizione fino alla ratifica della nuova Costituzione? Sihanouk! Chi comanda l'esercito? Sihanouk! Come si combinano quelli con più armi ma meno voti con quelli con più voti e meno armi? Attraverso un governo di coalizione in cui tutti sono alla pari!

La secessione delle province orientali sotto il principe Chakrapong, che minacciava di dividere il paese, finisce improvvisamente e senza versamenti di sangue. Il fatto che sia prima che dopo la secessione Chakrapong è stato ufficialmente ricevuto da suo padre, non lascia dubbi su chi sia stato l'ispiratore di quella mossa a scacchi.

È stato un pezzo magistrale da teatro delle ombre. Ha dimostrato che così come i khmer rossi possono ritagliarsi un pezzo del paese a occidente, i loro oppositori, la gente di Hun Sen, possono ritagliarselo a oriente. Ha dimostrato anche che se Untac insisteva su una soluzione democratica, l'intera operazione dell'Onu poteva concludersi con un vergognoso fallimento. Questo la comunità internazionale non lo voleva certo rischiare.

Untac è l'impresa più costosa e più ambiziosa dell'Onu e al tempo stesso è un test della sua futura capacità d'intervenire. Per questo non può fallire. Per permettere dunque a Untac di ritirarsi dalla Cambogia cantando vittoria, la soluzione di Sihanouk, che non rispetta i risultati elettorali ma promette stabilità al paese, è stata preferita alla soluzione democratica, voluta dall'Onu, ma che porta al caos.

Quanto ai khmer rossi, sono esclusi da questo governo. Sihanouk li aveva invitati a Phnom Penh per una discussione « *en famille* », ma non si sono presentati. Quindi restano nella giungla e per la prima volta dal 1970 Sihanouk non è più alleato con Pol Pot e i suoi guerriglieri.

E gli americani?

Le cose non sono andate come volevano. Vista la nuova situazione che si è creata in Cambogia, è però molto improbabile che, a dispetto della nuova retorica anti-khmer rossi da parte dei diplomatici Usa, gli americani non continuino in un modo o nell'altro a sostenere gli uomini di Pol Pot.

Lo fanno fin dal 1979. Quando allora il Vietnam attaccò la Cambogia e rovesciò il regime di Pol Pot per installare al suo posto il governo di Hun Sen, i khmer rossi erano una potenza estinta. Pol Pot stesso lo ha detto all'inizio di quest'anno a uno dei suoi seguaci: «Nel 1979 eravamo sul letto di morte». Quel che risuscitò i khmer rossi è stata una coalizione d'interessi della Cina, degli Stati Uniti e dei paesi anticomunisti del Sudest asiatico, in particolare la Thailandia, allo scopo di frenare l'espansione del Vietnam comunista e di negare al regime di Hun Sen qualsiasi legittimità.

Il solo politico cambogiano a rendersi ben conto di questo gioco e delle sue implicazioni è stato il principe Sihanouk. Quando, dopo 21 anni di esilio, nel novembre 1991 tornò a Phnom Penh come capo di Stato sponsorizzato dall'Onu, la prima visita all'estero che volle fare era a Hanoi. «Senza l'intervento vietnamita saremmo morti tutti», ammette il principe. Ma qualcuno quella visita l'ha impedita.

Sihanouk sa che la sola possibilità che la Cambogia ha di sopravvivere sta nei buoni rapporti con la Thailandia e il Vietnam, così da poter tenere fuori entrambi dal suo paese. Proprio per questo sia i thailandesi che gli americani non sono contenti di vederlo al potere. L'uomo per loro è troppo indipendente, troppo incontrollabile, impossibile da comprare.

Ora che è tornato al vertice del proprio paese, chissà quale altro sgambetto gli faranno?

BANGKOK – I cambogiani lo sanno da secoli: la vita è una ruota e la Storia non è progresso. Alla guerra segue la pace, alla morte una rinascita e poi di nuovo la morte. È forse anche per questo che oggi non c'è fra i cambogiani quello stesso entusiasmo sul loro futuro che manifestano invece tanto enfaticamente gli occidentali.

Da Phnom Penh stanno partendo gli ultimissimi Caschi blu delle Nazioni Unite e con la conclusione ufficiale della missione di pace, è incominciata la corsa all'autocongratulazione da parte della Organizzazione internazionale e della diplomazia delle grandi potenze che l'hanno sostenuta. «Grazie all'Onu la Cambogia inizia una nuova vita», «La pace dell'Onu regna ora in Cambogia», sono le tipiche frasi che ricorrono nelle analisi-bilancio fatte per celebrare l'occasione.

Dinanzi al fallimento delle operazioni Onu in paesi come la Somalia o l'ex Jugoslavia, la missione Onu in Cambogia che ora si conclude (restano solo una ventina di osservatori militari), viene citata come uno «straordinario successo», viene indicata come un modello da seguire e viene usata per riscattare la reputazione di un organismo le cui strutture e le cui funzioni andrebbero comunque rimesse in discussione: ora ancor più di prima, proprio in ragione dell'esperienza cambogiana.

Ebbene, quella missione si è ora ufficialmente conclusa. Con quale bilancio?

Cominciamo con quello dei soldi. L'operazione è stata carissima ed è stata segnata da sprechi, inefficienze ed episodi di corruzione senza precedenti all'Onu. Secondo fonti interne all'Organizzazione, qualcosa come 400 milioni di dollari sarebbero finiti nelle tasche di alcuni funzionari internazionali – alcuni anche di altissimo livello – che avrebbero messo in piedi un efficiente sistema di ordinazione di materiali che non venivano mai consegnati o che venivano pagati ai loro complici a prezzi fuori mercato. Una inchiesta è attualmente in corso a New York, ma è improbabile che lo scandalo venga completamente alla luce, perché le Nazioni Unite non hanno un vero sistema di controlli sulle spese e perché persino la scoperta di un comportamento criminale da parte di suoi funzionari può solo finire con un provvedimento che rimane discretamente interno all'Organizzazione.

Il costo umano dell'operazione Onu in Cambogia è stato ugualmente alto: 21 persone dell'Onu sono state uccise, 17 son morte in incidenti di macchina, 29 di infarto, malaria ed altre malattie; altre 150 moriranno di Aids contratto durante la loro permanenza qua.

E il bilancio politico? In apparenza è positivo: la Cambogia è ora retta da un governo di coalizione in cui tre dei quattro nemici del passato sono rappresentati; le ostilità sono cessate; il paese ha un Parlamento, una Costituzione, ed il vecchio re Sihanouk è tornato sul suo trono.

Uno «straordinario successo» dunque, come dicono i funzionari del Palazzo di Vetro? Sì, ma solo in apparenza. Nella sostanza le Nazioni Unite non hanno affatto adempiuto alla loro missione: non hanno disarmato i quattro eserciti e non hanno, attraverso la prevista «soluzione comprensiva», ricondotto i khmer rossi nella vita civile.

Dal punto di vista dei cambogiani, la situazione di oggi è una che ricorre nel continuo girare della ruota della vita. Politicamente è una situazione simile a quella di un quarto di secolo fa, quando le varie fazioni si congregavano, come ora, attorno al centro di potere rappresentato da Sihanouk; quando i khmer rossi, come ora, erano dei guerriglieri nella foresta ed il paese godeva di un periodo di pace, sapendo che a quella segue la guerra e che la Storia, almeno quella cambogiana, sembra davvero destinata a non essere progresso.

PHNOM PENH – Sono le undici e mezzo di sera e, vista dall'alto, la città è come inesistente: buia e silenziosa. Attraverso le finestre spalancate della mia camera al quarto piano dell'Hôtel Monorom mi arriva solo il fischio, poi lo sparo di avvertimento, di un poliziotto che forse ferma una macchina per farsi pagare una birra, il fruscio di un motorino di un qualche ritardatario che fila verso casa. Mi immagino la sua paura.

Stamani di nuovo, al mercato di là dal ponte delle Nazioni Unite, un ladro ha sparato in faccia ad un uomo per portargli via la motocicletta. Il bambino che era seduto dietro è rimasto ad urlare avvinghiato al casco di banane che il padre aveva appena comprato. L'orrore qui sembra non dover mai finire.

Ma dove nasce l'orrore? Che cosa fa di un uomo – o di un intero popolo – all'apparenza così semplice e puro, un mostro di violenza e di crudeltà? Ogni volta che arrivo in Cambogia queste domande mi tornano naturalmente a rimuginare nella testa, perché qui più che altrove uno si trova dinanzi ad un paese in cui, se il mondo fosse retto da un qualche principio di decenza, la gente ora dovrebbe vivere in pace, godere di un minimo di giustizia ed essere aiutata da tutti a ritrovare il senso della propria esistenza.

Invece no. Dopo due decenni di morte e di distruzione la vita è tornata sì a fiorire, ma lo fa con tutta la sua vecchia crudeltà, la sua violenza, e gli uomini, alla maniera di prima, sono fra di sé come lupi. E qui non per ragioni di religione, di ideologia o di razza.

Qualcuno bussa alla mia porta. È il guardiano di notte.

«Vieni giù. C'è un tuo amico appena arrivato da Siem Reap che deve assolutamente parlarti. »

Un amico? Da Siem Reap? «Non ho amici a Siem Reap... » Ed a mezza frase mi fermo. Giusto due giorni fa ho fatto colazione con Greg Davis, il grande fotografo di *Time Magazine*. Veniva da Tokyo e m'ha detto che sarebbe andato per qualche giorno ad Angkor. «È uno straniero l'uomo giù? » chiedo.

«No, è khmer. »

«Allora non sono io quello che cerca. Digli di andarsene. »

Ma il guardiano ritorna. «L'uomo insiste, dice che è importantissimo. »

Scendo. L'uomo è magro, piccolo, sulla trentina, ben vestito. Ha l'aria stanca e gli occhi spiritati. Mi vede e si inchina.

«Sono appena arrivato con un taxi. Ho viaggiato tutto il giorno... Sono venuto perché il tuo amico Greg Davis è morto. È stato ucciso dai khmer rossi e dovevo venire a darti la notizia. È successo ieri, verso le due del pomeriggio, a Banteay Serei. Io sono il portiere del Grand Hôtel di Siem Reap e sono stato chiamato perché alcuni ospiti dell'albergo erano stati attaccati dai khmer rossi durante la visita al Tempio... Greg Davis era ferito alla testa ed al petto. Mentre lo portavo all'ospedale mi ha detto di andare a Phnom Penh ad avvisare te. »

Il suo inglese è rudimentale, ma le sue parole sono chiare e la testa improvvisamente è come mi andasse in tutte le direzioni, esplodesse in mille pensieri, domande, dubbi: l'inutilità di morire per una foto! Come avvisare sua moglie? Far cremare il cadavere? Come accertare ora, in mezzo alla notte, se questo tipo dice la verità?

Lo sento dire che deve pagare il taxi che aspetta fuori, che gli mancano dei soldi. Quanto?

«Cinquemila riel. »

Metto la mano in tasca e glieli do, pensando che il viaggio da Siem Reap deve costare ben più che due dollari, specie coi rischi che uno corre dopo il tramonto. L'uomo esce. Quando torna lo faccio sedere e mi faccio riraccontare tutto da capo. La sua storia è piena di dettagli e tutti tornano: la descrizione di Greg, i suoi vestiti, le macchine fotografiche. Poi l'uomo dice: «All'ospedale mancava di tutto e siccome il tuo amico cominciava a puzzare, io sono andato a comprare tanto, tanto ghiaccio per metterglielo attorno».

Impossibile. Anche ai tropici la decomposizione non comincia così presto. L'uomo mente.

È tardi, ma il telefono cellulare del collega americano della *Far Eastern Economic Review*, Nate Thayer, che vive qui da anni e parla khmer, è acceso. «Vieni al Monorom. Ho con me un tipo che sostiene di aver visto Greg Davis morire ieri a Siem Reap.»

«Greg? Ho appena cenato con lui! Si era prenotato per andare ad Angkor, ma all'ultimo momento ha cambiato idea. Possibile che si tratti di qualcun altro?»

Davanti a Nate l'uomo ripete il suo racconto, dice che può sbagliarsi sul nome, ma è certo che il morto è un americano.

Dal suo telefono Nate riesce a raggiungere qualcuno dell'ambasciata. «No. No, non è morto nessun americano a Siem Reap, né ieri, né oggi», dice quello. «E mi raccomando, non pagate il ghiaccio. Sono giorni che un tipo va a giro per Phnom Penh, si presenta alle organizzazioni umanitarie, alle ambasciate, dicendo d'aver visto uno di loro morire ucciso dai khmer rossi.»

Nate ed io ci guardiamo. Che fare con questo furfante?

«Anche tu, come tutti, avrai perso dei familiari, degli amici in questa guerra. Anche tu hai sofferto. Come puoi ora far soffrire gli altri solo per portar via loro dei soldi?» dice Nate.

L'uomo si mette a piangere. Racconta che i suoi genitori sono stati uccisi ai tempi di Pol Pot, che lui ha passato anni ed anni in un campo di rifugiati alla frontiera thailandese e che ora, tornato in Cambogia, non riesce a comprarsi una carta d'identità e che senza quella non trova lavoro. È a Phnom Penh da un mese ed ha escogitato questo sistema per guadagnarsi da vivere. Ha visto me e Greg far colazione. Lo ha seguito quando è andato a fare la sua prenotazione per Siem Reap e, pensando che era partito, è venuto a fare la scena da me nel mezzo della notte.

Lo facciamo giurare che non farà più una cosa del genere, gli giuriamo che lo faremo arrestare se scopriamo che continua, e prima di salutarlo gli diamo un'altra manciata di riel.

«Non ne posso più di questo paese», dice Nate andandosene. «Guarda come riduce un tipo come quello! Altrove, anche lui sarebbe stato una persona decente.»

Distrattamente gli do ragione. Uno è sempre tentato a pensare, specie nel caso della Cambogia, che c'è nel suo orrore qualcosa che è tipicamente khmer, qualcosa che forse risale all'abbandono di Angkor, qualcosa che ha a che fare con la psiche ferita di questo popolo e col suo collettivo dimenticare il proprio passato.

Ma è davvero così?

Se la Cambogia di oggi sembra a volte estremamente simile a quella degli inizi degli anni Settanta e se la Storia sembra sul punto di ripetersi, è anche perché il resto del mondo non è ancora riuscito ad imporre qui un minimo di decenza. È così che i militari thailandesi possono permettersi di continuare a fare i loro affari coi khmer rossi; è così che chiunque ne abbia l'occasione cerca di sfruttare la miseria e la sofferenza che la Cambogia produce.

Tre mesi fa un giovane inglese con due ragazze, una anche lei inglese ed una australiana, sono stati presi da degli uomini armati mentre viaggiavano in un taxi sulla strada fra Phnom Penh e il porto di Sihanoukville. La gente che ha visto non parla. Il governo dice che sono stati i khmer rossi, alcuni dicono che potrebbero essere stati i soldati governativi. Dopo un'iniziale richiesta di riscatto, nessuno si è fatto più vivo. Recentemente sono state ritrovate alcune schegge di ossa e dei resti di vestiti. Secondo i primi esami sarebbero appartenuti ai tre ragazzi uccisi poco dopo la cattura.

Oggi ero col padre del ragazzo che non vuol credere ai risultati di quegli esami e continua a star qui in cerca di indizi per sperare. Mi diceva che gli avvocati di un grande giornale di

Londra gli volevano far firmare un contratto secondo cui non avrebbe dovuto parlare con nessun giornalista e, per due settimane dopo l'annuncio della morte del figlio o la sua liberazione, avrebbe dovuto dare a loro in esclusiva le espressioni del suo dolore o della sua gioia.

Ripenso al mio falso portiere del Grand Hôtel di Siem Reap, coi suoi pochi riel in tasca a giro per Phnom Penh. È un artigiano, lui, a confronto di questi grandi industriali esperti nello sfruttare e vendere le sofferenze altrui.

Le radici dell'orrore sono dappertutto. L'orrore siamo noi.

Corriere della Sera, 7 giugno 1996

New Delhi – Un altro dei grandi assassini del nostro tempo è morto nel suo letto, senza che la giustizia degli uomini lo abbia raggiunto, senza che sia stato ristabilito quel principio di naturale moralità che è una necessità nel fondo di tutti noi.

Pol Pot se ne è andato avendo sulla coscienza il massacro di almeno un milione e mezzo, forse due milioni di cambogiani e la distruzione di una civiltà. Con lui scompare una delle figure più inquietanti del secolo. Inquietante, perché dietro la sua apparente follia omicida, diventata politica, c'era una logica che ha attratto tanta attenzione e tante simpatie nel mondo. Quella logica si chiamava rivoluzione.

«Stiamo facendo qualcosa che non è mai stato fatto prima nella storia dell'umanità», mi disse nel 1977 Ieng Sary, il braccio destro di Pol Pot, incontrato a Kuala Lumpur, in una delle sue rare apparizioni fuori da un paese che si era ermeticamente chiuso al resto del mondo. Era allora difficile figurarsi che cosa davvero volesse dire.

Fui uno dei primi giornalisti occidentali a tornare nella Cambogia «liberata» dalle truppe di Hanoi e quello che mi trovai dinanzi sfidava ogni fantasia dell'orrore, era più spaventoso di qualsiasi cosa un uomo potesse immaginarsi. Viaggiai per un mese attraverso un paese martoriato a raccogliere le testimonianze di questa follia. La gente era così inebetita dall'orrore che spesso non riusciva a raccontare quel che le era successo. Nelle campagne mi venivano indicati i «centri di raccolta per l'eliminazione dei nemici» – di solito le vecchie scuole ed i monasteri – dove restavano le tracce delle torture, i pozzi dove non era più possibile attingere l'acqua perché pieni di scheletri, le risaie dove spesso non si riusciva a camminare senza pestare le ossa di quelli che lì, a colpi di bastone per risparmiare le pallottole, erano stati massacrati. Dovunque si scoprivano fosse comuni. C'erano superstiti che non riuscivano più a montare su una barca da quando avevano visto i loro familiari portati in mezzo ad un lago e buttati in pasto ai coccodrilli. Altri non riuscivano più a salire su una palma perché gli uomini di Pol Pot avevano usato gli alberi per mettere alla prova le loro vittime e decidere chi dovesse vivere e chi morire. Quelli che riuscivano ad arrivare fino in cima erano considerati contadini da utilizzare; gli altri, intellettuali da eliminare.

Un'altra idea che stava dietro la follia rivoluzionaria di Pol Pot era di riportare la Cambogia alla grandezza del suo passato, spazzando via tutto ciò che col colonialismo era stato introdotto nel paese. Il simbolo di quella corruzione erano le città. L'unica soluzione era abbandonarle e ricominciare da capo. «Bisogna tornare alla purezza del chicco di riso», diceva. Tutto quello che era venuto dall'esterno aveva indebolito ed imbastardito la razza khmer. Per tornare alla grandezza di Angkor bisognava tagliare ogni legame con l'esterno ed eliminare tutti i segni di una presenza straniera. Da qui la decisione, una volta entrato a Phnom Penh, di far saltare la Banca Centrale, lasciando pacchi di dollari a svolazzare al vento; da qui la demolizione, pietra per pietra, della cattedrale cattolica; da qui l'evacuazione forzata, fatta nel giro di 24 ore, delle città, simboli di quella modernità non cambogiana che Pol Pot detestava.

L'assurdo fu che una volta rimosso dal potere, Pol Pot ed i suoi khmer rossi diventarono una pedina nel gioco della guerra fredda e che la guerriglia khmer venne usata dagli Stati Uniti e dall'Occidente per combattere l'egemonia vietnamita sulla penisola indocinese.

Allo stesso modo, quando dopo anni di trattative la nuova guerra cambogiana ebbe fine e nel 1991 a Parigi furono firmati gli accordi di pace che portarono le Nazioni Unite con 22.000 uomini in Cambogia a garantire il cessate il fuoco e ad organizzare le prime elezioni democratiche nel paese, su insistenza della Cina, che pur senza Mao ha continuato fino alla fine a proteggerli, i khmer rossi furono considerati una componente legittima del nuovo assetto politico e Pol Pot poté tornare nella sua base al confine con la Thailandia senza che venisse portato davanti ad un tribunale, internazionale o cambogiano, a rispondere dei suoi crimini.

Così Pol Pot è morto senza che nessuno facesse i conti con lui. Neppure la sinistra che lo ha trattato come un folle o semplicemente come una aberrazione. Ma Pol Pot non è stato né l'uno né l'altro. È stato un rivoluzionario che ha cercato di fare in pochissimo tempo quel che altri, ispirati dalle stesse idee, avevano pensato di fare nel giro di qualche generazione.

Per questo resta una figura inquietante e il suo spettro, strisciante.

Nota:
Si era sparsa la voce che era morto Pol Pot e dall'India Tiziano scrisse quel che nei giornali si chiama un «coccodrillo».

La notizia era falsa, era «una bufala» in gergo giornalistico. Quando nell'aprile 1998 Pol Pot morì davvero, Tiziano si era ormai ritirato nell'Himalaya e «i fatti» non lo interessavano più.

a.t.s.

ANGKOR

ATT. EGIDIO GAVAZZI / ORNELLA PAVONE
EX TIZIANO TERZANI
BANGKOK 20.9.1992
CARISSIMI,
ECCOVI LE OTTO CARTELLE PROMESSE. PARTO DOMANI PER PHNOM
PENH. QUALUNQUE COSA ABBIATE DA COMUNICARMI, FATELO PER
FAX E MI VERRÀ RISPEDITO. CORDIALITÀ.
T.T.

Alisei, Touring Periodici, marzo 1993

Seminare dei ricordi. Nel mio ruolo di padre non ho fatto altro. Ai figli non ho mai pensato di poter insegnare granché, ma fin dall'inizio della loro presenza in casa ho sentito che attraverso alcune esperienze indimenticabili potevo mettere nella loro memoria i semi di una grandezza con la cui misura vorrei che vivessero.

In più di vent'anni spesi in Asia le occasioni non sono mancate. La visita ad un vecchio gesuita fra i poveri dell'isola di Mindanao nelle Filippine; il viaggio in bicicletta attraverso il centro della Cina, verso il tempio di Shaolin dove è nato il buddhismo zen, o la levata del sole vista dagli spalti solitari della Grande muraglia, sapevo che avevano lasciato un segno in Folco e Saskia quando tutti e due hanno lasciato la famiglia per andare a fare l'università. Poi è venuta la laurea e ho pensato che per celebrarla il regalo più bello potesse ancora una volta essere una nuova, grande esperienza comune.

Così, separatamente, li ho invitati a venire con me in Cambogia, un paese a cui sono legatissimo e, separatamente, li ho portati per alcuni giorni ad Angkor, uno di quei pochi, straordinari luoghi del mondo dinanzi ai quali ci si sente orgogliosi d'essere membri della razza umana; uno di quei posti dove la grandezza è in ogni pietra, in ogni albero, in ogni boccata d'aria che si respira. Una grandezza, per giunta, che oggi uno può avere tutta per sé.

Angkor, a causa della, o forse bisogna dire, grazie alla guerra che per decenni ha travolto l'intera Indocina nella miseria, non è ancora sul cammino delle orde barbare dei turisti; è ancora intatta, indisturbata, verginale, l'ultima forse fra le grandi meraviglie del mondo.

Con i miei figli ho passato giorni senza precedenti fra le rovine. Da soli, assolutamente soli, abbiamo visto il sole sorgere da dietro la torre centrale di Angkor Wat; in compagnia di due vecchi bonzi che prima ci hanno salmodiato, per augurarci ogni bene, «l'inno della vittoria», seduti sulla vetta di quella torre centrale abbiamo visto lo stesso sole precipitarsi, come fa ai tropici, dietro la silhoutte lontana delle palme da zucchero contro un cielo glorioso di rossi ed arancioni. Esperienze senza eguali.

Le guide locali ci avevano sconsigliato di andare nei templi più lontani per paura delle mine messe dai khmer rossi e per non incappare nei «briganti», cioè i soldati governativi che cercano di procurarsi da sopravvivere, visto che il governo non è più in grado di pagar loro un salario; ma è bastato mettersi d'accordo sul prezzo perché qualcuno ci indicasse un viottolo sicuro attraverso le rovine di Ta Prohm, il tempio più commovente, quello lasciato in pasto, «sacrificato», alla giungla; e perché una decina di poliziotti armati ci scortassero per i venti chilometri di strada sterrata che conducono alla meraviglia di Banteay Serei, il tempio della pietra cesellata dove lo splendore, al contrario che in tutte le altre costruzioni di Angkor, non è nell'essere anche gigantesco ed immenso, ma nell'essere minuto e delicato.

Un tocco di avventura è venuto così ad aggiungersi al fascino di quel posto. Era come viaggiare al tempo di Malraux che nel

1926, ancora giovane e rivoluzionario, venne qui con la moglie Clara, affascinato dalle rovine e dalla possibilità di finanziare, col prezzo di un bassorilievo portato via da questo tempio, un giornale anticolonialista a Saigon. Malraux venne arrestato e condannato a tre anni di prigione.

Sballottati sui sedili di una jeep militare le cui ruote scomparivano in enormi pozzanghere di fango e poi traversavano dei ruscelli su dei «ponti» fatti da solo due precarie travi messe fra le due sponde, ci faceva rabbrividire l'idea che un giorno non lontano frotte di visitatori diretti a Banteay Serei faranno quella stessa strada, nel frattempo asfaltata, a bordo di autobus ad aria condizionata.

Lo so che tutto questo è inevitabile e conosco bene il ragionamento con cui mi si dimostra che questo sviluppo è giusto; ma non posso rinunciare a dire: «Angkor è splendida ora. E così va vista». Vista oggi, come la vide nel 1860 con immenso stupore Henri Mouhot, un naturalista francese che viaggiava nell'Indocina appena diventata colonia.

Mouhot arrivò ad Angkor quasi per caso. Aveva letto il resoconto di un frate che dieci anni prima aveva parlato di strane, antiche rovine nella giungla, poco lontano dalla cittadina di Siem Reap, ma non aveva un'idea di cosa aspettarsi. Quando addentrandosi nella foresta in mezzo al fogliame d'un tratto si vide guardato prima da una, poi due, dieci, decine di immense facce di pietra che gli sorridevano, fu certo un momento per il quale era valso il suo viaggio e... la sua morte. Dopo aver «scoperto» Angkor, Mouhot andò in Laos, ma lì la febbre tropicale che s'era portato dietro dalla Cambogia ebbe la meglio sulle sue forze. Morì a Luang Prabang. La sua tomba, modesta e commovente come quella di altri esploratori, è oggi un posto quasi dimenticato a pochi chilometri dalla vecchia capitale reale.

Quella sorpresa che fu di Mouhot la si può rivivere oggi, perché Angkor è ancora parte della natura, è ancora circondata dalla giungla e chi ci arriva ha ogni volta di nuovo l'impressione di scoprirla. Grazie al suo essere remota, difficile da raggiungere, avvolta in una immagine di mistero e di pericolo, Angkor non è ancora diventata un museo, non ci sono orari di apertura e di chiusura ed i pochi « custodi » che a volte si vedono fra le rovine sono i contadini del posto, i bonzi di un tempio lì vicino, gli ex guardiani degli elefanti reali ora scomparsi a causa della guerra.

Nell'unico albergo in cui è ancora possibile stare manca spesso la luce e l'acqua; ma le candele di notte rendono l'atmosfera nelle stanze particolarmente romantica, mentre il fiume che scorre a pochi metri dall'albergo offre un ottimo bagno quando la doccia di camera non funziona. Al tramonto, tutti i bambini del vicinato vanno a giocare ed a rinfrescarsi in quelle acque limacciose. In quelle, io ed miei figli siamo andati a lavarci.

Ci sono vari modi di avvicinarsi ad Angkor. Uno può farlo leggendosi una delle ormai tante erudite guide ai monumenti ed andando poi di tempio in tempio a ripassare la storia, a controllare i dettagli, ad imparare i nomi dei vari re che costruirono questo o quell'edificio, a rendersi conto di ogni simbolismo, a cercare di capire se la faccia che sorride dalla pietra sia quella di Shiva o quella di Buddha o quella di un uomo che cercò così di farsi immortale. Io, dopo aver letto un po' di quel che negli anni si è accumulato su Angkor e sulla Cambogia nella mia biblioteca, e soprattutto dopo essere stato una decina di volte a vagare nell'immenso parco dei templi, ho scelto per i miei figli l'approccio più naturale: niente lezioni preparatorie, niente carta da portarsi dietro. Solo la propria pelle, permeabile come una spugna.

Anni fa, nel Potala, il tempio e la residenza del Dalai Lama a Lhasa, avevo visto le donne tibetane passare e ripassare i loro bambini, spesso ancora in fasce, sotto gli angusti scaffali dove erano accatastate montagne di antiche scritture, così che quelli – mi si disse – come per osmosi si imbevessero della loro sacra saggezza. Ho voluto far qualcosa di simile con i miei figli ad Angkor. Ho voluto che si imbevessero della sua grandezza senza essere appesantiti dalle tante e spesso irrilevanti nozioni di cui le guide sono infarcite. Capire serve, ma la cosa fondamentale è sentire.

Dietro la sofisticata ed intellettuale bellezza di Angkor c'è qualcosa di profondamente semplice, di archetipico, di naturale, che arriva al petto senza dover passare per la testa. Andare ad Angkor – ho sempre pensato – è come tornare al centro di un universo in qualche modo conosciuto. Lo si sente, avvicinandosi, camminando lungo i corridoi aperti, lasciando i chilometri e chilometri di bassorilievi raccontare le loro storie con le semplici immagini che parlano tutte le lingue, facendosi commuovere dall'apparizione di una torre nel riquadro d'una porta, dalla presenza d'una statua mutilata nell'oscurità di una nicchia abitata dai pipistrelli.

Non è affatto indispensabile sapere che per i costruttori di questa immensa città-monumento ogni dettaglio aveva un preciso significato, che ogni pietra, ogni scultura, ogni cortile, ogni pinnacolo era un tassello nell'immenso mosaico che doveva raffigurare i vari mondi, compreso quello superiore adagiato attorno al mitico monte Meru.

Non occorre essere buddhisti per capire. Basta lasciarsi andare per sentire che ad Angkor in qualche modo si è già stati. « Le rovine di Angkor mi erano già apparse nelle visioni dell'infanzia, erano già parte del mio museo», scrisse Pierre Loti quando, nel 1901, *Pèlerin d'Angkor*, anche lui sulle orme di Mouhot, si avventurò nella giungla ricordandosi come da bambino avesse cercato dalla finestra più alta della casa paterna di vedere quelle mitiche torri.

Vent'anni fa quelle torri, dall'alto di una finestra le vidi anch'io e per davvero: le torri di Angkor Wat, il monumento centrale. Ma allora non riuscii ad arrivarci. I khmer rossi avevano occupato l'intero complesso dei templi subito dopo il colpo di Stato contro Sihanouk e dal secondo piano del Grand Hôtel di Siem Reap, rimasto deserto in mano alle truppe governative, quelle guglie grigie sopra il verde della foresta parevano un improbabile miraggio. La strada che dall'albergo conduce dritta ai templi era tagliata da un fossato al chilometro 5. La prima linea del fronte era lì ed avvicinarcisi voleva dire mettere la propria vita in mano ad un qualche cecchino nella foresta.

Quando dieci anni dopo riuscii a fare, con meno rischi, gli ultimi sei chilometri di strada, la situazione era completamente cambiata ed Angkor era tornata accessibile. Mi parve ancora più splendida, più tragica, più misteriosa di come me l'ero immaginata. Il regime assassino di Pol Pot era stato appena rovesciato dall'intervento vietnamita ed i cambogiani che si incontravano, ammalati e affamati, sembravano i superstiti di una razza persa e disorientata che non aveva più alcuna relazione con la grandezza di cui testimoniavano i suoi monumenti.

Una strana storia, quella dei khmer! Fra il nono e l'undicesimo secolo avevano costruito questa immensa, straordinaria città. Poi, nel 1431, i thailandesi li avevano attaccati, avevano saccheggiato e messo a ferro e fuoco Angkor e loro, senza più una capitale, avevano dovuto ritirarsi nella giungla, poi nel basso corso del Mekong. Col passare dei secoli si erano costruiti altre città, un'altra capitale; ma niente, niente di paragonabile a quel che si erano lasciati dietro. Era come se i khmer non fossero più gli stessi, come se avessero dimenticato il loro passato. In verità, l'avevano dimenticato: come se gli italiani non sapessero più del Colosseo, gli egiziani delle Piramidi, i greci del Partenone, i khmer si erano dimenticati di Angkor, della vita che c'era stata, della grande arte che era stata prodotta. Incredibile destino!

Non fosse stato per un ambasciatore cinese, che nell'anno 1296 andò in missione ad Angkor, ci rimase alcuni mesi e scrisse un accurato resoconto di quelle cose straordinarie che aveva visto, non avremmo ancora oggi un'idea di quella che era stata la vita quotidiana dei khmer, non avremmo una descrizione dettagliata dei loro costumi, non si saprebbe che le torri, ora solo di pietra, erano un tempo coperte da uno strato d'oro. Non fosse stato per Mouhot che « riscoprì » Angkor per il mondo, ma anche per i cambogiani stessi, quel parco avrebbe continuato a morire strangolato dalla vegetazione ed i khmer non avrebbero avuto una storia a cui rifarsi.

Eppure, in quelle pietre c'era tutto; c'era la vita: quella passata e quella futura. Sì, perché Angkor era, fra le tante altre cose, anche una sorta di profezia, una profezia scolpita nella pietra. O almeno così parve a me la prima volta che ci arrivai. E quella prima impressione m'è rimasta, profonda.

Delle guide d'un tempo non ne era rimasta che una: Pich Keo, sopravvissuto ai massacri di Pol Pot perché era riuscito a nascondere il fatto d'aver studiato archeologia coi francesi ed a fingere d'essere un semplice contadino. Con lui, magrissimo ed ancora impaurito per gli anni di stenti e di terrore, passai tre giorni fra le rovine, fra il gridare delle scimmie ed il frinire di migliaia di cicale. Ero l'unico visitatore. La Cambogia era un immenso campo della morte e la grandezza di Angkor mi pareva rispecchiare stranamente la grandezza di quella tragedia.

Le scene mi erano state descritte nei minimi dettagli ed ero rimasto colpitissimo. Ancora di più lo fui quando in uno dei grandi bassorilievi vidi le stesse scene di tortura, la stessa gente squartata, fatta a pezzi, impalata, uccisa a bastonate e data in pasto ai coccodrilli. Esattamente le stesse storie che avevo appena sentito erano lì, scolpite nella pietra mille anni prima. Una profezia? Un ammonimento? O semplicemente una constatazione sulla immutabilità della vita che è sempre gioia e violenza, piacere e tortura?

Nei bassorilievi era così. Accanto alle scene di spaventosa sofferenza c'erano quelle di grande serenità; accanto ai terrorizzanti torturatori c'erano le ballerine dai corpi sinuosi. Orge di dolore ed orge di felicità, il tutto sotto gli immensi sorrisi di pietra, sotto gli occhi socchiusi di quelle misteriose facce nella giungla. Non avevo dubbi: il messaggio di Angkor restava quello che era stato per secoli. Sull'architrave di una porta, una mano antica aveva scalpellato una scritta: «Il saggio sa che la vita non è che una fiammella scossa da un vento violento».

Ogni volta che son tornato in Cambogia ho fatto di tutto per andare anche solo per un giorno ad Angkor. Era come se avessi bisogno di ritrovare la misura del mondo, come se anche solo passando delle ore a guardare le rovine sentissi di riacquistare il vero senso di quella fiammella e di quel vento. A volte, quando lontano da quei templi mi sentivo sopraffare dalla banalità del quotidiano, dal peso della normalità, il mio pensiero correva alla grandezza di Angkor, ai bassorilievi ed alla loro grandiosa rappresentazione della vita: grandiosa nella gioia e nell'orrore.

Col passare degli anni ho continuato a seguire le vicende della Cambogia, finché questo paese è diventato per me la scoraggiante riprova di come al mondo non c'è giustizia, di come l'umanità ha perso la capacità morale di indignarsi e di come la vita finisce sempre per trionfare sulla morte, ma lo fa nel più primitivo e crudele dei modi.

Angkor nei secoli era stata lentamente fagocitata dalla giungla. Ora l'intera Indocina sta per essere fagocitata dalla molto meno romantica giungla del cemento. Interi quartieri di vecchie abitazioni vengono abbattuti per far posto a nuove, anonime costruzioni. Dovunque la vecchia armonia, secondo cui le vette delle pagode dovevano essere più alte delle palme e quelle più alte delle case, è rotta dalle nuove sagome di brutte costruzioni che svettano al di sopra di tutto, case, palme e pagode. Triste. Ma ci si può per questo augurare la continuazione della guerra che bloccherebbe il « progresso »? Ovviamente no. E un'altra via? Per ora non la vedo da nessuna parte dell'Asia dove il passato viene, senza alcuna remora, rapidamente spazzato via. Dappertutto, dalla Cina alla Thailandia.

Anche per questo ho voluto piantare nella memoria dei miei figli i semi della grandezza ancora intatta di Angkor, pur in rovina. Per questo dico agli amici: « Andateci ora! » Da quei semi, in qualche modo, da qualche altra parte, continuerà a germogliare una vita che aspira al « grande ».

CRONOLOGIA

1953	La Cambogia ottiene l'indipendenza dalla Francia sotto il re Norodom Sihanouk.
1963	Khieu Samphan e Saloth Sar, il futuro Pol Pot, si danno alla macchia e formano il movimento comunista clandestino dei khmer rossi.
1965	Le prime truppe americane arrivano in Sud Vietnam. Sihanouk rompe le relazioni con gli Usa.
1969	Gli americani bombardano segretamente i « santuari » dei comunisti vietnamiti nelle zone interne alla Cambogia.
18 marzo 1970	Il generale Lon Nol, sostenuto dalla Cia, rovescia Sihanouk e prende il potere a Phnom Penh. I comunisti vietnamiti invadono la Cambogia, inseguiti dalle truppe americane. Fine della neutralità cambogiana. Sihanouk, in esilio a Pechino, si mette a capo del Fronte unito di sihanoukisti, khmer rossi e nazionalisti repubblicani (Funk).
gennaio 1973	Accordi di Parigi. Nord Vietnam e Usa s'impegnano a cessare tutte le attività militari in Cambogia. Un mese dopo, entrambi violano gli accordi. Primi arruolamenti di giovani contadini nell'armata rivoluzionaria dei khmer rossi.
15 agosto 1973	Fine dei bombardamenti americani. I khmer rossi sono in grado di combattere senza l'aiuto dei vietnamiti contro le truppe di Lon Nol.
17 aprile 1975	I khmer rossi conquistano Phnom Penh. Evacuazione delle città. Inizio delle epurazioni e dei massacri.

1976	Fondazione della Kampuchea Democratica, presidente Khieu Samphan e Primo ministro Pol Pot.
7 gennaio 1979	I vietnamiti invadono la Cambogia e conquistano Phnom Penh. Formazione di un governo pro-vietnamita sotto Heng Samrin, ex khmer rosso della Zona orientale. I leader khmer rossi, sostenuti da Cina e Usa, si insediano con i loro fedeli nelle zone al confine con la Thailandia e lanciano una nuova guerriglia contro l'esercito di occupazione vietnamita.
1985	Hun Sen, ex capo di un reggimento khmer rosso, diventa Primo ministro.
1989	Il Vietnam ritira il suo esercito dalla Cambogia.
1991	Conferenza di Parigi. Creazione dell'Autorità transitoria delle Nazioni Unite per la Cambogia (Untac).
maggio 1993	Elezioni. Sihanouk proclamato re. Hun Sen e Ranariddh nominati Primi ministri alla pari.
1997	Colpo di Stato di Hun Sen che diventa il solo capo del governo cambogiano.
aprile 1998	Pol Pot muore in un villaggio vicino alla frontiera thailandese.
2003	L'Onu e il governo cambogiano di Hun Sen si accordano sulla creazione di un tribunale internazionale che giudicherà i principali responsabili khmer rossi per crimini contro l'umanità.
gennaio 2008	Prevista apertura del processo.

RINGRAZIAMENTI

Sono tanti i giornalisti con cui Tiziano parlava di Cambogia durante la nostra vita in Asia. Ricordo con particolare affetto, tra quelli che anche questa volta mi sono stati di aiuto e ispirazione, Bernardo Valli, Jean-Claude Pomonti, Henry Kamm e Giuliano Zincone.

La recente storia della Cambogia è stata documentata in alcuni libri diventati dei classici: *Sideshow* (1979) e *The Quality of Mercy* (1986) di William Shawcross; *When the War Was over* (1986) di Elizabeth Becker; *Cambodia. Report from a Stricken Land* (1998) di Henry Kamm; *Le Portail* (2000, ed. it. *Il cancello*, 2001) di François Bizot, che tutti mi sono stati utilissimi. Molyda Szymusiak ha scritto sulla sua adolescenza sotto i khmer rossi un libro raro: *Il racconto di Peuw, bambina cambogiana, 1975-1980* (trad. it. di Natalia Ginzburg, 1986).

Un grazie particolare ad Alen Loreti per aver riscoperto e trascritto la lunga intervista televisiva con Tiziano Terzani di Raffaello Uboldi per la Rai-tv, *Viaggio nella follia cambogiana* (1985); a Verena Tassi per l'attenta e sensibile assistenza; a Valerio Pellizzari e Mario Zanot per il sostegno e gli aggiornamenti sulla situazione cambogiana attuale.

a.t.s.

Tiziano Terzani
Un'idea di destino

« Cosa fa della vita che abbiamo un'avventura felice? » si chiede
Tiziano Terzani in queste pagine che raccontano con la consueta
forza l'esistenza di un uomo che non ha mai smesso di dialogare
con il mondo e con la coscienza di ciascuno di noi. In un continuo
e appassionato procedere dalla Storia alla storia personale,
viene alla luce in questi diari il Terzani uomo, il padre, il marito:
una persona curiosa e straordinariamente vitale, incline
più alle domande che alle facili risposte. Scopriamo così
che l'espulsione dalla Cina per « crimini controrivoluzionari »,
l'esperienza deludente della società giapponese, il passaggio
professionale dalla « Repubblica » al « Corriere della Sera », i viaggi
in Thailandia, URSS, Indocina, Asia centrale, India, Pakistan non
furono soltanto all'origine delle grandi opere che tutti ricordiamo.
Furono anche anni fatti di dubbi, di nostalgie, di una perseverante
ricerca della gioia, anni in cui dovette talvolta domare «la belva
oscura» della depressione. E proprio attraverso questo continuo
interrogarsi Terzani maturava una nuova consapevolezza
di sé, affidata a pagine più intime, meditazioni, lettere alla moglie
e ai figli, appunti, tutti accuratamente raccolti e ordinati dall'autore
stesso, fino al suo ultimo commovente scritto: il discorso letto
in occasione del matrimonio della figlia Saskia, intriso di nostalgia
per la bambina che non c'è più e di amore per la vita, quella vita
che inesorabilmente cambia e ci trasforma.

Tiziano Terzani
Un mondo che non esiste più

Tiziano Terzani non faceva solo il giornalista, ma anche il fotografo
e spesso accompagnava i suoi reportage con i propri scatti.
L'immagine è un'esigenza, diceva, lì dove le parole da sole
non bastano. Quelle foto le rinchiudeva
poi in grandi casse sperando di riuscire un giorno a riorganizzarle.
Sua l'idea di farne un libro, come suoi sono i testi, editi e inediti,
che affiancano le fotografie. Vedremo così finalmente luoghi
e volti descritti nei suoi libri, l'oriente misterioso: «Ci andai in cerca
dell'*altro*, di tutto quello che non conoscevo, all'inseguimento
d'idee, di uomini, di storie di cui avevo solo letto». Rapporti
semplici, belli, veri, con persone incontrate per caso oppure con
re, guerriglieri o religiosi. Quasi fosse un film, vedremo Terzani
addentrarsi in bicicletta nella Cina degli anni Ottanta o andare
su un cavallo a trovare il mago-guaritore del Mustang, tra rovine
dell'antico e simboli, spesso inquietanti, del moderno. Scatto
dopo scatto, si segue il suo percorso che dal dramma della guerra
e dai grandi avvenimenti della Storia lo conduce fino al suo rifugio
di quiete nell'Himalaya. Una narrazione in fotografie e testi,
due linguaggi che qui si fondono dandoci il ritratto di un'Asia
appassionatamente vissuta, ma anche un ritratto di lui stesso.
Un libro che fa venir voglia di nuove mete, non solo geografiche.

LONGANESI

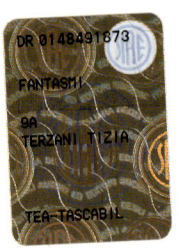

Finito di stampare nel mese di gennaio 2017
per conto della TEA S.r.l.
da ⚞ Grafica Veneta S.p.A.
di Trebaseleghe (PD)
Printed in Italy